08 수학 교사를 위한 지침서
대한수학교육학회 번역시리즈

Putting Essential Understanding of
Functions
into practice G9-12

함수의 필수 이해 적용하기: 9–12학년

최승현 · 박지현 · 조성민 · 최인선 · 김윤민 · 이민희 옮김

idea

NCTM NATIONAL COUNCIL OF TEACHERS OF MATHEMATICS

KYOWOO

역자 서문

수학을 왜 가르치고 배워야 하는가에 대한 답변은 시대의 변화에 따라 달라질 것이다. 세계는 지식기반정보 사회, 즉, 3차 산업혁명 시대를 넘어 기계와 제품의 지능화와 사물인터넷으로 요약할 수 있는 4차 산업혁명 시대에 접어들었다. 이러한 변화 속에서 수학교육은 어떤 모습이어야 하는가에 대한 고민이 필요하다.

이 책은 대한수학교육학회의 주관 하에 NCTM의 필수 이해 시리즈(Essential Understanding Series)를 번역한 것 중 한 권으로, 위의 문제에 대한 직접적인 답을 주지는 못하지만 시의 적절하게 우리나라의 수학교육을 돌아보고, 더 나아가기 위한 방안을 모색할 수 있을 것이다. 교육과정을 실행하는 주체이자 교수·학습 활동의 전문가인 교사의 역할에 대한 강조는 수학교육의 세계적인 추세이다. 교사들은 학생들이 보다 깊이 이해하며 발달해 나가도록 돕기 위해, 내용에 대한 지식과 더불어 이를 효과적으로 지도할 수 있는 방안에 대한 전문성을 갖추어야 한다. 특히 필수 이해 적용하기 시리즈(Putting Essential Understanding Series)는 수학 수업의 주체인 교사가 특정 수학 주제에 대해 학생들을 지도할 때 참고할 수 있는 과제와 그 지도 방안에 대한 자료이다. 학생들이 제시한 활동 사례에 대한 세밀한 분석과 학생 사고에 대해 이해하는 일, 학생들이 발전해 갈 수 있는 능력을 갖추도록 하기 위해 과제를 설계하고 수행하도록 하는 일, 이를 평가하는 일과 같이 교사로서 해야 하는 많은 선택들을 적절하게 할 수 있도록 안내해준다.

이 책은 필수 이해 적용하기 시리즈 중 미국의 9학년부터 12학년 학생들의 함수 개념에 대한 필수 이해를 수업시간에 적용하는 방법을 다루고 있다. 이 책에서 다루는 9학년 이후의 함수 학습은 양적 사고와 여러 가지 양 사이의 관계와 연관되는 내용으로 이전 학년까지 학습한 일차함수나 이차함수의 내용으로부터 함수를 확장하고 실생활 현상에서 나타날 수 있는 현상들을 함수로 표현할 수 있도록 해야 한다. 특히 함수는 자연이나 사회 현상을 수학적으로 표현하는 유용한 도구라는 점에서 중요한 기초 개념이므로, 9학년 이후의 함수 수업에서는 학생들이 주어진 여러 상황을 해석하여 양적으로 수치화하거나 양 사이의 관계를 찾아 대수식, 그래프, 표 등 다양하게 수학적으로 표현할 수 있도록 해야 한다.

이 책은 '함수의 필수 이해(조완영, 권나영, 이동흔, 2017; Cooney, Beckmann, and Lloyd, 2010)'에서 다루고 있는 함수에 대한 핵심 아이디어와 필수 이해를 효과적으로 지도하기 위한 방안을 다루기 위해 도입부에 이어 총 5개의 장으로 구성되어 있다. 1장부터 3장까지는 함수 개념, 공변과 변화율, 함수의 결합과 변환의 아이디어를 지도하기 위한 과제와 수업에서의 활용 방안을 제시하고 있다. 4장에서는 앞 장에서 제시한 내용을 기반으로 함수의 그래프 표현을 지도하기 위한 과제와 수업에서의 활용 방안을 제시하고 있다. 그래프 표현에서 나타날 수 있는 오개념을 교정하고, 그래프를 유연하게 해석하도록 도울 수 있는 교수학습 방안을 안내하고 있다. 마지막으로 5장에서는 8학년까지의 함수 학습과 9학년 이후에 다루는 함수 학습에 대해 설명하고, 학생들이 의미있는 함수 학습을 하도록 도울 수 있는 방안을 모색하고 있다.

역자들은 이 책의 내용을 원문의 의미 그대로 전달하고자 노력하였다. 이 책에 담긴 과제와 그에 따른 다양한 수업 사례들을 통해 교사들이 수업을 위한 아이디어를 얻고, 전문성 신장 노력에 도움이 되기를 기대한다. 또한 수학 수업에서 함수 지도가 충실히 이루어짐으로써 학생들이 함수 개념을 깊이 있게 이해할 수 있는 기회를 제공받고, 이를 바탕으로 수학 학습에 성공하는데 도움이 되기를 희망한다. 이 책의 출판을 위해 노력해주신 교우사의 관계자 여러분께 깊은 감사의 뜻을 전하는 바이다.

역자 일동

- 차례 -

서문

유아유치원(Prekindergarten)부터 12학년까지의 수학을 지도하기 위해 교사는 수학 내용 지식과 함께 자신의 학생들이 당면하는 아이디어에 대해 추론하고 이해하는 동안 학생들이 수학을 이해하며 배워갈 수 있도록 도울 수 있는 경험을 그들의 발달에 따라 제공할 수 있는 적절한 교수학적 지식을 갖출 필요가 있습니다.

2010년 미국수학교사협의회(NCTM)는 「필수 이해 시리즈」의 첫 권을 발간했습니다. 이 책은 학생들의 수학적 발달에는 꼭 필요한 것이지만 가르치기는 쉽지 않은 주제들에 초점을 맞추고 있습니다. 주요 수학적 아이디어에 대해 교사들이 깊이 이해하고 다방면으로 그 아이디어들을 살펴볼 수 있도록 쓰인 이 「필수 이해 시리즈」는 수학에서의 특별한 주제들과 관련되는 핵심 아이디어와 필수 이해에 대한 상세한 조사를 실시함으로써 교사 개인의 이해를 확장시키고 교사들 간의 격차를 줄이도록 설계되었습니다.

「필수 이해 적용하기 시리즈」는 「필수 이해 시리즈」를 기반으로 교실에서의 적용에 초점을 두고 확장한 것입니다. 이 책들은 학생들이 적절한 발달 단계에서 핵심 아이디어와 필수 이해를 완전히 이해하도록 돕기 위해 교사들이 가지고 있어야 만하는 교수학적 지식에 중점을 두고 있습니다.

학생들이 보다 깊이 이해하도록 돕기 위해, 교사는 내용 지식을 넘어 기술도 갖추어야 합니다. 저자들은 교사들에게 다음과 같이 설명하고 있습니다.

- 학생들의 오개념을 이해하는 것은 매우 중요하며 수업 계획에 도움이 된다.
- 수학적 내용을 아는 것만으로는 충분하지 않다. 학생들의 학습을 이해하는 것과 한 가지 주제를 가르치는 다양한 방법을 아는 것은 필수불가결한 것이다.

- 한 가지 과제를 개발하는 방법은 학생들이 오개념을 식별할 수 있는 기회를 제공해 줌으로써, 학생들의 오개념을 숙고하고 토론하는 것을 도울 수 있고, 이를 다룰 방법을 결정할 수 있기 때문에 과제를 개발하는 일은 중요하다.

학생들의 활동 사례에 대한 상세한 분석과 학생 사고를 이해할 필요성에 대한 강조, 학생들이 발전해 나갈 수 있는 과제의 수행을 위한 제안, 평가에 대한 아이디어를 담고 있는 「필수 이해 적용하기 시리즈」는 학생들의 수학에 대한 이해를 발달시키기 위한 최고의 실행 방안을 담고 있습니다.

학생들의 숙달을 위해 「필수 이해 적용하기 시리즈」에서 강조하는 아이디어와 이해는 「CCSSM(Common Core State Standard for Mathematics)」에도 포함되어 있는데, 이러한 새로운 규준과의 연결성을 각 책에서 언급하고 있습니다.

NCTM의 이사회를 대신하여 이 새로운 시리즈를 편찬할 수 있도록 도와주신 모든 분들께 진심으로 감사드립니다. 시리즈 편집자로서 리더십을 보여주신 Barbara J. Dougherty와 필수 이해 적용하기의 모든 저자들께 특별한 감사를 드립니다. 저와 프로젝트 팀은 여러분이 이 특별한 시리즈를 경험하게 된 것을 기쁘게 생각합니다. 여러분들이 「필수 이해 적용하기 시리즈」를 경험해 보면서 여러분과 여러분들의 학생들이 지속적인 혜택을 누릴 수 있기를 바랍니다.

Linda M. Gojak
회장, 2012~2014
미국수학교사협의회

머리말

「필수 이해 적용하기 시리즈」는 유아·유치원부터 12학년까지에 해당하는 수학 주제들 중 교수·학습이 어려운 것들에 대한 지도 방법을 다루고 있습니다. 이 시리즈의 각 권은 「미국수학교사협의회(NCTM)의 필수 이해 시리즈」 각 권의 특정한 내용에 초점이 맞추어져 있고 이 아이디어들이 교실에서 성공적으로 지도될 수 있도록 하는 방법과 관련지어져 있습니다.

따라서 이번 시리즈들은 교사들이 도전적인 주제들을 성공적으로 지도하기 위해 충분히 알고 이해할 필요가 있는 수학 내용을 제시하는 것을 목적으로 하는 이전의 필수 이해 시리즈에 기반을 두고 있습니다. 이전의 책들은 각 주제와 관련되어 있는 핵심 아이디어뿐만 아니라 각각의 핵심 아이디어를 구성하는 더 작고 종종 더 견고한 개념과 관련된 "필수 이해"를 구별하고 조사하였습니다.

다음 단계인 「필수 이해 적용하기 시리즈」에서는 교사가 교실에서 핵심 아이디어와 필수 이해를 효과적으로 지도하는 데 필요한 특별한 교수학적 지식에 중점을 두고 있습니다. 각 권들의 도입부에는 이 책에서 초점을 맞추고 있는 **교수학적 내용 지식**의 복합적이고 실질적인 특성을 상세히 설명하고 있습니다. 이 책에서 탐구하는 주제들에 관하여 이러한 지식들은 학생이 중심이 되고, 문제 해결을 통해 수학을 지도하는 것에 초점이 맞추어져 있습니다.

각 책들은 고성능의 수업 렌즈 통하여 특정 주제와 관련된 핵심 아이디어와 필수 이해가 교실에서 어떻게 표현되고 발전되며 평가되는지에 관한 것을 세부적으로 보여주고 있습니다. 특정 과제, 교실 상황에 대한 묘사, 학생들의 활동 사례는 학생들이 당장 아이디어들을 이해할 뿐만 아니라 향후에도 이를 기반으로 학습할 수 있도록 아이디어를 소개할 수 있는 방법에 대한 설명을 제공하고 있습니다. 독자들이 반응할 수 있는 문항들은 전체적으로 제시되며 교사들에게 전문성 신장을 위한 부가적인 기회를 제공합니다.

각 책의 마지막 장은 해당 주제와 관련된 사전 및 사후 지도에 관하여 살펴보고 있습니다. 되돌아보기에서는 학생들이 사전 학습을 통해 견고하게 구축하여 현재 학년에서 갖추고 있기를 기대하는 선수 지식을 바탕으로 하는 효과적인 지도에 관하여 조명하고 있습니다. 미리보기에서는 학생들이 더 상위 수준으로 나아갈 때, 질 높은 지도가 학생들의 이해를 어떻게 확장시킬 수 있는지 보여줍니다.

「필수 이해 적용하기 시리즈」의 각 권은 또한 핵심 아이디어 및 주제와 관련된 필수 이해를 나열하고, 교사를 위한 자료를 상세히 제시하고, 책에서 논의되는 과제를 나타낸 부록을 포함합니다. 이 책과 더불어 온라인 www.nctm.org/more4u에서 이용할 수 있는 자료들은 이 책을 사용하는 독자들의 경험과 기회를 확장하고 풍부하게 하기 위한 것입니다. More4U 웹사이트에서 책의 제목 페이지에 제시된 코드를 입력하면 온라인에 접속하여 이 자료들을 얻을 수 있습니다. 그리고 이자료들을 출력하여 개인적으로나 교실에서 사용할 수 있습니다.

이전의 「필수 이해 시리즈」와 이 후속 시리즈를 위해 선택된 주제들이 교수·학습에 있어서 도전적인 것으로 여겨지는 수학 영역을 제시하기 때문에, 우리는 이 책들이 교사들에게 실질적으로 크게 도움이 될 것이라고 생각합니다. 여러분이 과제를 통해서 나아가고 관련지어서 교실에서의 실행을 고려함으로서, 교수·학습을 지원해 줄 수 있는 여러 가지 아이디어를 찾을 수 있을 것입니다.

저자들이 전하는 감사의 글

우리는 이 책에 대하여 통찰력 있는 응답을 해준 검토진에게 감사드립니다. 특별히 Missouri Saltillo의 Saltillo 고등학교, 교사 위원회의 Jenny Simmons의 사려 깊은 헌신에 감사함을 전합니다.

서론

Shulman(1986, 1987)은 수업에 영향을 주는 일곱 가지 지식 기반을 다음과 같이 구분하였다.

1. 내용 지식
2. 일반 교수학적 지식
3. 교육과정 지식
4. 학습자와 그들의 특성에 대한 지식
5. 교육 맥락에 대한 지식
6. 교육 목표, 목적, 가치에 대한 지식
7. 교수학적 내용 지식

여러분이 이해하고 있는 수학 내용을 가르칠 내용으로 전환하기 위해 사용하는 전문화된 내용 지식은 Shulman이 제시한 목록 중 일곱 번째인 **교수학적 내용 지식**(Shulman, 1986)에 해당한다. 이 지식은 이 책과 더불어 「필수 이해 적용하기 시리즈」의 모든 권의 핵심에 해당한다.

교수학적 내용 지식

수학 지도에서 교수학적 내용 지식은 적어도 다음 4가지의 필수 요소를 포함한다.

1. 수학 교육과정에 대한 지식
2. 수학 평가에 대한 지식
3. 수학 교수 전략에 대한 지식
4. 학생의 수학 이해에 대한 지식(Magnusson, Krajcik, Borko, 1999)

이 네 가지 요소들은 여러분들이 가르칠 내용에 대한 의미 있는 방법과 연결되어 있다.

어떻게 수업을 구상하고, 어떤 모둠이나 학급 관리 방법을 사용하며, 어떻게 시간을 배분하고, 수업의 전체적인 흐름을 어떻게 진행할 것인지를 결정하는 것이 중요하지만, Shulman(1986)은 가르칠 **내용**과 이를 가르치는 **방법**을 고려하는 것이 더 중요하다고 하였다. 매일, 여러분은 적어도 다음의 다섯 가지 필수적인 결정을 하게 된다.

1. 어떤 설명을 제공할 것인지(또는 제공하지 않을 것인지)
2. 어떤 수학 표현을 사용할 것인지
3. 어떤 유형의 질문을 할 것인지
4. 질문에 대해 학생들이 어느 수준까지 응답하기를 기대할 것인지
5. 학생들의 응답에서 오개념이 명확히 드러날 때 어떻게 다룰 것인지

여러분의 교수학적 내용 지식은 여러분이 가지고 있는 내용 전문 지식과 교수 기술이 독특하게 결합한 것으로, 적절한 교수학적 의사결정을 할 수 있도록 해주는 지식 기반을 생성한다. Shulman(1986, p. 9)은 "두 번째 유형의 내용 지식으로 …, 교과 내용에 대한 지식을 넘어 교수를 위한 교과 내용 지식의 차원으로 나아간다."고 교수학적 내용 지식을 정의했다. 그는 다음과 같이 덧붙였다:

> 교수 내용 지식은 특정 주제에 대한 학습을 쉽게 또는 어렵게 만드는 것에 대한 이해를 포함한다: 가장 자주 지도되는 주제나 수업에 대한 학습에서 다양한 연령과 다양한 배경의 학생들이 나타내는 개념이나 선수개념(p. 9).

앞서 제시했던 다섯 가지 필수적인 결정 영역을 고려하고자 한다면, 여러분은 이 영역들이 각각 수학 내용 지식과 더불어 관련이 있는 교수학적 지식을 필요로 한다는 것을 기억해야 할 것이다. 예를 들어, 여러분이 함수를 소개하고자 할 때, 여러분

이 사용하는 예제는 학생들의 그래프 그리기 및 방정식에 관한 지식과 독립변수와 종속변수 사이의 관계를 해석하는 방식을 고려하는 것이 필요하다. 여러분이 가지고 있는 함수에 대한 지식은 여러분이 과제와 반례를 제시할 질문과 복합적인 대수적이고, 기하학적인 주제들 사이의 관련성을 찾을 수 있도록 학생들을 안내하는 방법을 만드는데 도움이 될 것이다. 여러분이 학습목표를 달성하기 위한 내용을 정하면, 이제는 학생들이 초기에 이해한 것에서부터 보다 깊이 있는 이해로 나아갈 수 있는 방법과 이 방법에 따라 풍부한 연결을 만드는 것을 고려할 필요가 있다.

여러분이 학생의 학습목표를 달성할 수 있도록 하기 위해 계획하는 교수 계열은 여러분이 조정하기 위해 사용하려고 하는 전략에 따를 때, 만나게 될 것이라고 예상되는 오개념과 잘못된 이해 특정 주제에 대한 학생들의 난이도에 대한 예측, 학생들이 참여하게 될 경험의 진전, 내용에 대한 적절한 표현의 모음, 함수와 다른 주제들과의 관련성을 포함한다.

교사 지식 모델

Grossman(1990)은 Shulman의 아이디어를 확장하여 다음과 같이 네 가지 영역에 대한 교사 지식 모델을 만들었다([그림 0.1] 참조).

1. 교과 내용 지식
2. 일반 교수학적 지식
3. 교수학적 내용 지식
4. 맥락에 관한 지식

교과 내용 지식은 수학의 사실, 개념, 법칙, 개념들 사이의 관계를 포함한다. 수학에 대한 여러분의 이해는 내용(여러분이 강조하거나 강조하지 않는 아이디어, 여러분이 사용하는 특정 알고리즘 등)을 가르치는 방법에 영향을 미친다(Hill, Rowan, Ball, 2005).

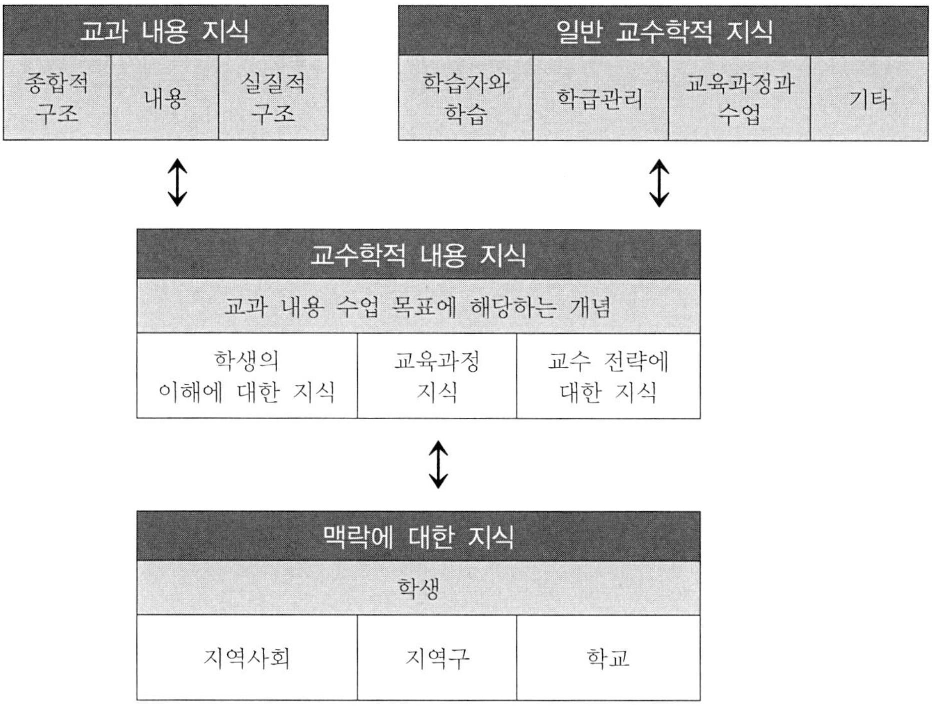

[그림 0.1] Grossman(1990, p. 5)의 교사 지식 모델

여러분의 교수학적 지식은 일반적인 지식, 신념, 교수 실행에 관해 가지고 있는 기법과 관련이 있다. 이러한 지식은 여러분이 사용하는 특별한 교수 전략 즉, 제시한 질문이나 과제에 대한 학생들의 반응을 기다리는 시간의 정도, 수업 기대치와 학생 조직을 위해 사용하는 교실 관리 기법, 학생들에게 모둠이나 짝과 함께하는 과제에서 개별적으로, 협동적으로 또는 협조적으로 하도록 할지 등과 관련하여 모둠을 구성하는 기법을 포함한다. Grossman의 모델이 보여주듯이, 학교, 지역, 사회의 환경에 대한 여러분의 이해와 해석도 여러분이 어떤 주제를 가르치는 방법에 영향을 미친다.

Grossman(1990)의 모델에서 교수학적 내용 지식은 다음의 네 가지 측면이나 요소를 가진다는 것을 기억하자.

1. 수업 목표에 해당하는 개념
2. 학생의 이해에 대한 지식
3. 교육과정에 대한 지식
4. 교수 전략에 대한 지식

이 각각의 요소들은 수업과 특별히 연관되므로 각각에 대해 차례로 살펴보는 것이 유용하다.

첫째, 여러분이 수업을 계획하기 위해 원하는 학습 목표를 고려할 때, 여러분은 교수 목표에 대한 개념들에 집중할 것이다. 이는 폭넓은 범주이긴 하지만 중요한 요소이다. 여러분이 수립하는 학습 목표는 학생들에게 요구하는 학습 산출물의 범위를 정해주게 될 것이기 때문이다. 이 개념들은 교수학적 내용 지식의 다른 3가지 요소들에 영향을 미치게 되므로 모델에서 적당히 포괄적인 위치를 차지한다.

둘째, 학생의 수학 내용 이해에 대한 지식은 여러분이 잘 가르치기 위한 핵심이다. 여러분의 학생이 무엇을 이해하는지를 알기 위해, 여러분은 그들의 개념과 오개념에 집중해 봐야 한다. 교사로서, 우리 모두는 학생들이 그들의 과제나 토론에서 즉각적인 증거가 되건 안 되건 간에 있는 그대로의 이해를 드러내고 있음을 알고 있다. 그것들은 학생들이 만들어 내는 단순한 실수가 아닌 오개념으로 깊이 뿌리박힐 수 있다. 즉, 수직인 직선을 함수라고 생각하는 것처럼, 오개념은 잘못된 일반화를 이끌어낼 수도 있다. 이러한 일반화는 모든 직선을 함수라는 생각처럼, 학생들이 자신의 발달 경로의 한 부분으로 보여주는 예측가능한 개념이 될 수 있다.

교사의 책임 중 하나는 과제를 제시하거나 질문을 통해 오개념을 드러내도록 하는 것이다. 학생들의 사고에서 드러나는 오개념을 알게 되면, 여러분은 다음 지도 단계를 결정해야 한다. 이 책에서 제시하는 수학적 아이디어는 특정 주제, 즉 함수와 관련하여 학생들이 형성하는 일반적인 오개념에 초점을 맞추고 있다. 이 책은 과제의 유형이 어떻게 선택되었으며 조심스럽게 개발된 질문들이 어떻게 오개념을 드러내는지, 뿐만 아니라 특별히 교사가 어떻게 학생들로 하여금 오개념에 도전하도록 하기 위하여 다음 지도 단계를 설정하는 방법을 보여준다.

셋째, 수학에 대한 교육과정 지식은 다양한 영역을 포함한다. 여러분의 수업은 CCSSM(Common Core State Standard for Mathematics; National Governors Association Cener for Best Practices and Council of Chief State School Officers, 2010)이나, 다른 지역이나 주의 교육과정 성취기준들의 도움을 받을 수 있다. 사실 여러분 학생들의 학습 결과 산출물을 위해 여러분은 이러한 교육과정 성취기준들을 사용할 수 있다. 여러분이 사용하는 교재는 자신의 수업에 영향을 미치는 또 다른 자원이다. 어떠한 교재라도 수학, 수학 지도, 그리고 학생들의 학습에 대한 특별한 철학적 관점에서 나온다. 성취기준의 선택과 교재의 선택에 관련되는 교육과정의 관점에 대한 여러분의 인식과 이해는 여러분이 교육과정을 실제로 어떻게 실행하는지 결정하는데 도움이 될 수 있다. 게다가, 여러분의 지역구나 학교는 여러분이 교육과정을 실천하는데 영향을 주는 지침서를 가지고 있을 것이다. 이 책에서는 CCSSM과 같은 일반적인 교육과정의 관점에서 제시하는 주제들의 조정에만 초점을 맞출 수 있다. 하지만 다른 교육과정에 익숙해진 여러분 자신의 이해와 익숙함은, 기준에 관한 문서로부터 기대되는 학생들의 산출물에 의해 정의되는 매개변수와 결합됨으로써, 여러분의 교실에 필요한 특별한 조치를 제공할 수 있다.

매일 이루어지는 수업과 관련한 의사결정과 더불어 여러분은 교육과정 자료를 보면서 어떤 과제를 적용해 보지 않고 곧바로 사용할 수 있을지, 어떤 과제가 수업 적용에 필요한지, 그리고 어떤 과제를 직접 만들어서 사용할지를 결정한다. 의미있고 질 높은 과제를 선택하거나 개발하여 자신의 수업에 사용해 보고 나면, 여러분은 Yinger(1988)가 "교사 - 학생 - 문제 간의 삼자 대화(p. 86)"라고 한 것을 하게 될 것이다. 이 과정은 단순하지 않다. 학생들이 문제에 대해 어떻게 반응하는지는 복잡한데, 과제가 여러분의 다음 번 교수 활동에도 직접 연결되기 때문이다. 이것은 학생들이 그 과제에 반응하는 가운데 선택해야 하는 것에 대한 다양한 교수적 행보를 결정해야한다는 것을 의미한다.

교육과정에 대한 지식은 여러분이 사용하는 교육과정 자료를 넘어서는 것이다. 여러분은 학생들이 8학년에서부터 12학년을 마칠 때까지 배워야 하는 수학 지식을 고려할 것이다. 여러분이 가르치는 기본 개념이나 기능에 대한 방법은 학생들이 나중에 관련된 내용을 배우게 될 것들에 대한 방법과 연결될 것이다. 예를 들어, 여러분이 함수를 도입하면서 포함하게 되는 표현 유형은 여러분의 학생들이 이후 학년에서의 다른 표현이나 아이디어를 평가하기 위해 사용하게 될 것이다.

넷째, 교수 전략에 대한 지식은 교수 내용 지식에 있어 필수적이다. 수학을 가르치기 위한 교수 전략을 폭넓게 나열해 보는 것이 효율적인 교수와 학습에 핵심적이다. 교육과정에 대한 지식과 함께, 교수 전략은 수학 과제의 선택은 물론 교실에서 이런 과제가 실제로 적용되는 방법을 포함할 수도 있다. 교수 전략은 수학 내용이 학생들에게 구조화되는 방법을 포함할 수도 있다. 여러분은 수학적 아이디어에 대한 표현 방식을 어떻게 구조화하는지에 대한 매우 특별한 사고 방법을 가지고 있을 수도 있다. 여러분이 그 아이디어의 발달과 도입을 계열화하는 것뿐만 아니라 그 아이디어를 자신의 학생들에게 어떻게 제시할지를 포함한다. 여러분은 어떤 예시를 선택하고 또 어떤 질문을 할 것인가? 교수 전략에 대한 여러분의 지식은 교육과정에 대한 자신의 지식과 결합되어 있어서, 학생들이 교실에서 자신들에게 주어진 과제들을 수행하는 방법과 밀접히 관련된 수학 과제들을 할당해 줄 것이다.

이 권에서의 교수적 접근법은 문제해결을 통해 수학에 접근하는 방법을 학생 - 중심적 관점과 결합하고 있다. 학생-중심 접근법은 학생들 간의 대화를 포함하여 학생과 교사의 대화에 초점을 공유하는 것으로 특징화할 수 있는 방법이다. 그러한 접근법을 통해 학습한 학생들은 학습 과정에서 활동적이며 교사의 평가와 더불어 자신의 과제나 다른 학생들의 과제를 평가하는 방법을 개발시킨다.

문제해결을 통한 지도는 수학과 교수-학습의 핵심적인 과제 또는 문제를 만들어 낸다. 새로운 주제의 도입은 학생들이 수행하고 있는 과제들로 구성하는데, 학생들이 이미 알고 있는 지식을 새로운 아이디어와 연결함으로써 반영하고 있다. 학생들이 도입부에 제시한 과제를 해결하고 난 후, 풀이 방법, 해의 유일함과 다양함, 그 과제의 확장 가능함을 다시 고려해 보는 것은 풍부한 토론의 기회나 특정한 수학 개념과 기능의 발달을 창출해 낸다.

두 접근법을 결합하여 교사는 학생들을 위해 역동적으로 상호작용하면서 참여하도록 하는 교실 환경을 만든다. 이런 유형의 환경은 후속 단계에서 수학 학습을 하는 동안 수학 실행을 위한 CCSSM의 성취기준을 적용하는 학생들의 능력을 향상시킨다.

이후에 제시될 장들에서는 Grossman(1990)이 구분한 교수 전략에 대한 지식의 모든 특성들이 반영된 교수 계열을 보여줄 것이다. Grossman의 모델에는 명시적으로 포함되지 않았지만 Magnussong, Karjcik, Borko(1999)에 의해 개발된 모델에 포함되어 있는 한 가시 요소는 평가에 대한 지식이다. 수학 평가에 대한 자신의 지식은 여러분의 교수적 의사 결정 과정을 안내하는데 중요한 역할을 하게 된다.

여러 가지 다른 유형의 평가들이 있는데, 각각은 어떤 학생이 알고(또는 모르고) 그들이 하고 있는 것을 어떻게 알아가고 있는지를 여러분이 수집하거나 관찰하는 증거에도 영향을 줄 수 있다. 학생이 알고 있는 것에 대한 여러분의 해석은 수학에서 “앎”을 구성하는 것에 대한 관점과도 관련되어 있다. 과제, 교실 장면, 이 책에서 학생이 수행한 샘플들을 여러분이 살펴보면서 여러분은 교사의 질문이 이해에 관한 개념적 측면과 과정적 측면 둘 다에 걸쳐있는 정보를 제공해주는 형성평가를 하고 있음을 알게 될 것이다. 이 책에서 다루는 **형성평가**는 수업을 학생의 요구에 보다 효율적으로 맞추기 위해 수업을 조정하고자 하는 목표를 가지고, 수업 단위별로 시행하는 평가를 의미한다(Popham, 2006). 형성평가는 항상 지필 평가 방식으로 이루어지는 것은 아니며 수업 동안 여러분이 요구하는 질문이나 학생들이 완수해야 하는 과제를 포함할 수도 있다.

학생 반응으로부터 여러분이 얻게 되는 정보는 수업 흐름을 안내해줄 피드백을 제공해 주는데, 여러분의 학생들이 특별한 아이디어를 얼마나 깊이(또는 피상적으로) 이해했는지 또는 학생들의 진보를 방해하는 오개념을 갖고 있지는 않은지에 대한 감을 잡을 수 있도록 해준다. 여러분이 자기 학생들이 충분한 이해를 하고 있는지의 발달 정도를 모니터링함으로써, 여러분은 자신의 기대와 학생들의 반응을 지속적으로 비교할 수 있고, 또한 그들의 현재 발달 수준을 조정할 수업 계획을 적용할 수 있게 된다. Wiliam(2007, p. 1054)은 교사의 기대와 학생의 수행 사이의 상호 작용에 대해 다음과 같이 설명하고 있다.

> 교수와 학습을 잇는 가교로서 평가가 갖는 기능이 있는데, 그것은 교사가 학생들의 욕구를 더 잘 반영하기 위해 적시에 수업을 조정하기 위해 학생 성취도에 대한 증거를 수집하도록 돕는다.

Wiliam은 교사에게 학생 이해에 관한 최선의 정보를 얻기 위해, 교사는 주관적인 교실 토론을 격려하는 방법을 알고 있어야 하며, 학생들에게 자신들의 학습을 시연할 수 있는 기회를 포함하는 과제를 선택하며, 건전하고 효율적인 질문 전략을 제기할 수 있어야 한다. 이러한 전략을 통해 여러분은 학생 반응을 해석하고 그들을 보다 복잡한 아이디어로 진전해 나갈 수 있도록 지원하는 학습의 비계를 제공해 줄 수 있어야 한다.

과제의 특징

학생들에게 제시하는 과제의 유형은 매우 중요하다. 과정적 측면에만 초점을 맞춘 과제는 학생들이 수학적 아이디어를 깊이 있게 학습하는 것을 돕지 못할 수 있다. 피상적인 학습은 학생들이 쉽게 잊어버려 다시 가르쳐야 하는 결과를 초래하며, 그들이 나중에 경험하게 될 수학적 아이디어를 이해하는 방법을 잠재적으로만 영향을 미치게 된다. 따라서 이 권에 수록하기 위해 선택된 과제들은 의미 있는 수학적 아이디어에 대한 깊은 이해를 강조한다. 이러한 풍부하고, 양질의 과제들은 보다 복잡한 아이디어의 기초를 만들어 내고 또 "어떻게"를 넘어 "왜"로 나아가도록 하는 이해를 제공할 수 있는 잠재력을 갖고 있다. [그림 0.2]는 양질 과제의 특성을 보여준다.

양질의 과제는 다음과 같은 특징을 가지고 있다.
관련되는 수학 내용 성취기준에 부합한다.
다양한 표현의 사용을 독려한다.
학생들에게 수학적 실천을 개발하고 보여줄 기회를 제공한다.
학생을 탐구 중심이나 탐색적 접근을 하도록 한다.
낮은 수준(모든 학생들이 과제를 시작할 수 있다.)뿐만 아니라 최고 수준(일부 학생들은 활동을 보다 높은 수준으로 확장할 수 있다.)의 수학을 할 수 있게 해준다.
새로운 학습을 선수 지식과 연결한다.
다양한 해결 방법과 전략을 허용한다.
학생들에게 결과의 의미를 설명하도록 한다.
관련성이 있고 흥미로운 맥락을 포함한다.

[그림 0.2] 양질의 과제의 특징

여러분은 이 책을 따라 가면서, 각각의 수학적 아이디어를 위한 과제들이 나열되고 있음을 알게 될 것이다. 그 과제들은 특정 개념에 대해 응집되고 연결된 접근을 제공해 주고 있다. 상호 연결되어 있는 과제들은 각 학생들의 사고가 더 정련될 수 있도록 하고, 내용에 대한 초보자의 관점에서 전문가의 관점으로 점점 진보해 나가도록 해 준다. 우리는 여러분이 자신의 교실에서 그 과제들이 유용하다는 것을 발견하게 되기를 희망한다.

질문의 유형

양질의 과제와 연결하여 여러분들이 학생들에게 던지는 질문들은 학생들에게 다른 아이디어를 낼 수 있도록 유발하는 것일 수도 있지만 학생들의 신념에 직접적으로 반대되는 것일 수도 있다. 이 때 학생들이 깨닫게 되는 마음의 상태는 **인지적 부조화**라고 불린다. 이러한 것은 학생들에게 편안한 상태는 아니며, 때로는 교사들에게도 그러하다. 이 책에서의 과제들은 학생들에게 두 가지 갈등되는 아이디어를 처리하도록 하는 방식으로 구조화되어 있다. 그러나 학생들이 내용을 훨씬 더 깊이 알게 되는 것은 모순에 타협하는 과정을 통해서이다. 교사가 어떻게 이러한 타협을 다루는지가 학생의 학습을 결정짓는다.

혼동되는 아이디어를 학습하고, 정리하는 학생들의 활동 과정을 지원하기 위해 여러분은 세 가지 유형의 질문을 제기할 수 있다. 이러한 질문들은 학생들의 사고에서 가역성, 융통성, 일반화를 독려하기 위한 잠재력으로 특징지을 수 있다 (Dougherty, 2001). 세 가지 질문 유형들은 모두 한 단어나 하나의 수치 답안보다 더 많은 것을 요구한다. 가역성 질문은 학생들의 사고에서 방향을 바꿀 수 있는 능력을 갖고 있다. 이는 종종 학생들에게 답을 제시해 주고 관련된 문제를 만들어 내도록 요구한다. 융통성 질문은 다음 두 가지 유형 중 하나가 될 수 있다: 학생들에게 한 가지 이상의 방법으로 문제를 풀도록 요구하거나 두 가지 이상의 문제를 비교하고 대조하도록 하거나 2~3가지 이상의 개념과 기능들 사이의 관계 결정하도록 요구할 수 있다. 일반화 질문도 두 가지 유형 중 하나이다: 즉, 학생들에게 다양한 보기나 경우들을 살펴보도록 해서 패턴을 찾거나 관찰하도록 하는 경우 또는 규칙, 추측 또는 패턴의 특정한 예시를 만들어 대도록 요구하는 것이다. [그림 0.3]은 함수와 관련된 가역성, 융통성, 일반화 질문에 대한 예시를 보여준다.

질문의 유형	예
가역성 질문	코리는 점$(-3, 4)$를 지나는 방정식을 세웠다. 코리가 세웠다고 할 수 있는 방정식을 쓰시오.
융통성 질문	토니는 $2x = y - 3$의 그래프를 그렸다. 톰은 방정식 $y = 4x - 3$의 그래프를 그렸다. 톰의 그래프와 토니의 그래프를 비교하면?
융통성 질문	테리는 $y > 3x - 1$이 3사분면을 제외한 모든 사분면에서 해를 갖는다고 하였다. 테리의 의견에 동의하는가? 이유를 설명하시오.
일반화 질문	기울기가 -2인 직선을 그리시오. 기울기가 -2인 직선을 세 개 더 그리시오. 직선들에 관하여 알 수 있는 것은?
일반화 질문	제 1, 3, 4사분면을 지나는 직선의 방정식을 구하시오.

[그림 0.3] 가역성, 융통성, 일반화 질문의 예

결론

서론은 교수학적 내용 지식의 필수적인 성질에 관하여 간략히 개관하였다. 매일 교실에서 사용하고 있는 이 지식은 여러분이 수학의 핵심 아이디어에 대해 이해하고 있는 것을 여러분의 학생들에게 전달하도록 해주는 필수불가결한 매개체이다.

그 지식은 적절한 양질의 과제를 여러분이 선택하도록 결정해 주며, 학생들이 더 깊이 있게 이해하도록 하는 것뿐만 아니라 그 이해의 깊이를 결정하도록 하는 질문의 유형을 제시할 수 있도록 해준다.

다음 장들은 학생들의 지식을 함수와 관련된 형식적인 수학적 아이디어로 변환시키는 데 도움이 되는 학습자, 교육과정 목표, 수업전략, 평가와 관련된 중요한 아이디어를 설명하고 있다. 이 장들은 9-12학년 학생들에게 함수를 지도하기 위한 교수학적 내용 지식을 분석하고 발전시키거나 동료 교사가 이 지식을 발전시키는데 여러분이 도움을 줄 수 있도록 수학적 과제에 대한 특별한 예시와 학생의 사고를 제시한다. 또한 여러분은 학생들이 핵심 아이디어와 필수 이해를 이해하고 보다 더 복잡한 지식을 만들어 가도록 하는 학습자, 교육과정, 수업전략, 평가에 관한 지식을 어떻게 함께 모아 구성해낼지를 보게 될 것이다.

고등학교에 들어가는 학생들은 이미 함수의 초기 이해에 영향을 주는 경험들을 가지고 있을 것이다. 게다가, 그들은 보다 이른 학년 수준에서 함수에 관한 몇 가지 아이디어를 발전시켜 왔다. 중학교 교실에서 학생들은 종종 특별한 맥락이나 특정 그래프, 방정식, 표와 관련된 함수의 수학적 아이디어에 대해 이해하는 것을 보여준다. 그러나 다른 상황에서는 같은 학생일지라도 동일한 이해를 보여주지 못하는 경우들이 종종 있다. 그들의 교사로서, 여러분은 그들의 선수경험으로써 함수에 관하여 발전시켜왔던 아이디어를 이해해야 한다. 그렇게 함으로써 여러분은 함수를 성공적으로 적용하거나 추론하는 것이 형식적인 수학적 지식과 어떻게 다른지 알 수 있고 이 지식을 확장할 수 있을 것이다. 여러분은 함수의 핵심 아이디어와 관련하여 갖고 있는 학생들의 현재의 지식, 함수에 관한 다양한 표현에 대한 이해, 학생들의 능력과 한계 등을 평가해야 할 중요한 책임을 갖고 있다. 여러분의 이해는 자신의 교수학적 결정을 촉진시키거나 강화하게 될 것이다. 수학적인 핵심 아이디어를 가르치고 함수에 관련된 필수 이해를 학생들이 개발하도록 돕는 것은 매우 도전적이며 복잡한 과제임에 틀림없다.

제1장

함수의 개념

> 필수 이해 1a. 함수는 한 집합(함수의 정의역)에서 다른 집합(치역)으로의 일가 대응이다.
> 필수 이해 1b. 함수는 다양한 상황에 적용된다.
> 필수 이해 1c. 함수의 정의역과 치역은 반드시 수일 필요는 없다.

「**함수의 필수 이해**(조완영, 권나영, 이동흔, 2017; Cooney, Beckmann, and Lloyd, 2010)」에서 제시하고 있는 함수에 관한 첫 번째 핵심 아이디어는 함수가 한 집합(함수의 정의역)에서 다른 집합(치역)으로의 일가 대응이라는 것이다(Carlson et al., 2002; Monk, 1992; Vinner and Dreyfus, 1989). 함수 영역이 8학년에서 시작하여 고등학교까지 지속되는 Common Core State Standards for Mathematics(National Governors Association Center for Best Practices and Council of Chief State School Officers, 2010, 이하 CCSSM)을 고려할 때, 함수는 중등 수학의 두드러진 특징이다. 그러나 함수는 내용 성취기준 이외에도 다양한 분야에서 활용될 수 있다. 지금 읽는 것을 멈추고 다음 쪽으로 넘겨서 [생각하기 1.1]에 제시된 질문에 응답해보기 바란다. 이 질문을 통해 당신은 함수 개념의 유용성에 대해 생각해보게 될 것이다.

함수는 응용 수학의 모든 분야에서 필수적이다. 함수는 통계학자가 어떤 특이한 관찰 결과가 의미 있는 것인지 예상하던 것인지를 정하기 위해 확률 함수의 집합을 사용하는 데 유용하다. 기후학자는 특정 연도와 해당 연도의 지구 평균 기온 사이의 일가 대응 결과를 가지고 있다. 정부에 소속된 회계사는 특정 연도와 현재의 세금 정책을 유지할 때 기대할 수 있는 세수 사이의 일가 대응 자료를 가지고 있다. 마지막 두 가지 사례에서 기후학자의 기온에 대한 모델이나 회계사의 세수에 대한 모델이 특정 연도에 대해 **하나가 넘는** 값을 제시한다면, 이는 함수가 될 수 없고, 매우 유용하지는 않을 것이다.

생각해보기 1.1

수학적 분야, 직업, 실세계에서 일어나는 사건 중에서 함수의 개념이 유용한 경우는?
어떤 조건에서 관계로써 두 집합 사이의 관계를 정의하는 것이 유용한가?

컴퓨터 프로그래머는 “함수형 프로그래밍”이라고 불리는 최신 프로그래밍 방식(programming paradiam)과 같은 것에서 함수 언어에 의존한다. 그래픽 프로그래머는 다음과 같은 코드로 함수를 시작할 수 있다.

```
def drawASquare(topLeftXCoordinate,topLeftYCoordinate) {}
```

이 예시는 사각형 위의 왼쪽 꼭지점의 x좌표, y좌표와 같이 정의역에 **하나가 넘는** 변수가 포함된 **다가** 함수의 활용에 관한 것이다. 예상과 다른 결과에 따라 프로그래머는 사실상 이 함수가 정의역에 속하는 각각의 순서쌍에서 하나의 사각형으로의 대응이 아니라는 것을 깨닫게 될 것이다. 또한 사각형은 단지 위치로만 정의되는 것이 아니라 변의 길이와 같은 **길이**의 측도(measure)에 의해 정의된다는 것을 알게 되고, 다음과 같이 코드를 수정하게 될 수 있다.

```
def drawASquare(topLeftXCoordinate,topLeftYCoordinate,
squareSideLength) {}
```

함수는 다양한 응용 분야에서 막대한 가치를 가지고 있는 것과 더불어, 단순히 지적 호기심을 자아낼 수도 있다. 학생들이 정의역의 원소들로 이루어진 하나의 집합과 치역의 원소들로 이루어진 하나의 집합을 대응시키는 것을 보았을 때, 변환에 대한 설명이 가능한 함수의 종류가 무엇인지 궁금해 할 수도 있다. 응용 수학과 순수 수학을 가르치면서, 예를 들어 "어떤 숫자가 이 함수에서 성립하지 않을까?"와 같이 정의역과 관련하여 성립 여부에 관한 주제로 토론함으로써 학생들을 참여시킬 수 있다.

01 함수를 질적으로 도입하기: 세차 시나리오

교사가 학생들의 오개념을 예상하고, 설명하고, 이를 제거하기 위한 단계를 밟아갈 수 있다고 하더라도, 함수와 함수의 적용에 관한 교실 토론은 풍부한 결실을 얻지 못하게 될 수 있다. 이 장에서는 함수의 개념과 관련이 있는 일반적인 오개념과 학생들이 이를 극복하는 것을 도울 수 있는 방법에 대해 설명하고자 한다.

먼저 학교에서 세차 서비스 동아리를 조직 중인 고등학생 Derek과 Marta를 만나보자.

> Derek과 Marta는 그로버 클리브랜드 고등학교(Grover Cleveland High School)의 교내 활동 동아리(Community Action Club) 공동 회장이다. 이 동아리는 교내에서 다음 학년도이 활동 자금을 모으기 위해 학교 활동으로 세차를 하고 있다. 동아리 회원들이 차를 닦는 동안 운전자들을 위해 음악적 즐거움을 제공하면서 세차는 인기가 높아지고, 범위가 넓어지고 있다.
>
> Derek과 Marta는 이번 학년도의 세차를 기획하고 있다. 이들은 장소를 찾고, 봉사자들의 시간표를 작성하고, 홍보

하고, 필요한 물품(비누와 스펀지 없이 세차를 하면 더운 봄날 세워놓은 더러운 차의 대열과 다를 바 없다.)을 구입한다. 그러나 동아리 회원들은 매년 동일한 문제에 직면한다: 물품들을 구입하기 위한 적정한 금액에 해당하는 예산을 세우지 못한다. 작년에 그들은 세차 중간에 비누가 떨어졌다. 그들은 세차를 중단해야만 했고, Derek이 가게에 달려가서 구입할 수 있는 비누를 찾을 동안 많은 고객들이 발길을 돌려야만 했다. 재작년에는, **너무 많은** 비누를 구입했으며, 물론 너무 적은 것보다는 낫지만, 역시 짜증나는 일이다. **이들은 매년 물품에 소비해야 하는 비용을 예측하기 위한 더 나는 방법을 원한다.**

동아리 모임에서 동아리 조언자인 고등학교 수학교사 Ramirez 선생님은 질문을 하였다. Derek과 Marta는 선생님이 이 문제를 자신들의 손에서 떠나보내고, 선생님이 책임을 맡기를 희망하였다. 선생님은 그 대신 "여러분들은 함수를 사용할 필요가 있어요. 이것이 도움이 될 것이라고 확신해요."라고 말했다.

Derek과 Marta는 혼란스러워하며 눈빛을 교환하였고, Marta는 "어떤 함수요?"라고 질문하였다.

더 읽기 전에, Ramirez 선생님의 입장에서 이 순간에 무엇을 할 수 있을지 생각해보자. 생각하는 과정에서 [생각해보기 1.2]에 제시한 질문들을 활용할 수 있다.

생각해보기 1.2

어려운 추상 명사나 익숙하지 않은 단어를 사용하지 않고 Marta와 Derek에게 함수의 개념에 대해 어떻게 설명할 수 있을까? 이 때 유용할 수 있는 은유는 무엇인가?

이어지는 내용에서, Ramirez 선생님은 Marta의 질문에 신중하게 답했다는 것을 기억하면서, 계속 진행하기 전에 정보의 일부분으로 Marta와 Derek의 응답을 세부적으로 살펴보자.

> "함수는 수학적 도구로서 두 개의 변수들이 서로 변하는 방법을 관리할 수 있도록 도와줍니다." Ramirez 선생님은 Marta에게 말하였다. "변수 중 하나는 변합니다- 용품에 사용하기 위해 필요한 비용. 다른 변수가 이 변수와 함께 변하는지를 알아야 할 필요가 있습니다. 그리고 이것들이 변하는 방법을 설명할 수 있는 함수를 찾아야 합니다."
>
> Derek과 Marta가 아직 함수의 정의에 관한 명확한 아이디어를 가지고 있지 않기 때문에 Ramirez 선생님은 다음과 같이 설명하였다. "두 변수 사이의 **관계**에 대해 살펴봅시다. 함수는 관계의 특별한 한 종류입니다." 선생님은 뒤쪽 벽에 간격을 두고 A, B, C, D의 네 개의 글자를 꽂고, 동아리 회원들에게로 돌아섰다. "좋아요. 학교까지 오는데 10분이나 그 이내로 걸린다면, A 아래에 서세요." Derek, Jamie, Angela가 A로 가서 그 아래에 섰다. "학교까지 오는데 10분 넘게 걸린다면, D 아래에 서세요." Denitha와 Marta는 D로 가서 그 아래에 섰다.
>
> "여기를 보세요." Ramirez 선생님은 칠판에 그리기 시작하면서 말했다. "두 가지 변수의 집합은 **여러분의 이름과 여러분이 서있는 위치**예요." 선생님은 모든 학생의 이름을 적고, 학생들이 서있었던 글자에 화살표를 그렸다([그림 1.1] 참고).
>
> Ramirez 선생님은 계속했다. "여기서 알 수 있는 하나의 사실은 **여러분 중 누구도 혼란스러워하지 않는다는 것**이에요. 여러분들은 각자 하나의 장소로 가야만 하고, 하나의 장소로만 가야 해요. 자 이제 다른 관계에 대해 생

각해봅시다. 파란색을 입었다면, A 아래에 서세요.”

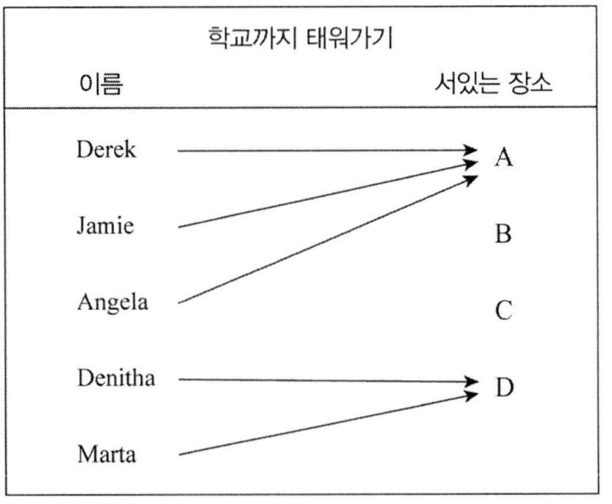

[그림 1.1] 함수의 예

Denitha도 청바지 종류를 입고 있었으므로, 동아리의 모든 학생은 A로 이동하기 시작했다. Ramirez 선생님은 “흰색을 입었다면, B 아래에 서세요. 빨강색을 입었다면, C 아래에 서고, 검정색을 입었다면, D 아래에 서세요.”라고 말했다.

모든 학생은 이동하던 중간에 멈춰섰다. Marta는 “Ramirez 선생님, 저는 파란색, 흰색, 검정색을 입었어요. 저는 어디로 가야 하나요?”

Ramirez 선생님은 “그것이 내가 말하고자 하는 바예요. 우리는 **관계**를 가지고 있지만, 이 관계는 **함수**가 아닙니다.”라고 말했다. 선생님은 그림을 그리기 시작했다. “보세요. Marta는 입력되는 것으로 함수의 **정의역**에 속해있습니다. 그러나 출력되는 것으로 관계의 **치역**(range) 중 어디로 가야 할지 모르고 있습니다. Marta는 혼란스럽습니다. 너무 많은 선택사항이 있기 때문이지요. 이것도 역시 관계이지만, 함수는 아닙니다. 하나의 함수에서 정의역에 속한 변수들은 치역에 속한 하나의 값에 대응됩니다.”([그림 1.2]는 Ramirez 선생님이 만든 하나를 넣었을 때 두 개 이상이 출력되는 상황을 보여준다.)

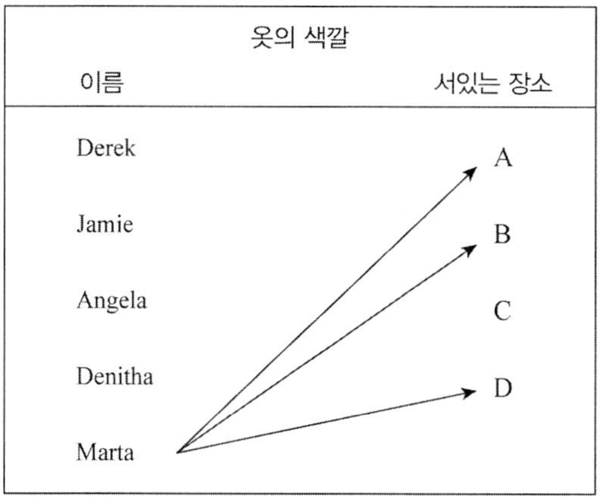

[그림 1.2] 하나를 넣었을 때 두 개 이상이 산출되는 경우

"나머지 학생들도 이 관계에서 비슷한 문제에 봉착하게 될 수 있으며, 나머지 학생들 각자가 정확히 한 가지 색깔만 입었다고 하더라도, 그것은 문제가 되지 않습니다. Marta의 상황만으로 이 관계는 함수가 아닌 것이 됩니다."([그림 1.3]은 Ramirez 선생님이 설정한 관계를 보여준다. 이 관계는 함수가 아니다.)

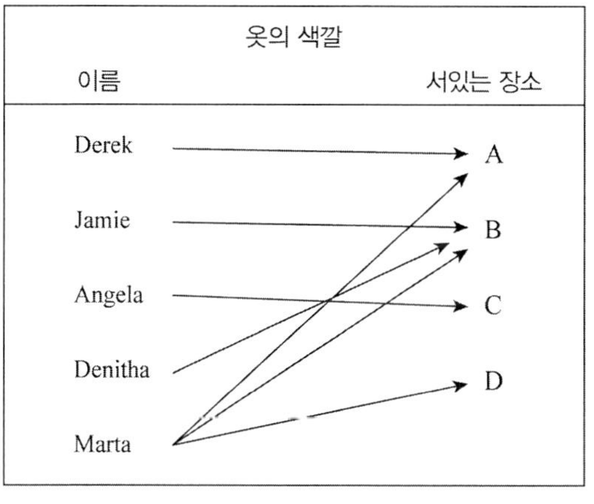

[그림 1.3] 함수가 아닌 예

"하나만 더 해볼까요." Ramirez 선생님은 "내가 제시하는 것이 오로지 관계인지 아니면 함수인지를 말해보세요. 자 시작합니다. 여러분의 생일이 1월이면 A 아래에 서세요. 2월이면 B, 3월

이면 C, 4월이면 D 아래에 서세요."([그림 1.4]는 Ramirez 선생님의 지침에 응답하기 위한 학생들의 행동을 대응시킨 것이다.)

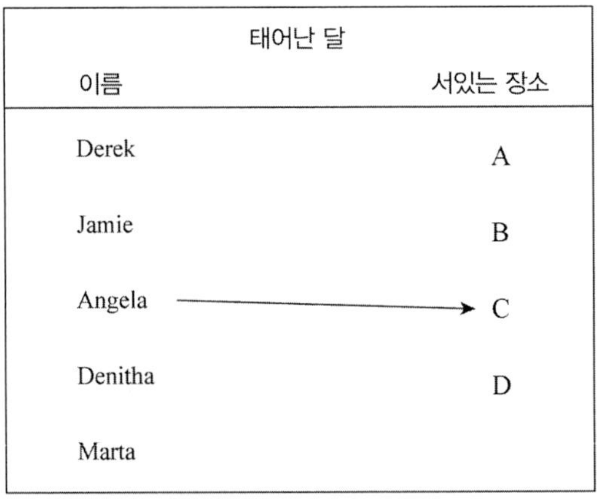

[그림 1.4] 넣는 것은 모두 산출되는 것이 필요함

유일하게 3월 15일생인 Angela만 벽에 가서 섰다. 나머지 학생들은 앉은 채로 남아있었다. "함수일까요? 아닐까요?" Ramirez 선생님이 질문했다.

"흠, 더 이상 아무도 한 장소로 가지 않아요. 지난번처럼" Marta가 말했다. "그러나 우리 중 일부는 갈 수 있는 곳이 없어요. 이는 저 관계가 함수가 아니라는 것을 의미해요. 함수인 경우, 정의역에 속하는 모든 것은 정확하게 치역에 속하는 한 곳으로 갑니다."

"맞았어요." Ramirez 선생님이 말했다. "만약 함수에 대해 이해할 수 있다면, 세차를 위해 얼마나 많은 용품을 사야 하는지도 이해할 수 있을 거예요."

이것에 대해 학생들이 생각해보도록 잠깐의 시간을 준 다음, Ramirez 선생님은 질문을 던졌다. "그러면 우리의 세차와 관련하여, 우리가 조사할 수 있는 서로 다른 관계들은 어떤 것이 있을까요? 그리고 이것들 중 어떤 것이 함수가 될 수 있을까요? 어떤 함수가 우리의 현재 용품 구입 과제와 가장 관련이 있을까요?

Ramirez 선생님의 「함수 벽(Function Wall)」 활동은 학생들이 함수의 개념을 이해하려고 할 때 일어날 수 있는 일종의 의사소통과 혼란을 그린다. Ramirez 선생님은 응답을 통해서 처음으로 함수의 개념을 소개하였다는 것을 기억하자. Derek과 Marta는 세차 용품 비용을 높거나 낮게 책정하는 문제를 가지고 있었고, Ramirez 선생님은 해결 방법을 결정하는데 도움을 주기 위해 함수를 사용하라고 제안하였다. 모든 학생이 이와 같은 현실적인 문제를 가지고 있지는 않을 수 있지만, 그래서 Ramirez 선생님은 다른 학생들에게 인지적 갈등을 가져올 수 있는 순간에 해당하는 혼란을 경험하도록 만들었다. 벽에 가서 서는 것을 통해 교사가 학생들에게 제공한 가르침은 때로는 수행하기가 매우 쉽고(학교에 가는 차를 타기 위한 시간에 해당하는 글자 아래 서기) 때로는 매우 어렵다(옷의 색깔에 해당하는 글자 아래 서기).

이 관점에서, 학생들은 쉬운 상황과 어려운 상황의 다른 점에 대해 스스로에게 설명하기 위한 형식적 단어가 부족하였고, 그래서 Ramirez 선생님은 중요한 용어를 정의하는 기회를 제공하였다. 다양한 상황에서, 선생님은 "학생은 혼동하고 있어요. 학생은 너무 많은 조건을 가지고 있어요. 그것은 여전히 하나의 관계이지만, 하나의 함수는 아니예요. 함수에서 정의역에 속하는 값들은 정확히 치역에 속하는 하나의 값에 대응됩니다."라고 설명했다. 학생들의 사고를 고려하기 위해 [생각해보기 1.3]에 포함된 질문을 사용해보자.

생각해보기 1.3

학생들이 공통적으로 함수에 관해 가지고 있는 오개념은 무엇인가?
이러한 오개념에 직면한 학생들을 돕기 위해 어떤 예와 반례를 제시해야 할 것인가?

02 함수에 관한 학생들의 사고에서 나타나는 일반적인 오개념

152명의 예비교사를 대상으로 그들이 가지고 있는 함수의 개념에 대한 연구 결과에서, Ruhama Even (1993)은 Ramirez 선생님이 학생들에게 함수를 제시한 것과 같이 질적으로 소개하는 방식의 중요성을 넌지시 말하고 있다. 이 연구에서는 면담을 통해서, 세 가지 학생들의 사고방식을 알아냈는데, 첫째 "함수는 방정식이나 공식이다(또는 항상 이와 같이 나타낼 수 있다.)" (p. 104). 한 연구 참여자는 "하나의 함수는 확실히 하나의 방정식입니다." (p. 105) 라고 말했다. 다른 참여자는 "제 생각에 모든 함수는 방정식으로 쓸 수 있습니다. 아마도 $\sin x$와 같은 삼각방정식이 될 수 있으며, 그러나 y값이 될 수 있는 모든 항은 x값에 어떤 연산을 하면 나오는 값이 되어야 합니다." (p. 105) 라고 말했다.

그러나 함수는 많은 표현을 가지고 있으며, 방정식도 그 중 하나일 뿐이다. 그리고 학생들이 벽에 나열되어있는 글자에 해당하는 장소와 학생들을 대응시키는 것과 같이 일부 함수는 하나의 방정식이나 하나의 대수적 표현만으로는 불충분하다. 중등 교육을 끝마치면, 학생들은 다른 형태로 표현된 함수의 대수적 표현을 더 많이 확인할 수 있게 된다. - 너무 많아서 사실 학생들은 방정식과 함수를 완전히 융합하는 것을 감행한다. 이러한 이유로, 먼저 선택한 함수의 유형과 관계없이 정의역에서 치역으로 가는 일가 대응에 중심을 두고, 함수를 대수적이지 않은 방식으로 소개하는 것은 생산적이다.

학생들이 함수와 관련된 개념에 대한 이해를 발달시키는 과정에서 세 가지 오개념이 더 나타날 수 있다.

1. 학생들은 치역이 정의역에 속한 하나의 값으로 다시 대응된다고 생각할 수 있다.

2. 학생들은 하나의 관계의 정의역에 대한 제약조건이 관계에 영향을 미치는 방법에 대해 잘못 이해할 수 있다.
3. 학생들은 자신들이 진짜 함수를 다루고 있는지를 결정하는 데 소위 수직선 검사(vertical line test)라고 불리는 것과 같은 피상적이거나 잘못된 지표에 의존할 수 있다.

다음에 차례로 제시되는 잘못된 이해와 관련된 각각의 자료들을 고려하는 것이 유용하다.

학생들은 치역이 정의역에 속한 하나의 값으로 다시 대응된다고 생각할 수 있다. 함수의 치역이 정의역에 속한 하나의 값으로 다시 대응될 수 있는 경우는 함수가 "일대일 대응" 함수라 불리는 특별한 경우이다. 하나의 함수가 특별한 종류의 관계이고, 그렇기 때문에 하나의 관계와 구별될 수 있는 특징과 가능성을 가지기 때문에(하나의 예로, 함수는 하나의 값을 예측할 수 있는 반면, 관계는 여러 가지 값을 되돌려주기도 한다), 이러한 방식으로 일대일 대응 함수는 일대일 대응 함수가 아닌 함수가 할 수 없는 능력을 가지게 된다. (예를 들어, 일대일 대응 함수의 역도 함수이지만, 그 이외의 다른 함수의 역은 또 다른 일가 함수가 되지 않을 수 있다.) 마지막 절에서 이러한 차이에 대해 조명할 것이지만 여기에서는 함수를 충분히 설명하는 관계의 특징과 하나의 함수보다 더 특별한 어떤 것을 설명하는 특징에 대해 학생들이 이해하는 것의 중요성을 설명하는 것만으로 충분하다.

「함수 벽(Function Wall)」 활동은 이러한 오개념을 극복하기 위한 하나의 시도이다. 삽화에서 Ramirez 선생님이 사용하지 않은 과제까지 포함한 전체적인 활동 내용은 [부록 3]에 제시하였다. Ramirez 선생님이 사용하지 않은 과제는 다음과 같다: 키가 5피트보다 작은 학생은 A에 가서 서고, 5피트에서 6피트 사이인 학생은 B에 가서 선다. 키가 6피트에서 7피트 사이인 학생은 C에 가서 서고, 7피트보다 큰 학생은 D에 가서 선다. 이 과제를 학생들에게 활용한다면, 학생들은 마지막 조건에 대해 웃을지도 모른다. 또한 학생들은 학생과 키 사이의 관계가 함수가 아니라고 생각할 수도 있다. 왜냐하면 D에 가서 서있을 수 있는 학생은 아무도 없기 때문이다. (만약 누가 D 아래에 가서 선다면, 교사는 당연히 8피트가 넘는 학생들에 관한 조건 E를 만들어야 한다. Louisville 대학의 농구 프로그램 감독 Rick Pitino를 만나봐야만 한다.) 학생들에게 "어디에 가서 서있어야 하는지 혼란을 느끼나요? 마음 속에서 혼란을 전혀 느끼지 않나요?"라고 물어보자. 학생들이 아니라고 응답한다면, "그렇다면 함수의 정의와 확실하게 연결해보세요. 만약 정의역에 속한 여러분이, 서있기 위한 정확히 하나의 장소를 갖게 된다면, 정의역에 속한 여러분 모두와 치역에 속한 서있을 장소 사이의 관계는 하나의 함수라고 불러야 합니다."

학생들은 때때로 사실상 다가 대응이 일가 대응으로 전환되는 것과 같이 하나의 관계의 정의역에 대한 제약조건이 관계에 영향을 미치는 방법에 대해 잘못 이해할 수 있다. 어떤 관계의 정의역이 어떤 함수를 만들어 내는 것을 제한하는 것은 수학에서의 창의적 활동이고, 잊어버리지 않을 수 있는 기회이다. 학생들과 학생들이 입은 옷 색깔 사이의 관계의 정의역을 교실에서 하나의 색깔만 입고 있는 두 명의 학생으로 제한하는 것은 이 관계를 함수로 바꾼다. 이렇게 하는 것의 강점은 처음에는 사소한 것처럼 보일 수 있지만, 매우 중요해질 수 있다. [그림 1.5]에 제시된 $y=\sqrt{x}$ 의 그래프를 생각해보자.

이 그래프는 함수를 나타내는가? 함수에 대해 특별히 엄밀하게 이해하고 있는 학생들은 "이것은 함수가 아니다. 치역 속에는 음수에 대응되는 것이 없다."라고 말할 수 있다. 이 사례에서, 교사는 다음과 같이 함수를 생성하는 정의역이 **제한되어 있는 것**을 학생들이 확인할 수 있도록 해야할 필요가 있다. "만약 x가 0보다 크거나 같다면, 이것은 함수이다." 또한 형식적인 수학적 용어를 연습할 수 있는 기회를 가질 수 있다. 이 학생에게 "학생이 선생님에게 말해준 것은 글로 작성하기에는 어려운 종류의 것입니다. 수학자들은 학생이 말한 것을 작성하기 위해 다음과 같은 더 빠른 방법을 사용합니다: $x \geq 0$"라고 말하자.

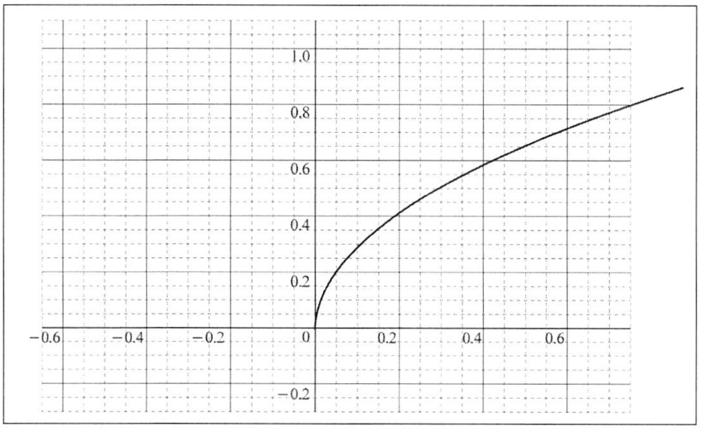

[그림 1.5] $y = \sqrt{x}$ 그래프

학생들은 함수를 만들기 위해 **어떤 관계의 치역**에 항을 추가할 수 있다. 「함수 벽」 활동 중 태어난 달의 관계에 대한 사례를 생각해보자. 1월부터 3월까지만 치역에 속하고, 그 이외의 태어난 달들은 대응시킬 수 없다. 간단하게 네 번째 선택사항(기타 태어난 달)을 추가하여 함수를 만들 수 있다. 조사를 할 때, "기타" 또는 "위에서 제시하지 않은 것"을 선택한 사람들은 이 선택사항의 목적이 혼란을 제거하기 위한 것이라는 것을 이해하고 있으며, 이는 함수를 만들어낸다.

학생들은 자신들이 진짜 함수를 다루고 있는지를 결정하는데 소위 수직선 검사라고 불리는 것과 같은 피상적이거나 잘못된 지표에 의존할 수 있다. [생각해보기 1.4]는 관계가 함수인지를 결정하는데 학생들이 자주 사용하는 이러한 방법에 관해 질문을 제시하고 있다.

생각해보기 1.4

- 수직선 검사의 제한점은 무엇인가?
- 어떤 조건일 경우 잘못 해석될 수 있는가?
- 수직선 검사는 학생들의 함수에 대한 이해를 어떻게 제한하거나 촉진시킬 수 있는가?

Even(1993)의 152명의 예비 수학교사들 중 $\frac{1}{3}$ 가량은 수직선 검사를 사용해서 학생들에게 함수를 설명하고 있었다. 한 연구참여자는 "(학생들은) 만나는 두 개의 지점이 있는지를 확인하기 위해 자 또는 곧은 것을 이용하여 함수를 가로지를 수 있다."라고 말하면서 이 검사를 설명하였다(p. 108). 그러나 동일한 참가자들 중 일부는 검사의 제한점을 이해하기 위해 노력하였다. 한 참가자는 하나의 원을 관찰하고 자가당착에 빠졌다. "이와 같이 만약 이것을 가진다면.... 좋아요, 음, 원은 함수입니다. 그러나 원은 수직선 검사를 통과하지 못합니다."(p. 110).

수직선 검사와 같이 법칙이나 기억을 돕는 방법은 바탕에 깔려있는 개념적 지식에 대해서만 효과적이다. 어떤 경우에 기억을 돕는 방법들은 개념적 지식이 줄어들게 한다. 예를 들어 원을 생각해보자. 한 원은 x에서 y로 가는 함수가 **아니다**. 왜냐하면 정의역에 속한 하나의 x값은 치역에 속해있는 하나 이상의 값에 대응되기 때문이다. 이 경우 수직선 검사가 적용된다. 그러나 만약 우리가 좌표체계를 직교좌표에서 극좌표로 변경한다면 이 그래프는 하나의 함수로 표현된다. 극좌표에서 정의역에 속한 어떤 각을 선택했을 때, 이 각에 대해 반지름에 해당하는 동일한 값을 할당함으로써 하나의 원을 만들 수 있다. 이를 통해 정의역에 속한 모든 값(정의역에 속한 값들 중 네 가지: $0°$, $23°$, $198°$, $370°$)은 치역에 속한 단 하나의 값(모든 값에 대한 반지름)에 대응시킬 수 있기 때문에 하나의 함수를 얻을 수 있다.

만약 극좌표로 변경하는 것이 너무 전문적인 것처럼 보인다면, 그냥 직교좌표를 이용할 수 있다. $x=y^2$의 그래프는 정의역을 y로, 치역을 x로 정의한다면, 하나의 함수가 **된다**. 그러나 수직선 검사는 그 차이를 구별하지 못한다: $x=y^2$은 정의역과 치역에 대한 고려가 없다면 검사를 통과하지 못할 것이다. 「공통 핵심 성취기준(CCSS)에서 고등학교 함수의 발달」의 저자는 "수직선 검사는 x에 대한 y의 그래프에 대해 'x는 y의 함수인가'와 같은 질문(역함수에 관한 학생들의 사고를 위한 중요한 질문임.)에 대해 논의하는 것을 어렵게 하기 때문에 문제가 있다."라고 주장한다(Common Core Standards Writing Team 2012, p. 8).

[그림 1.6]에 제시된 질문에 답하기 위해 고군분투하는 학생들을 연구하는 Clement(2001)가 제시한 매개변수 시나리오를 함께 생각해보자.

아래와 같이 한 마리의 애벌레가 그래프 종이 위를 기어가고 있다. 만약 우리가 시간을 고려하여 종이 위 애벌레의 위치를 결정하고 싶다면, 이 위치는 시간의 함수가 될 수 있을까? 왜 그러한가? 왜 그러하지 않는가?

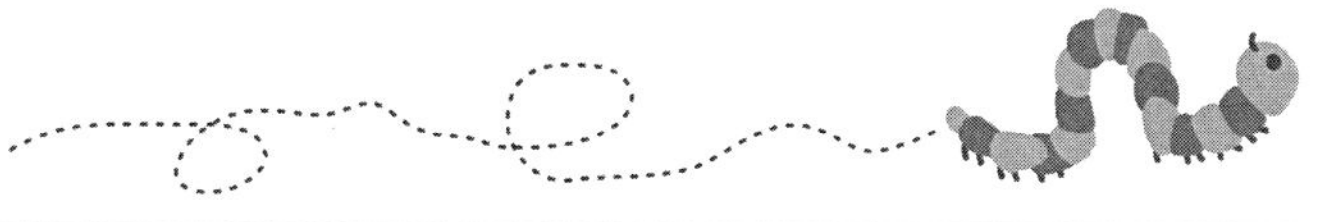

[그림 1.6] 애벌레의 위치는 시간의 함수인가?(Clement, 2001, p. 745)

Clement가 면담한 5명의 학생 중 세 명은 애벌레의 경로에 바로 수직선 검사를 적용하였고 함수를 찾을 수 없다고 결론을 내렸다. 학생들은 정의역에 속하는 어떤 시간에도 애벌래가 치역에 속하는 단 하나의 위치에만 있을 수 있다는 사실에도 불구하고 결정을 내렸다. 애벌레는 한 번에 두 군데의 장소에 있을 수 없다.

수직선 검사는 제한적인 함수 집합에 대해서 옳은 결과를 제시한다. 그러나 검사를 통해 가르쳐져야만 하는 광범위한 예외들("역함수, 극함수, 매개함수에 주의할 것" 등)은 이를 지도하는 데 전혀 도움이 되지 않는다. 그 대신 학생들이 함수의 정의역과 치역에 신중하게 주의를 기울이도록 강조해야 한다(정의역이 항상 가로축은 아닐 수도 있다.). 학생들에게 정의역에 대한 개념이 한 번 자리잡게 되면, 정의역의 하나의 원소에 해당하는 치역의 원소를 대응시키는 데 손가락을 사용할 수 있다. 어떤 경우에는 이와 같이 심사숙고한 행동이 수직선 검사와 보다 더 유사할 수 있다. 역함수의 경우에 대해서도 **수평선** 검사처럼 보일 수 있다. 또한 극함수의 경우에도 **방사형** 선 검사(radiating line test)로 나타날 것이다. 이와 같은 상황에서 학생들은 정의역과 치역의 개념을 함수에 대한 완전한 이해와 결합시키기 보다는 수직선 검사와 같이 오해를 낳을 수 있는 지침들을 제한적인 이해와 결합시키게 된다.

03 정의역과 치역에 대한 완전한 이해를 발달시키기

정의역과 치역에 대한 완전한 이해는 많은 직장에서 유용할 수 있으며, 특히 웹 설문 조사를 설계하는 사람들에게는 꼭 필요하다. 학생들에게 [그림 1.7]에 제시된 화면 캡쳐 자료를 제공하고 어떤 부분이 잘못되었고, 어떻게 고쳐야하는지에 대해 간단하게 작성해보도록 한다. 학생들은 함수에 대해 자신들이 이해하고 있는 것이나 잘못 이해하고 있는 것을 나타낼 것이다.

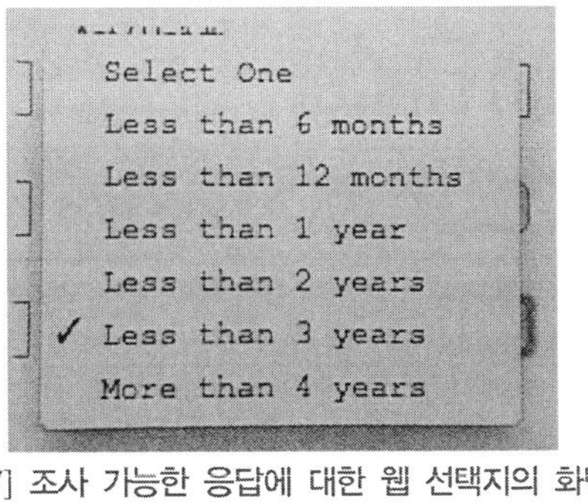

[그림 1.7] 조사 가능한 응답에 대한 웹 선택지의 화면 캡쳐

웹 선택지 디자이너는 함수에 대해 이해하고 있다면 여러 가지 측면에서 장점을 가질 수 있다. 사용자는 이 선택지에서 먼저 제시된 지시문을 고려했을 때 어떤 경우를 선택해야하는지 알 수 없을지도 모른다. 만약 지시문에서 “이 대학에 등록한지 얼마나 되었습니까?”라고 질문한다면, 5개월째 등록되어 있는 학생은 “4년 이상”을 제외한 나머지 중 어떤 것도 선택 가능하다. 이 경우 우리는 정의역(학생들)이 치역(등록기간)에 해당하는 여러 가지 값에 대응된다는 것을 알 수 있다.

게다가 정의역은 대부분 어떤 선택지도 선택할 수 없는 학생을 포함한다. 이러한 특수한 경우의 학생은 치역의 여러 가지 값들에 대응되지 않는다. 이 학생은 치역에 속해있는 값 중에 대응될 수 있는 값이 없다. 이러한 학생을 찾을 수 있겠는가? 이 학생은 3년 몇 개월 간 학교에 등록되어 있는 경우이다. 이 학생은 이 대학교 설문 조사에서 응답할 수 있는 경우가 없다. 웹 디자이너는 함수의 개념 중 작지만 중요한 것을 잘못 이해하고 있으며, 사소한 잘못된 이해가 축적된 효과가 몇 달 후에 큰 문제가 될 수 있다.

[그림 1.8]은 「함수 탐색기」 활동을 나타낸다. 이 활동은 학생들의 함수에 대한 이해를 발달시킬 수 있는 많은 질문을 제시하고 있다. 학생들이 개념을 이해하기 위해 노력하고 있다면, 정의역에서부터 가상의 예제를 묘사해보도록 요청하자. 학생들은 질문에 포함된 관계들에 대해 함수이거나 함수가 아닌 사례를 만들기 위해서 많은 예제들을 선택할 수 있어야만 한다. 이때 학생들이 정의역을 제한하는 것이 필요하다고 생각한다면 그렇게 하도록 독려해야 한다.

함수 탐색기

질문 : 다음 관계들 중 함수인 것은?

학습목표 : 함수의 정의 이해하기

아래에 제시한 관계들에 대해 각각 함수인지 아닌지를 결정해보자. 만약 함수가 아니라면 각 집합의 원소들을 제시함으로써 함수의 정의를 만족시키지 못한 이유를 나타낸다. 만약 함수라면, 왜 그러한지를 설명하고, 마찬가지로 각 집합에서 여러 가지 원소들을 제시한다.

페이스북 사용자	비밀번호

학생	머리 색깔

우리 반 학생	학생이 살고 있는 행성

주	주 이름에 포함된 글자 수

월	월의 일 수

월의 일 수	월

날짜	외부 온도

비밀번호	페이스북 사용자

정수	정수의 두 배인 수

[그림 1.8] 「함수 탐색기」 활동

일부는 「함수 탐색기」의 각 관계들에 대해 다음과 같이 기록하였다:

- **페이스북 사용자 → 비밀번호**. 페이스북은 **여러 개의** 비밀번호를 생성하는 기법을 가지고 있지 않기 때문에 모든 페이스북 사용자는 비밀번호를 하나만 가지게 된다. 그러므로 이 관계는 함수이다.
- **학생 → 머리 색깔**. 이 관계가 함수인지 아닌지는 정의역에 달려있다. 만약 염색을 했거나 머리색이 일정하지 않은 학생이 없다면 함수가 된다. 만약 학교의 전체 학생이 포함되거나 머리 색깔이 두 개 이상인 학생이 포함되도록 정의역을 확장한다면, 함수를 얻을 수 없다(물론 "여러 가지 색깔"을 치역에 포함시켜서 함수로 만들 수는 있다.)
- **우리 반 학생 → 학생이 살고 있는 행성**. 이것은 함수이다. 모든 학생들은 정확히 하나의 행성에 대응된다. 그러

나 교사는 이 관계를 명확하게 하기 위한 기회를 가질 수 있도록 하고, 앞서 논의된 것과 같은 일반적인 오개념에 대해 말해줄 수 있다. "지구" 아래에 세 가지 다른 행성(화성, 목성, 금성 등)의 이름을 쓴다. 학생들에게 "이 행성들에 해당하는 사람은 없어요. 이 관계를 함수라고 할 수 있을까요?"라고 물어보자.

- **주 → 주 이름에 포함된 글자 수**. 각각의 주는 주 이름에 포함되어 있는 글자에 해당하는 하나의 숫자를 가지고 있다(예, California →10). 그러므로 이 관계는 함수이다.
- **월 → 월의 일 수**. 어떤 학생들은 일부 학생들은 이 관계가 함수라는 결론에 도달할 것이다. 그러나 또 다른 학생들은 얼마간 시간을 들인 다음 2월은 대략 4년 중 3년은 28일에 대응시키고, 윤년에는 29일에 대응시켜야된다는 것을 생각해낼 것이다(학생들은 창의성을 발휘해서 다시 활동을 할 수 있고, 이 경우에 정의역을 "2월을 제외한 달" 또는 "윤년이 아닌 해에 해당하는 월"이라고 지정할 수 있다.)
- **월의 일 수 → 월**. 용어를 **역으로** 정의할 수 있도록 기회를 제공하자. 이 관계는 앞의 관계를 뒤집은 것이고, 학생들은 첫 번째 과제를 끝마친 다음 활동지에 또 다른 관계에 대해 동일한 활동을 해야만 한다("이것은 함수의 역인가?"는 생산적인 질문이다.). 30과 31은 여러 개의 서로 다른 달에 대응되기 때문에 이 관계는 함수가 아니다.
- **날짜 → 외부 온도**. 이 관계에 대해 생산적인 이견을 기대할 수 있고, 다른 한 편으로 기온은 아침의 가장 낮은 기온과 오후의 가장 높은 기온 사이에서 하루 동안 크게 변할 수 있다. 이 관계는 함수가 아니다. 그러나 만약 학생들이 이 정의역에 "외부의 **평균** 기온"(지속적인 기후 자료에 따른 사례가 될 수 있음)이라고 명칭을 다시 붙인다면, 각각의 날짜에 대해 단 하나의 평균 기온이 있기 때문에 함수를 얻을 수 있을 것이다.

- **비밀번호 → 페이스북 사용자**. 또 한 번 학생들은 역함수를 얻게 된다. 페이스북은 비밀번호의 유일성을 확인하지 않기 때문에, 이 경우 역은 함수가 **아니다**.
- **정수 → 정수의 두 배인 수**. 이 시나리오를 생각해볼 때, 학생들은 순수 수학적 함수에 의한 방법으로 조정한다. 예를 들어 학생들은 6의 두 배가 될 수 있는 방법이 없다는 것을 확인하고, 12를 제외한 다른 방법을 선택해야만 한다. 이 관계는 함수이다.

04 결론

이 장은 학생들이 함수의 개념을 습득할 때 가질 수 있는 오개념에 초점을 맞추고 있다. 학생들은 정의역의 일가 대응뿐만 아니라 치역의 다가 대응에 관한 오개념을 가질 수 있다. 또한 역함수는 항상 함수가 될 수 있다고 부정확하게 가정할 수 있다. 학생들이 함수를 조작하고, 공변으로서 함수를 분석하고, 다양한 방법으로 함수를 나타내기 시작하면 더 큰 문제가 될 수 있기 때문에, 이러한 오개념들은 가능한 빨리 직면하는 것이 중요하다.

Rmirez 선생님과 그의 학생들 간에 이루어진 대화를 되풀이 해보기를 제안한다. 이러한 대화는 교사들이 학생들과 나누는 어떤 대화의 방법이나 또 다른 방법에 모두 적용될 수 있다. 이 대화는 학생들 앞에서 함수를 정의하는 것이 하나의 방법이고, 학생들에게 자신이 이해한 것을 바탕으로 함수의 정의를 명확하게 하거나 혼란을 가져올 수 있는 경험을 제공하는 것이 또 다른 방법임을 보여준다.

제2장

공변

필수 이해 2a.	실수에서 실수로의 함수에서 어떤 공변의 패턴이나 두 변수가 함께 변하는 패턴은 특정 함수족의 성질을 나타내고 그 함수가 가지는 공식의 유형을 결정한다.
필수 이해 2b.	변화율은 한 변량이 변함에 따라 다른 변량이 어떻게 변하는지 설명한다.
필수 이해 2c.	함수의 변화율은 그 함수가 어떤 실세계 현상을 모델링할지 결정하는 주요 특징 중 하나이다.

공변과 변화율은 「**함수의 필수 이해**(조완영, 권나영, 이동흔, 2017; Cooney, Beckmann, and Lloyd, 2010)」의 핵심 아이디어 2와 관련이 있다. 이와 관련된 세 가지 필수 이해는 함수에 대한 공변과 변화에 **초점**을 둔다. 이는 관련된 양이 어떻게 함께 변하는 가에 관한 것이다. 우리는 한 양에 따라 다른 양이 변하는 비율을 수반하는 다양한 종류의 관계를 분류하고, 예상하고 특징 지을 수 있다. 이 관계가 **공변**이다. 공변을 아주 쉽게 단순한 "변화"의 아이니어로 줄일 수 있다. 일차, 이차, 지수 등과 같은 다른 **종류**의 변화를 포함하도록 정의를 확장하더라도, 학생들이 변화를 완전히 이해할 수 있도록 조정해야 하는 어려운 정신적 활동(mantal act)은 보지 못할 수 있다.

01 공변 추론의 수준

이 장은 "변화를 이해함" 또는 "변화를 이해하지 못함"의 차원을 넘어서 공변에 대한 학생들의 이해를 평가할 수 있는 계층체계(hierarchy)를 제공한다. 공변에 대한 학생들의 이해에 대한 정확한 평가는 학생들이 이 계층체계에서 더 높은 수준으로 이동할 수 있기 위한 충분조건은 아니지만 필수조건이다. 그래서 교사는 학생 이해에 대한 평가를 할 수 있기 때문에 학생들에게 공변에 대한 다양한 맥락의 개념 이해를 발달할 수 있게 하는 과제와 질문을 선택하고 제시해야만 한다.

이 장은 공변의 전반적 측면과 국소적 측면 뿐만 아니라 질문의 구체적인 측면과 추상적인 측면에서 학생들의 관심유도의 중요성을 강조한다. 우리는 학생들이 변수 표를 이용하여 주어진 함수를 평가하도록 질문하는 것이 얼마나 용이한가를 교실에서 관찰할 수 있다. **국소적인** 질문은 공변의 특정 측면에 대한 이해를 발달시키기 위해 중요하지만, 맥락에 관한 **전반적인** 질문도 섞어야만 한다. 예를 들어 "시간이 지나면 무엇이 발생하는가? 이 방향으로 영원히 계속 변화 할 것인가?"이다. 이 장의 주요 목표는 독자에게 한 종류 질문을 하는데 요구되는 적절한 시간과 각 질문의 의도를 인지하는데 도움을 제공하는 것이다.

먼저 Derek과 Marta를 확인해보자. 다음을 읽는 동안 그들의 공변에 대한 현재 이해정도를 확인하도록 노력하자.

> 오후에 세차장에 들어선, Derek과 Marta는 세차하는데 필요한 물품을 살피고, 하루 종일 지속할 수 있는지 아닌지를 계산하기 위해 노력하고 있다. 하루 동안 Marta는 자원봉사자가 사용하고 있는 비누 병의 수에 대해 다음과 같이 표로 만들었다([그림 2.1]).

확인 시간	확인한 시간 이후 사용한 비누 병의 수
오전 9시	5
오전 11시	5
정오	5
오후 12시 30분	5

[그림 2.1] 사용한 비누 병의 수에 대한 Marta의 표

"물론, 우리는 확실히 일관성이 있어."라고 Derek은 관찰한다. "만약 이와 같이 계속 지속된다면, 세차를 마무리할 때는 충분한 양의 비누 병의 수를 가질 수 있어." 라고 Marta가 말한다. "어떻게 계산할 수 있는데?"
"확인할 때마다 5병을 사용하고 있어. 5병 이상 남기는 방법이 있어."

Derek과 Marta가 세차장에서 짐을 싸서 돌아갈 무렵, Ramirez 선생님이 옆으로 다가가 Marta의 표를 본다.

"여러분! 여러분이 생각했던 것보다 훨씬 많은 문제가 있을 수 있습니다." 라고 말했다. 빈 칸을 보면서 계속해서 그는 "여기서 공변이라 말할 수 있는 무언가를 오해하고 있다고 생각합니다."라고 말했다.

더 읽기 전에 독자들 스스로의 Derek과 Marta의 가능한 대답 뿐만 아니라 Ramirez 선생님이 제기한 의견에 대한 반응을 생각해보자. 독자의 생각을 안내하는 [생각해보기 2.1] 질문을 활용할 수 있다.

생각해보기 2.1

- 여러분은 Derek과 Marta가 Marta의 표에 표현된 공변 관계에서 놓치고 있는 것은 무엇이라고 생각하는가?
- 만약 여러분이 그들의 교사라면 어떤 질문을 할 것인가?
- 시간과 사용한 비누 병의 수 사이의 관계에 대한 학생들의 이해를 어떻게 평가할 수 있는가?

실제 시간을 계산한다면, Ramirez 선생님은 Derek과 Marta가 무엇을 놓치고 있는지를 정확히 집어내고 그들의 생각을 변화할 수 있도록 해줄 수 있다.

> Ramirez 선생님은 공변이 두 세트 수가 서로 어떻게 관련되어 변화하는지 이야기하는 방법임을 설명한다. "공변에 대하여 반직관적이고 생각하기에 어려운 예제가 있고, 아주 명확한 예제가 있습니다. 먼저 정적 공변 또는 부적 공변에 관하여 생각할 수 있습니다."라고 그는 말한다. "나이가 증가함에 따라, 키는 어떻게 되죠?"
>
> "또한 증가합니다." Marta가 말했다.
> "이는 정적 공변입니다. 그러나 또 다른 공변을 시도해 봅시다: 만약 내가 제시한 숙제의 양이 늘어나면, 방과 후 자유 시간은 어떻게 되죠?"
> "자유시간이 줄어듭니다." 라고 Derek이 말한다. "부적 공변이네요. 그렇죠?"
> "그렇습니다."라고 Ramirez 선생님이 말한다. "이제 내가 공변에 관해서 쉽게 실수할 수 있는 몇 가지 부분을 보여주겠습니다."

Carlson 외(2002)은 학생들이 미적분에서 지속적으로 변화율의 이미지를 형성하는데 어려워하고 함수에서 변곡점을 설명하는데 오류가 있다고 주장했다. 학생들은 인접구간(contiguous interval)으로 공변에 대해 추론할 수 있다. 그러나 학생들은 변화율(changing rate)을 포함하는 상황을 나타내기 위해 고군분투했다. 이 연구를 기반으로, 저자들은 공변의 이미지를 지원하는 정신적 행동(MA)의 5가지 수준을 설명하는 "공변 체계(covariation framework)"를 제안했다. [그림 2.2]가 이 체계를 보여준다.

수준	설명
MA1	한 변수의 변화에 따른 다른 변수의 **값** 조정하기
MA2	한 변수의 변화에 따른 다른 변수의 **변화 방향** 조정하기
MA3	한 변수의 변화에 따른 다른 변수의 **변화량** 조정하기
MA4	입력 변수의 일정한 증가량(increments)에 따른 함수의 **평균변화율** 조정하기
MA5	함수 정의역 전체에서 독립변수의 연속적인 변화에 따른 함수의 **순간변화율** 조정하기

[그림 2.2] Carlson 외(2002, p. 357; 값, 변화 방향, 변화량, 평균변화율, 순간변화율)이 제안한 공변 체계

이러한 정신적 행동은 계층적이고 [그림 2.3]의 표에서 보여지는 5가지 공변 추론 수준을 기반으로 한다. 1수준 학생은 한 변수에 따른 다른 변수의 값을 조정할 수 있지만(MA1) 변화 방향(MA2)이나 변화량(MA3)에 대해서는 고군분투할 수 있다. 대조적으로 5수준 학생은 정신적 행동 MA1에서 MA5을 조정할 수 있고, 순간변화율, 변곡점, 함수의 증가와 감소를 이해하는 것으로 나타난다.

공변 추론 수준	정신적 행동 지원
1수준: 조정	MA1
2수준: 방향	MA1, MA2
3수준: 양적 조정	MA1, MA2, MA3
4수준: 평균 변화율	MA1, MA2, MA3, MA4
5수준: 순간 변화율	MA1, MA2, MA3, MA4, MA5

[그림 2.3] Carlson 외(2002, p. 358)의 정신적 행동을 지원하는 공변 추론 수준

02 공변에 관한 국소적 관점과 전반적 관점 지원하기

학생들은 공변 추론의 발달과 한 수준에서 다음 수준으로 진보를 지원하는 많은 경험이 필요하다. 다음의 세 가지 실세계 시나리오는 학생들이 공변에 관한 추론할 때 국소적 관점과 전반적 관점(lens) 모두를 사용하도록 권장하는 기회를 제

공한다. 또한 시나리오는 공변에 관한 발전된 아이디어를 소개하기 전에 학생들의 공변 추론을 평가할 수 있는 기회를 제공한다.

1) 호수의 수위

학생들이 공변을 이해하는 데 직면하는 핵심문제를 강조하는 예제이다(조완영, 권나영, 이동흔, 2017; Cooney, Beckman, and Lloyd, 2010, p. 28). 먼저 학습자들이 각각 변수에 따른 변화 패턴을 이해해야 하고 그런 다음 변수 사이의 새로운 관계를 개념화할 수 있도록 패턴을 조정한다. [그림 2.4]에 제시한 호수의 수위 예제는 Cooney, Beckman, Lloyd의 자료이다. 추가 열은 수위의 변화에 대응하는 날짜 변화를 제시하고, [생각해보기 2.2]은 예제의 공변을 스스로 사고할 수 있게 한다.

호수의 수위

공원 관리인이 호수의 수위를 같은 장소에서 몇 주에 걸쳐 측정하여 그 결과를 다음과 같이 표에 기록하였다.

날짜 변화	날짜	호수의 수위	수위의 변화
	7	15.29	
7	14	15.43	0.14
14	28	15.57	0.14
7	35	15.71	0.14
7	42	15.85	0.14

[그림 2.4] 호수의 수위 예제의 자료(조완영, 권나영, 이동흔, 2017; Cooney, Beckman, and Lloyd, 2010)

생각해보기 2.2

호수의 수위 예제는 [그림 2.4]에서 살펴볼 수 있듯이 두 변수 “날짜”와 “호수의 수위”에 대한 공변을 어떻게 설명할 수 있는가?

학생들은 수위의 변화만을 고려할 수 있고 모든 측정에 걸쳐 변화가 일관성 있다고 가정할 수 있다. 이러한 가정은 독립변수에서 **변화량**(3수준)을 고려하는데 실패했음을 나타낸다. 이 표에 기록된 측정값에서 시간 간격에 따른 변화에 주목한다면 학생들이 공변 추론 3수준으로 진전할 수 있도록 도와줄 수 있는 패턴이 드러난다. 학생들은 독립변수의 작은 변화가 공변 관계에 어떻게 영향을 주는지를 검사할 수 있다. [그림 2.4]의 자료로 그래프를 그리는 것은 관계에 대한 추가적인 통찰을 제공해준다. [그림 2.5]의 그래프를 보면 14일과 28일 사이 구간이 눈에 띈다.

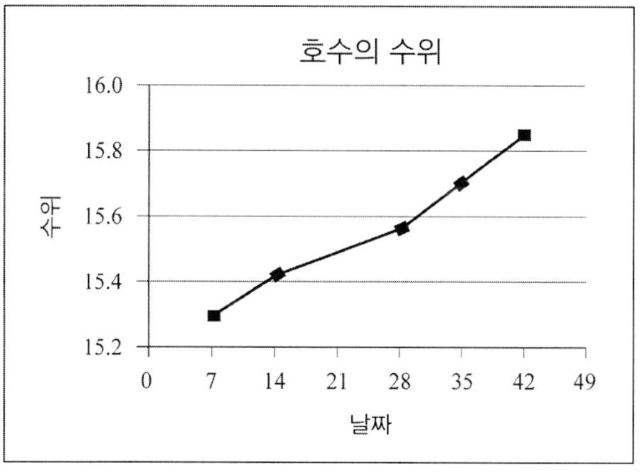

[그림 2.5] 호수의 수위 자료 그래프

이 그래프 표현에 대한 학생들의 상호작용과 해석을 분석하는 또 다른 방법은 학생들의 오개념을 더 세밀히 확인할 수 있는 국소적인 이해와 전반적인 이해(Leinhardt, Zaslavsky and Stein, 1990)를 고려하는 것이다. 학생들은 표와 그래프 모두에서 특정 점의 값은 정확하게 결정할 수 있지만, 표과 그래프를 완전히 연결하지 못할 수 있다. 학생들은 14일과 28일 사이의 그래프에서 변화율이 다르다는 것(전반적 관점)을 알게 되지만, 학생들은 왜 다른지를 쉽게 설명하지 못할 수 있다.

학생들이 위의 그래프 표현에서 이 관계를 이해하려고 고군분투하는 경우, 다음의 그래프 표현은 두 변수의 변화를 보다 완벽하게 비교하고 분석할 수 있도록 도와줄 수 있다. [그림 2.6]처럼 하나의 x축이지만 변수가 각각 다른 y축으로 그래프를 그리는 것은 가치 있는 연습이 될 수 있다. 이 그래프에서 직선은 독립변수에 대한 자료의 차이를 강조한다. 학생들이 두 변수 사이의 공변을 설명하기에 앞서서, 학생들은 먼저 각 변수의 변화를 정확하게 상세히 설명할 수 있어야 한다.

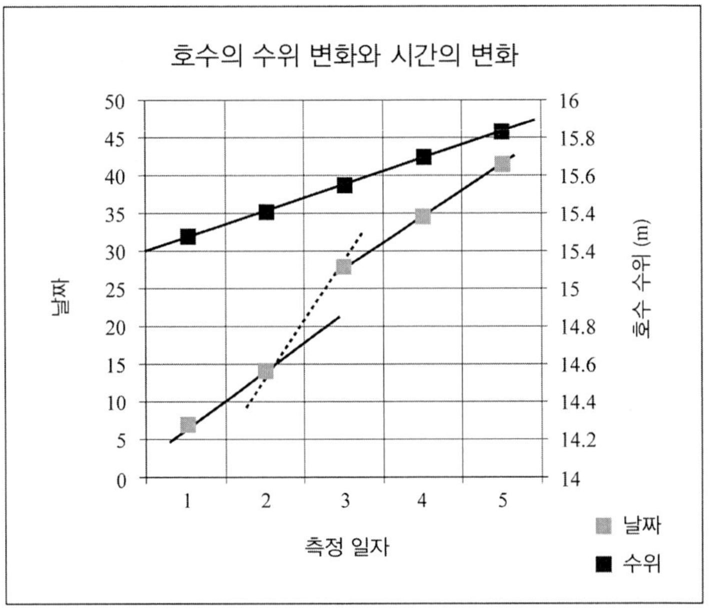

[그림 2.6] 수위와 시간의 변화를 조사하여 공변 이해하기

점의 값과 각 직선의 기울기와 같은 그래프의 세밀한 측면에 초점을 두는 학생들은 국소적 관점으로 그래프를 보는 것이다. 직선의 관계나 그래프의 모양에 초점을 두는 학생들은 전반적 관점을 취한다(Leinhardt, Zaslavsky and Stein, 1990; 이 책 4장에서 그래프의 국소적 해석과 전반적 해석의 다른 논의를 살펴볼 수 있다). 학생들은 국소적 관점에서 전반적 관점으로 변화는 필수적이다. 국소적 관점은 그래프의 의미를 구체적으로 분석할 수 있고, 전반적 관점은 모델화된 상황

측면에서 정확하게 해석할 수 있다. 학생들에게 국소적 관점을 고려하는 질문은 다음과 같은 내용을 포함 할 수 있다.

1. 호수의 수위 예제의 표([그림 2.4])에서, 날짜 차이는 측정 과정에 대해 무엇을 의미하는가?(국소적)
2. 호수의 수위 자료에 대한 그래프([그림 2.6])에서, 각 직선의 변화율은 무엇인가?(국소적)
3. 이러한 측정의 차이를 고려하여, 호수의 수위 자료의 일관된 수위 측정값은 무엇을 설명할 수 있는가?(즉, 호수에서 무슨 일이 발생했는가?)(전반적)
4. 호수 수위 자료 표([그림 2.4])에서, 날짜의 차이는 날짜와 호수 수위 사이의 공변에 어떠한 영향을 주는가?(전반적)
5. 그래프([그림 2.6])의 점선(dashed line)의 의미를 설명하여라(전반적).
6. 호수의 수위의 전체적인 평균 변화율은 이 관계에 대해 무엇을 말해 주는가? 그리고 무엇을 놓칠 수 있는가?(전반적)
7. 시간이 지남에 따라 호수의 수위의 변화를 어떻게 설명할 수 있는가?(전반적)
8. 만약 호수의 수위의 변화율이 변함없이 유지된다면(날짜에 따라 수위가 증가한다), 공원관리인이 세 번째로 측정한 수위는 어떻게 되는가? 4번째, 5번째는?(국소적이고 전반적)

학생들은 공변을 이해하기 위해 전반적 관점과 국소적 관점 사이를 이동하는 경험을 많이 해야 하고, 이러한 공변의 다양한 표현을 분석하는 경험을 많이 해야 한다. 이 상황에서 학생들은 자료가 담긴 표를 따라 시나리오 또는 이 이야기를 다른 방법으로 말할 수 있는 두 가지 그래프 표현을 가져야 한다. 표현간 변환은 학생들이 설명하는 상황과 표현을 이해하는 과정이므로 학생들이 이러한 표현들을 변환하는데 노력해야 한다.

2) 주차요금

이 시나리오는 학생들이 공변의 이해와 공변에 관한 국소적 관점과 전반적 관점을 발달시키는데 도움을 주는 구간 함수(piecewise function)를 포함한다. 학생들이 주차요금 과제를 이용하여 변화가 일정하거나 선형일 필요가 없다는 개념을 강화 할 수 있고, 변하는 상황과 가격 변화를 연결하는데 도움을 준다. [그림 2.7]은 학생들을 위한 이야기와 과제이다.

> **주차 요금**
>
> 많은 공항의 주차 요금은 단기 주차, 장기 주차에 따라 다른 주차 요금을 받는다. 하지만 지역 공항은 다른 주차 요금 체계를 가질 수 있고, 주차한 시간에 따라 주차요금을 자동적으로 조정할 수 있다. 처음 12시간 동안 주차 요금은 시간당 $1이지만, 12시간 지난 이후 주차요금은 하루당 $10이다.
>
> a. 이 지방 공항의 주차요금을 설명할 수 있는 구간이 있는 함수를 구하시오.
> b. 위 구간 함수의 그래프를 그리시오.

[그림 2.7] 주차 요금 시나리오와 과제

[그림 2.8]의 구간 함수는 주차 요금을 모델링한 그래프이다. 이 주차 요금의 그래프는 학생들이 전형적으로 알아온 그래프와 꽤 다르다. 그러나 이 그래프는 함수에 대한 국소적 관점과 전반적 관점 사이를 이동하는 경험을 할 수 있는 특별한 방법을 제공한다.

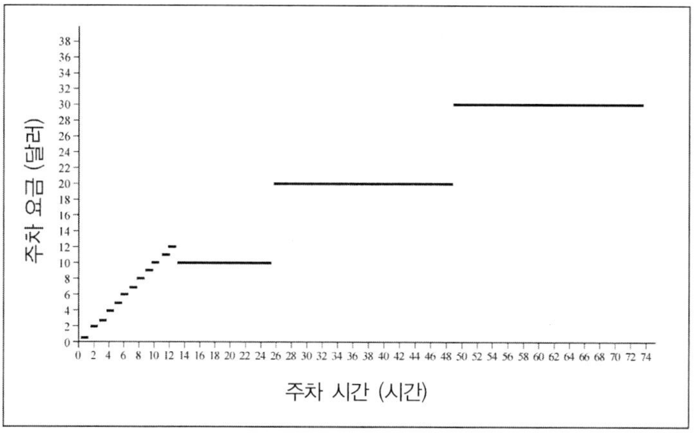

[그림 2.8] 공항 주차요금 체계 그래프

학생들이 그래프를 그리고 그래프를 조사한 후, 다음 질문은 학생들이 상황과 공변에 대한 국소적 이해와 전반적 이해를 발달시키는데 도움을 준다:

1. 그래프에서 짧은 선분은 더 긴 선분과 어떻게 다른가?(전반적)
2. 어떤 그래프에서 4시간일 때 요금이 나타내는 것은 무엇인가?(국소적)
3. 12시간일 때 그래프가 겹쳐 보이는 것을 주목하라. 이 때 주차 정산소에 무슨 일이 발생하는가?(전반적) 10시간일 때 어떤 일이 발생하는가?(전반적이고 국소적)
4. 12시간에서 24시간 사이에서 어떤 일이 발생하는가? 12시간까지의 선분 길이와 24시간 이후 선분이 길이가 왜 다른가? 이 선분은 주차 요금에 대해 무엇을 설명하는가?(전반적이고 국소적)
5. 주차하는 시간이 늘어남에 따라 주차 요금은 어떻게 변화하는가?(전반적)
6. x시간 이후 요금은 얼마인가?(전반적이고 국소적)
7. 만약 3일 동안 주차한다면 요금은 얼마인가? 10일이라면?(국소적)

학생들은 이야기 내에서 짧은 선분($t<12$)과 관련하여 시간(시, t)과 주차요금이 어떻게 증가하는지를 설명할 수 있어야 한다. 예를 들어 학생들은 각각의 짧은 선분이 왜 수평인지를 설명할 수 있어야 하고, 그래프에 구간과 단계가 왜 있는 것인지 설명할 수 있어야 한다. 이러한 설명을 할 수 있는 능력을 지닌 학생은 시간의 변화가 주차요금의 변화에 어떤 영향을 주는지에 대한 아이디어를 조정할 수 있고 이는 공변 추론 3수준(Carlson et al., 2002)을 나타낸다. $t=12$시간 일 때, 요금 증가 비율이 변화하고, 4수준의 사고를 하는 학생들은 쉽게 읽을 수 있다. 또한 학생들은 12시간보다 적거나 많은 시간동안 주차할 때 요금은 어떻게 되는지를 논의 할 수 있다.

학생들은 $x=6$일 때 짧은 수평 선분의 값과 왜 수평한지와 주차요금이 무엇을 의미하는지를 설명할 수 있어야 한다. 이를 넘어 학생들은 선분의 길이의 의미와 그래프에서 위치의 의미를 설명할 수 있어야 한다(전반적). 구체적으로 학생들은 상황을 충분히 이해했음을 보일 수 있도록 12시간에서 24시간에 표시된 선분의 길이의 의미를 논의할 수 있어야 한다.

학생들은 이 함수의 공변의 의미를 구소적인 관점과 전반적 관점을 이용하여 논의 할 수 있다. 학생들은 주차요금이 시간에 따라 어떻게 변화하는지를 설명할 수 있다. 예를 들어 학생들은 공변이 변화하는 점을 논의할 수 있고, 똑같이 머물고 있는 점을 논의할 수 있고, 똑같이 머물 때 왜 똑같이 머무는지를 논의할 수 있고, 이러한 점들이 이야기와 관련하여 전반적으로 무엇을 의미하는지 논의할 수 있다.

3) 배 대여하기

[그림 2.9]에 제시된 배 대여하기 예제는 학생들에게 다른 방법으로 구간 함수를 고려하고 표현할 수 있는 기회를 제공한다. 이 상황에서, 두 가지 다른 함수는 대여 비용을 설명한

다; [그림 2.10]은 두 함수의 그래프를 보여주고, 함수의 비율은 겹치지 않음에 주의하자. 다시 말해 두 함수 모두 하나의 출력값을 가진 함수를 나타낸다.

> **배 대여하기**
>
> 작은 호수를 끼고 있는 동네 공원이 있다. 공원 방문객은 패들보드를 2시간까지 15분당 $1에 빌릴 수 있다. 2시간 이후는 대여 비용이 30분당 $3로 올라간다.
>
> 이 상황을 나타낼 수 있는 구간 함수를 구하고, 이 함수의 그래프를 그리시오.

[그림 2.9] 배 대여하기 예제

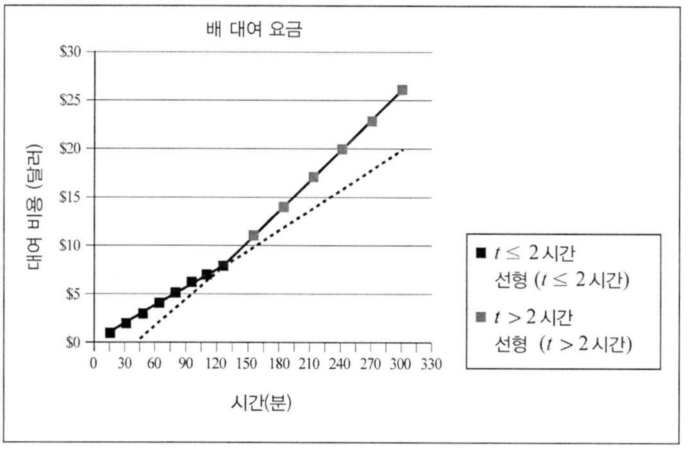

[그림 2.10] 배 대여 비용 그래프

배 대여하기 예제를 모델링한 함수는 기울기와 구간을 나타낼 수 있었던 주차요금 시나리오를 모델링한 이전 함수와 다른 유형의 구간 함수이다. 앞선 호수의 수위 예제([그림 2.6])의 그래프처럼, 학생들은 기울기, 절편, 정의역, 공역을 논의할 수 있는 능력을 갖고 있음을 전제로 한다. 학생들은 두 직선의 의미를 비교함으로써 공변의 이해를 보여줄 수 있다. 게다가 학생들은 두 직선에 대해 논의할 수 있고, 기울기, 각각의 관계, 이야기와 관련성(전반적)의 관점에서 어떻게 같고 다른지를 논의할 수 있다.

이 그래프를 이야기와 연결하는 것은 비용을 최소화하고 배를 더 오래 유지할 수 있는 흥미로운 전략을 만들 수 있다. 예를 들면, 학생들은 2명이 1시간 사용하는 것이 1명이 2시간 사용하는 것보다 비싼지 아닌지를 논의할 수 있다(국소적이고 전반적). 두 변화율 조정은 학생들이 공변 추론 4수준를 작동할 수 있어야 한다. 그러나 주차요금 시나리오에서 $t=12$시간의 경우를 분석하고 해석하는 경우와 거의 유사한, $t=2$시간 상황을 논의하고 설명하는 것은 학생들에게 두 개의 다른 변화율을 확인할 수 있도록 하고 5수준을 작동할 수 있는 단계로 이끌 수 있을 수 있다. 또한 이 요금 상황을 나타낼 수 있는 값의 표를 만들거나 x분 동안(구간 함수) 요금에 대한 표현하는 것은 학생들의 이해를 발달시킬 수 있다.

다음의 다양한 질문은 학생들이 구체적인 사항과 큰 그림을 파악할 수 있고 배 대여하기 예제를 국소적 관점과 전반적 관점에서 조사 할 수 있다. 다음은 학생들에게 요구할 수 있는 다양한 질문이다:

1. 15분일 때 대여 비용은 얼마인가? 16분일 때? 45분일 때?(국소적)
2. 만약 $15만을 지니고 있다면 배를 얼마동안 빌릴 수 있는가?(국소적)
3. 그래프에서 두 직선은 어떻게 같은가? 그리고 두 직선이 어떻게 다른가?(전반적)
4. 만약 $t=1$시간일 때 대여 비용이 발생한다면 그래프는 어떻게 변화하는가?(국소적)
5. 15분 동안 비용이 $2이라면 그래프는 어떻게 변화하는가?(국소적)
6. 3시간일 때 대여 비용은 얼마인가?(국소적)

두 개 또는 세 개의 관련된 문제를 동시에 생각해보는 것은 학생들의 공변에 관한 일반화를 추가적으로 유도 할 수 있다. [생각해보기 2.3]에서 질문과 관련하여 생각하고 대답하여라. 그런 다음 학생들에게 제안해보라.

생각해보기 2.3

배 대여하기 시나리오을 표현하는 그래프([그림 2.10])와 주차 요금 상황을 표현하는 그래프([그림 2.8])는 어떤 점이 유사하고 어떤 점이 다른가?

학생들에게 이런 질문을 했을 때, 전반적인 수준과 국소적 수준 모두를 조사해야 한다. 그래프가 어떻게 유사한지를 질문한다면, 예를 들어 (증가하는) 모양과 (시간에 따라 변화하는 비용, 한 직선 이상) 구조이다. 또한 학생들에게 그래프가 어떻게 다른지 설명을 요구한다면, 예를 들어 (수평선과 경사 직선의 수) 모양과 (시간 차) 구조이다. 이러한 질문들은 전반적인 질을 다룰 수 있어야 하지만 국소적 질을 조사하는 것 또한 동일하게 중요하다.

국소적 관점에서의 질문은 특정한 선이나 점이 이야기와 관련하여 무엇을 의미하는지를 조사해야 한다. 예를 들면, 주차 요금 문제에서 12시간일 때 시작하는 직선과 배 대여하기 그래프에서 0시간일 때 시작하는 직선을 어떻게 비교할 수 있는가? 두 직선은 비슷한가?(둘 다 특정 시간동안의 비용을 나타낸다.) 어떻게 다른가?(하나는 비율이 증가하고 다른 하나는 평평한 비율을 보여준다.) 이와 같이 유사성에 관한 질문은 학생들에게 이미 접했던 그래프를 비교하고 대조할 수 있는 기회를 제공한다. 그러므로 학생들에게 전반적 관점과 국소적 관점 모두로부터 공변에 대한 이해를 더 깊게 발달시키는데 도움을 줄 수 있다.

[생각해보기 2.4]는 배 대여하기 문제와 호수의 수위 예제를 연결한다. 또다시 학생들에게 같은 질문을 제안하기 전에 스스로 질문에 대답해보라.

생각해보기 2.4

배 대여하기 상황 그래프([그림 2.10])는 호수의 수위 예제 그래프([그림 2.5])와 어떻게 유사한가?

전반적 관점에서 학생들은 독립변수와 종속변수 모두 다르다(날짜당 예상되는 수위, 시간당 예상되는 비용)는 것을 인식할 수 있다. 또한 학생들은 호수의 수위 문제에서 직선은 일직선이 아니라는 것에 주의해야 한다. 배 대여하기 문제에서 이 직선은 무엇을 의미하는가? 국소적 관점에서 학생들은 독립변수가 어떻게 변화하는지를 조사하고 이러한 변화는 종속변수에 어떻게 영향을 미치는지를 조사할 수 있다.

03 2차 변화율에 관한 추론 지원하기

일차함수는 한 변화율을 가진다; 다시 말해, 기울기 값은 독립변수 변화에 따라 변함없이 유지된다. 지오지브라(GeoGebra, 국제 지오지브라 협회에서 개발하였고, 무료로 이용가능하다 http://www.geogebra.org/cms/en)와 같은 상호작용 도구를 학생들이 사용하여 역동적 방법으로 많은 직선의 기울기를 탐구 할 수 있다. 소프트웨어를 활용한 탐구는 직선에서 기울기의 영향에 대한 직관을 발달시킬 수 있고 직선의 변화하는 측면과 불변량을 유지하는 직선의 측면을 비교하고 탐구할 수 있다.

학생들이 지오지브라나 다른 프로그램을 활용하여 이차함수를 경험하면 종속변수의 값에 따라 기울기 변화를 관찰하면서 개념을 확장 할 수 있다. 지오지브라에서 그리기(sketch)를 하는 학생들이 일차, 이차, 삼차함수로 나타낼 수 있도록 슬라이 더(slider)를 사용할 수 있다. [그림 2.11]의 지오지브라 스크린샷은 이차함수와 이차함수의 주어진 점에서 기울기를 지닌 접선 그리기이다. 그리기가 지오지브라에서 활성화될 때, 점들은 움직일 수 있고 그래서 학생들은 쉽게 곡선에 따라 점을 이동하면서 접선의 기울기가 변화하는 것을 살펴볼 수 있다. 소프트웨어는 두 점과 쉽게 비교할 수 있는 그 점에서의 접선을 제공하고, 학생들은 체크박스(check box)를 사용하여 기능을 끌 수 있으므로, 처음에는 함수의 그래프를 따라 한 점을 드래그하면서 변화에 집중할 수 있다.

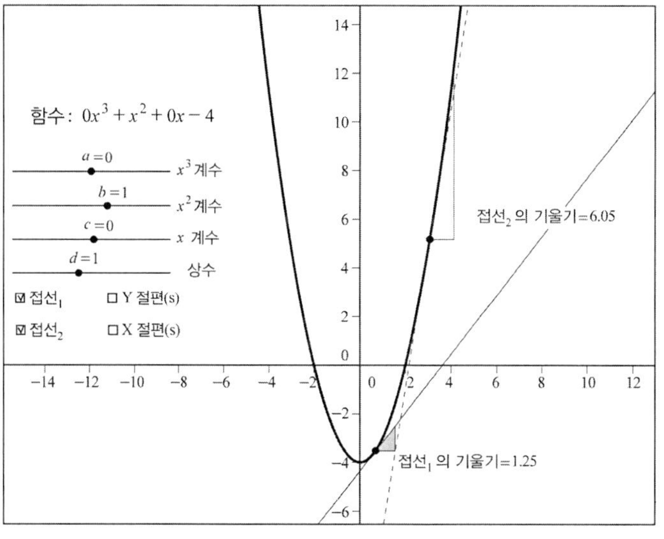

[그림 2.11] 지오지브라를 이용하여 그린 이차함수와 접선

학생들은 기울기와 접선 사이의 관계를 이해할 수 있다. 어떻게 연속적으로 변화하는지와 연속적인 변화는 곡선에서 구체적인 위치에 따라 무엇을 의미하는지에 관한 공변 관계를 논의할 수 있다. 그리기 사용은 학생들에게 4수준(평균 변화율, 직선의 기울기)과 5수준(순간변화율, 한 점에서 접선의 기울기)사이에 주어진 공변 추론을 이용하여 차이점과 유사점을 설명할 수 있도록 도와줄 수 있다. 게다가 학생들은 곡선 위의 다른 점에서 접선의 기울기를 비교할 수 있다. 차이점으론 곡

선의 모양과 함수의 공변의 관점에서 무엇을 의미하는지를 논의할 수 있다.

실세계 맥락을 경험하면서 학생들은 연속적인 변화율을 포함하는 공변에 대한 이해를 발전시킬 수 있다. 낙하하는 물체, 병 채우기, 미끌어지는 사다리와 같은 예제의 시나리오는 공변과 변화율의 아이디어와 연결하는 유용한 기회를 제공한다.

1) 낙하하는 물체

낙하하는 물체의 움직임을 설명하는데 이차함수를 사용할 수 있다. 관련된 이야기 맥락에서 함수의 이러한 실세계 적용은 학생들에게 공변 관계를 설명하는데 이용할 수 있는 부가적인 언어를 제공 해준다. 예를 들어 400피트 높이에서 떨어지기 시작한 물체를 예로 들어 학생들이 어떻게 탐구해야 할지를 고려해야 한다. 이 시나리오는 [그림 2.12]와 같이 함수 그래프로 나타낼 수 있다.

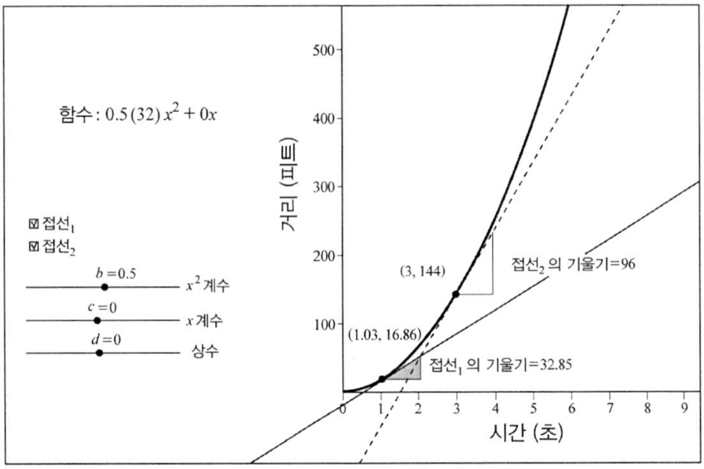

[그림 2.12] 낙하하는 물체 상황에 관한 그래프

처음 몇 가지 질문을 제기하는 것은 학생들이 탐구하도록 설계하는데 정보를 제공한다. Carlson 외(2002)가 개발한 공변 추론 수준과 제시된 [그림 2.12]을 이용하여 다음의 질문을 하

고 학생들의 반응을 해석할 수 있다:

1. 이 함수의 정의역과 공역에 대한 적정한 값은 무엇인가? 왜 그러한가?
2. 함수식에서 주어진 32이라는 값은 무엇을 나타내는가?
3. 물체의 방향은 어떠한가? 방향은 그래프에서 어떻게 나타나는가?
4. 물체가 1초 낙하하면 거리는 어떻게 되는가? 2초는?
5. 물체가 땅에 낙하하는데 얼마나 걸리는가? 그래프에서 어떻게 나타나는가?
6. 그래프 모양은 낙하하는 비율에 대해 어떻게 나타나는가?

학생들은 처음 시작하는 400피트 높이가 공역의 상한값이고 0이 하한값이라는 것을 이해할 수 없을지도 모른다. 정의역은 초 단위로 구성되고 물체가 땅에 떨어지는 시간으로 한정된다. 떨어지는 방향은 지구로 향한다. 그래서 [그림 2.12]의 그래프는 낙하하는 물체의 그림이거나 어떤 종류의 이미지가 아니다. 그러나 그래프는 물체를 낙하하는 수 초 동안 시간과 낙하하는 물체의 피트인 거리 사이의 공변을 정확하게 나타낸다. 이 그래프를 그리는 것 뿐만 아니라 학생들은 시간에 따라 물체의 높이 그래프를 그릴 수 있도록 해야 하고 이 그래프와 비교할 수 있도록 해야 한다. 학생들에게 질문을 계속 제기하자:

7. 2초일 때 기울기는 무엇을 의미하는가? 3초일 때? 5초일 때는 어떻게 되는가?
8. 시간의 함수로서 낙하하는 거리 그래프([그림 2.12])에서 순간 기울기와 시간에 대한 패턴을 찾을 수 있는가?
9. 이 상황에서 기울기 0은 무엇을 의미하는가?
10. 최대 변화율은 무엇인가?
11. 낙하하는 물체 이야기에서 기울기는 무엇을 의미하는가?

12. 만약 물체가 500피트에서 낙하한다면, 그래프는 어떻게 변하는가?

질문의 대답은 학생들이 Leinharft, Zaslavsky, Stein(1990)에 의해 주장된 그래프의 국소적 해석과 전반적 해석 사이를 움직일 수 있도록 한다. 이차함수는 학생들이 기울기와 순간 기울기의 차이를 이해할 수 있도록 해주고, 이는 앞서 Carlson 외(2002)가 설명한 공변 추론 4수준과 5수준의 차이를 나타내고, 학생들이 이 함수를 보다 깊이 이해를 할 수 있도록 해준다.

학생들은 [그림 2.11]과 [그림 2.12]에 주어진 함수를 만들 수 있는 다른 그래프 도구를 사용할 수 있다. 매개변수가 변함에 따라 함수가 어떻게 변하는지를 배울 수 있는 소프트웨어의 역동적 특징을 이용할 수 있다. 앞서 지오지브라 도구는 이 그림에서 보여준 그리기를 온라인에서 이용하여 만들 수 있고 학생들에게 유용한 자원이 될 수 있다.

다음 두 예제는 보다 복잡한 공변 관계를 설명하는 함수를 포함한다. 병에 일정한 비율로 물을 채우는 이야기와 증가 비율로 벽에서 미끌어지는 사다리 이야기이다.

2) 병 채우기

Carlson 외(2002)는 [그림 2.13]에 주어진 병 채우기 문제를 이용하여 공변에 대한 학생들의 사고를 탐구했다. 학생들에게 병에 물을 일정한 비율로 채운다고 가정하고 과제로 병에서 나타날 수 있는 물의 양에 따라 물의 높이에 관한 함수의 그래프를 그리도록 하였다.

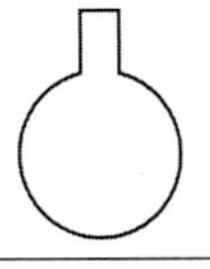

병 채우기

이 병에 물을 채운다고 상상하자. 병에서 물의 양에 따라 물의 높이에 관한 함수의 그래프를 그려라.

[그림 2.13] 병 채우기(Carlson, 2002, p. 358)

공변 추론 1수준(조정: coordiantion)의 학생은 독립변수와 종속변수를 확인할 수 있고, 한 변량(물의 부피)이 변함에 따라 다른 변량(병의 물의 높이)이 변할 수 있다는 것을 주목해야 한다. 2수준(방향: direction)에 도달한 학생들은 병 채우기 예제에서 모든 변수에 대한 변화 방향이 같다는 아이디어를 표현할 수 있다. 공변 추론 3수준(양적 조정: quantitative coordination)으로 진행된 학생은 물의 부피가 변함에 따라 물의 높이가 변화하는 양을 조정할 수 있다. 이 수준 학생들은 병의 넓은 부분에서 높이의 변화가 감소하고 어떤 점 이후 높이의 변화가 증가하는 단계에 대해 병 안의 물이 올라가는 높이를 표시할 수 있거나 그래프에 점을 나타내는 것을 이해할 수 있다.

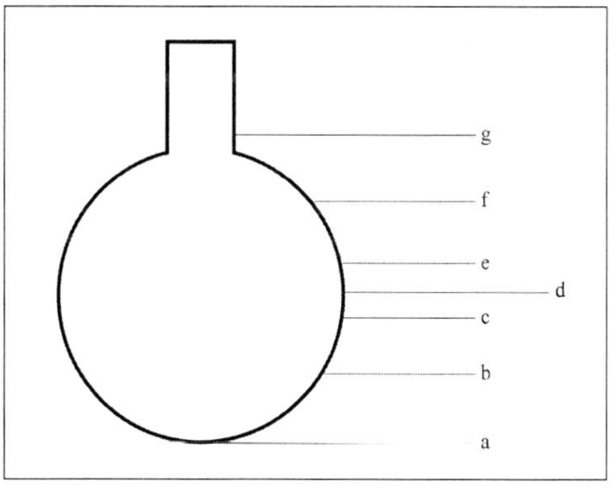

[그림 2.14] 병 채우기 문제에서 3수준 학생의 높이와 부피에 관한 분석

4수준(평균변화율: average rate)에 도달한 학생들은 부피에 대한 높이의 평균 변화율을 조정할 수 있다. 이 수준 학생들은 병 모양을 설명하는 구체적인 높이의 변화율을 반영한 다른 기울기를 지닌 짧은 선분을 구성할 수 있다(예를 들어, [그림 2.14]의 점 $a-g$).

마지막은 5수준(순간 변화율: instantaneous rate)으로 추론하는 학생들은 병 안 물의 높이가 변화하는 변화율을 반영한 매끄러운 곡선을 구성할 수 있다. 이 경우 곡선은 처음에 위로 볼록하고, 그 다음 짧은 직선이 나타나고(변곡점의 시각적인 영향), 그 다음 아래로 볼록하다([그림 2.15]).

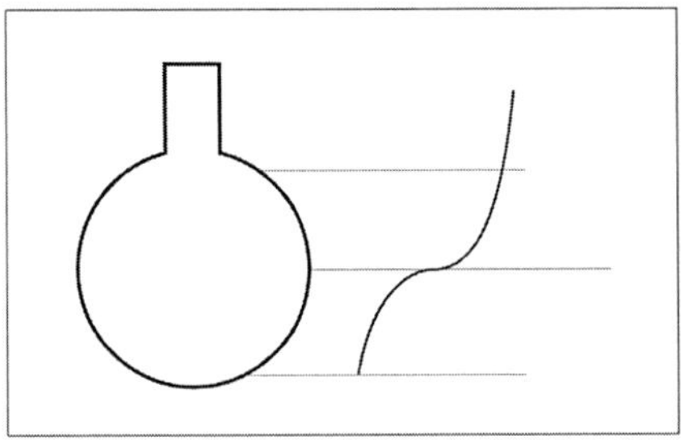

[그림 2.15] 병 채우기 문제에서 5수준 학생의 높이와 부피에 관한 분석

학생들은 물 높이가 점 d에서 가장 느리게 상승하고, 점 g에서 가장 빠르게 상승함을 알아낼 수 있다. 또한 점들 사이에서 어떻게 상승하는지와 왜 그런 방향으로 상승하는지를 나타낼 수 있다. 학생들은 [그림 2.14]와 같이 병 형태와 물의 높이에 따른 변화율을 연결시킬 수 있다. 예를 들어 학생들은 물이 일정한 비율로 병을 채우는 것을 이해하고 높이에 따른 변화는 용기가 넓을수록 느리고 용기가 좁을수록 속도가 상승함을 이해할 수 있다. 하지만 이러한 변화가 선형이 아님을 이해할 수 없을 수도 있다. 독립변수(물의 양)에 따라 종속변수(높이)를 조정하기 위해서, 학생들은 전반적인 관점과 국소적인 관점 모두 통합시킬 수 있어야 한다. 학생들에게 다른 병 모양을 포함한 시나리오를 제시하여 변화율의 유형에 대한 학생들의 경험을 쌓을 수 있다.

3) 미끌어지는 사다리

Monk(1992)는 미적분 문제를 이용하여 학생들의 함수 이해와 그래프를 모델링 물체의 경로와 구별할 수 있는 능력을 연구하였다. Monk가 이 문제를 1989 Addison Wesley 미적분 교과서에서 차용하였다; 원래 문제는 [그림 2.16]에 제시한 것과 같다.

미끌어지는 사다리

14피트의 사다리가 집 벽면에 기울어져있고 이 사다리 바닥이 미끌어지기 시작한다. 시간이 지남에 따라 사다리의 바닥이 집 벽면에서 12피트 떨어져 있었다. 사다리의 바닥이 초당 5피트 비율로 움직이고 있다. 사다리 꼭대기가 집의 벽면에서 얼마나 빠르게 미끌어지고 있는가?

[그림 2.16] Monk(1992, p. 181)가 1989 Addison Welsley 미적분 교과서에서 차용한 미끌어지는 사다리 문제

Monk 연구에서 학생들이 문제를 시각화할 수 있게 돕는 물리적 척도(12인치=1피트)임을 알려주었다. 모델의 최초 위치는 벽에 거의 수직인 사다리를 주고, 그런 다음 두 가지 다음 위치인 (1) 사다리의 바닥이 벽으로부터 약간의 거리로 이동했고, (2) 사다리의 바닥이 벽으로부터 또다시 동일한 거리만큼 이동했음을 제시한다. 학생들에게 사다리의 꼭대기가 벽에서 미끄러진 거리를 설명하도록 요구한다: 바닥이 이동한 거리와 같은지, 더 길어지는지, 더 짧아지는가? 더 읽기 전에 [생각해보기 2.5]는 질문에 대한 대답을 하면서 잠시 쉬어가자.

생각해보기 2.5

- Monk(1992)는 학생들에게 사다리의 꼭대기는 사다리의 바닥이 이동한 거리와 같은지, 더 길어지는지, 더 짧은지에 대하여 질문을 했다.
- Monk의 질문에 어떻게 대답하겠는가?
- 학생들이 어떻게 반응할 것이라 생각하는가?

Monk는 학생들에게 이 현상을 탐구할 수 있는 물리적 모델을 제공했다. 하지만 상호작용 기하 도구는 학생들에게 더 구성적인 방법으로 제공할 수 있다. [그림 2.17]은 처음 위치와 미끌어진 사다리의 두 가지 다음 위치를 나타내는 지오지브라로 구성한 그림(sketch)을 보여준다. 여기서 사다리의 길이는 Monk가 활용한 문제에서 제시된 14피트가 아닌 18피트이다.

지오지브라는 사용자들에게 한번에 1피트씩 사다리의 바닥을 움직일 수 있도록 했고(다른 증가도 가능하다), 소프트웨어는 손쉽게 사다리의 꼭대기 이동을 기록할 수 있다. 사실 지오지브라는 학생들이 사용할 수 있도록 사다리의 움직임에 따라 자동적으로 자료를 볼 수있는 스프레드시트 보기를 제공한다.

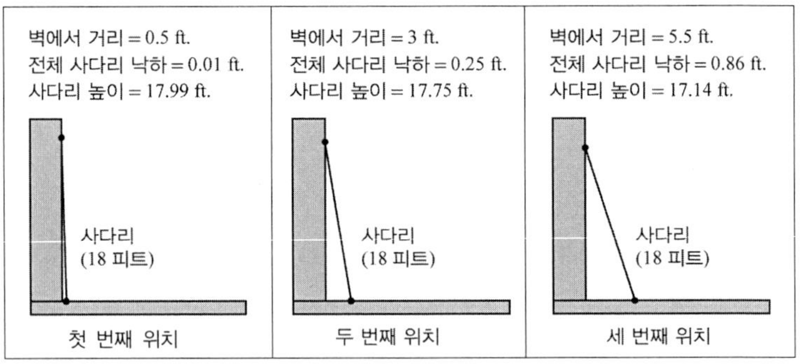

[그림 2.17] 벽에서 미끌어지는 18피트의 사다리의 첫 번째, 두 번째, 세 번째 위치를 나타낸 지오지브라 이미지

처음 몇 가지 질문은 학생들이 이 함수를 이해하도록 도와줄 수 있다.

1. 사다리의 바닥이나 사다리의 꼭대기가 더 빠르게 이동하는가?
2. 사다리의 바닥과 사다리의 꼭대기는 같은 비율로 이동하는가? 언제?
3. 만약 사다리의 바닥이 1피트 이동한다면 사다리의 꼭대기는 벽에서 얼마만큼 미끌어지는가?
4. 사다리의 바닥은 사다리의 꼭대기보다 항상 더 빠르게 이동하는가?
5. 사다리의 바닥의 이동 변화와 사다리의 꼭대기 이동 변화를 어떻게 비교할 수 있는가?

이 상황을 조사하기 전, 학생들은 사다리의 바닥과 사다리의 꼭대기의 움직임을 예측해야 한다. 학생들이 사다리의 움직임에 관하여 논의할 때, 사다리의 움직임을 탐구하고 사다리의 꼭대기와 사다리의 바닥 사이의 거리가 물리적 모델에서 어떻게 변화하는지 조사해야 한다(Monk는 판지 사다리와 벽을 사용했다.) 사다리가 이동할 때 마다 학생들은 측정하였고 [그림 2.18]에서처럼 측정값의 표를 구성하였고 [그림 2.19]와 [그림 2.20]처럼 그래프에 값을 표시하였다. [그림 2.18]의 표를 주목하자.

- 바닥 : 벽에서 사다리 바닥의 수평 거리(피트)
- 낙하 : 사다리가 낙하하는 수직 거리(피트)
- 높이 : 낙하할 때 지면으로부터 사다리 꼭대기의 수직 거리(피트)

바닥	낙하	높이
1	0.03	17.97
2	0.11	17.89
3	0.25	17.75
4	0.45	17.55
5	0.71	17.29
6	1.03	16.97

바닥	낙하	높이
7	1.42	16.58
8	1.88	16.12
9	2.41	15.59
10	3.03	14.97
11	3.75	14.25
12	4.58	13.42

바닥	낙하	높이
13	5.55	12.45
14	6.69	11.31
15	8.05	9.95
16	9.75	8.25
17	12.08	5.92
17.99	17.40	0.60

[그림 2.18] 18피트의 사다리가 벽에서 미끌어질 때 생성된 자료

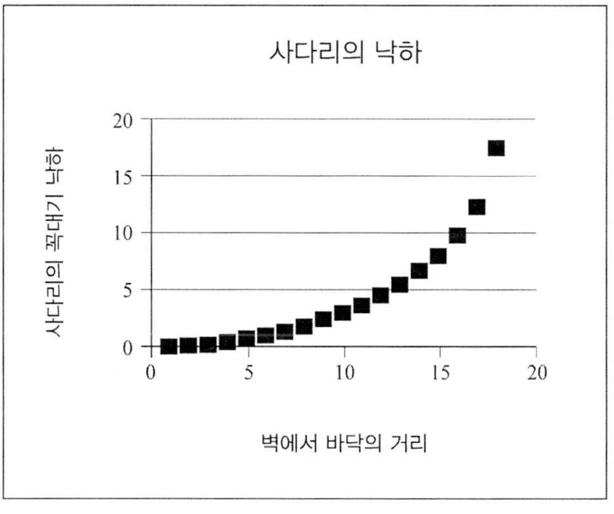

[그림 2.19] 벽에서 바닥 거리에 따른 사다리의 꼭대기 낙하 양을 보여 주는 그래프

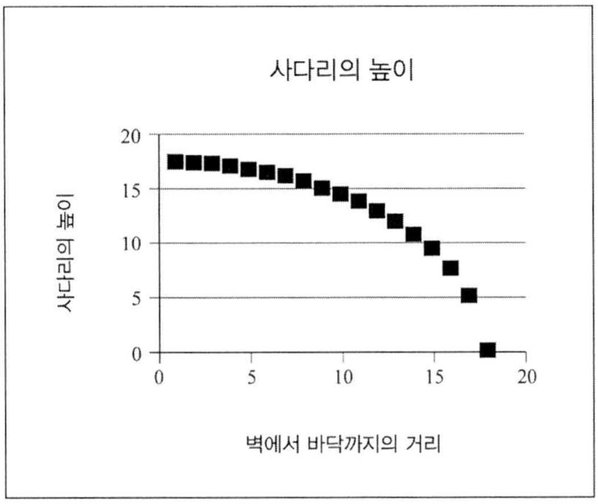

[그림 2.20] 벽에서 바닥까지의 거리에 따른 사다리의 높이를 보여 주는 그래프

Monk의 연구에서 학생들에게 두 번째 질문을 하였고, 질문은 벽으로부터 사다리 바닥을 반복하여 연속적으로 움직일때 사다리 낙하를 예측하는 것이다. [그림 2.19]의 그래프는 사다리의 바닥에 따라 사다리의 높이 변화를 비교할 수 있다(즉 낙하 거리). 이 그래프는 첫 종속변수에 대하여 [그림 2.18]의 표에 주어진 값을 표시한 것이다. 주어진 표에서 두 번째 종속변수에 대한 학생들의 해석이 관계에 대한 이해의 부가적인 평가도 제공해준다. 이러한 상황 해석에서, 사다리의 높이는 벽에서 사다리의 바닥이 1피트씩 이동한 각 시간에서 측정할 수 있다; [그림 2.20] 그래프는 이 변수 값을 표시한다. 몇몇 학생들은 사다리의 낙하보다는 사다리의 높이를 시각화할 수 있을 수도 있다.

사다리 이동에 대하여 국소적으로 초점을 둔다면, 학생들은 각 사다리 이동에 따른 각각의 증가나 변화에 주목할 수 있다. 전반적인 초점은 학생들이 전반적인 그래프 모양이나 기울기 변화를 고려하는 것이다. 이 문제는 학생들에게 Carlson 외(2002)의 공변 추론 체계의 모든 수준에 대한 이해를 보여줄 수 있는 기회를 제공한다. 사다리라는 물리적 물체에 꼭대기와 바닥은 같이 있기 때문에, 처음에 사다리의 바닥에 따른 사다리의 꼭대기 변화율은 학생들을 당혹스럽게 할 수 있다. 그러나 다른 방향으로 다른 비율로 이동할 수 있다. 이 함수에서 공변을 처리하는 동안 학생들은 평균변화율과 순간변화율을 이해하는 것이 중요할 것이다. 다음 절에서는 학생들이 Monk가 학생에게 제기한 세 번째 질문에 답하는 과정에서 공변을 어떻게 구분할 수 있는 가를 알아본다.

04 두 변수의 공변 해석하기

학생들이 두 변수의 공변을 해석하여 두 변수가 어떻게 공변하는가를 표현하는 함수를 이해하는 데 도움이 되는 경험을 하는 것이 중요하다. 교사들은 학생들의 두 변수 사이 공변의 이해를 평가하기 전에 학생의 변수의 개념 이해를 평가해야 한다. 변수 개념 자체가 학생들이 이해하기 어렵다(Philipp, 1992; Schoenfeld, Arcavi, 1988; Akgün, Özdemir, 2006).

Küchemann(1978)은 변수에 대한 학생의 오개념을 각각 세 수준을 피아제의 두 단계(구체적 조작기와 형식적 조작기)를 조직했다. 형식적 조작기(4-6수준)에 해당하는 오개념은 학생들이 두 변수의 공변을 이해하도록 돕는데 특히 중요하다. 특정한 미지수(unknown)와 같은 변수를 이해하는 것(4수준)은 문자로 표현된 변수는 평가할 필요없이 조작할 수 있는 수임을 알 수 있다. 일반화된 수와 같은 변수를 이해하는 것(5수준)은 변수가 수열, 표, 행렬을 의미함을 인지할 수 있다. 함수적 관계와 같은 변수를 이해하는 것(6수준)은 두 변수가 함께 변화하거나 조정할 수 있음을 이해할 수 있다.

미끌어지는 사다리 문제는 Küchemann의 단계의 6수준에서 이해 뿐만 아니라 함수 표현을 변환 할 수 있는 능력을 확인할 수 있다(Monk, 1992; Russell, O'Dwyer, Miranda, 2009; Clement, 1989). 학생들이 미끌어지는 사다리 문제의 다양한 표현에 대하여 이해할 수 있다면, 한 단계 나아가 학생들의 이해를 평가하기 위한 추가적인 기회를 제공하고, 그 이해는 변화율을 해석할 수 있는 능력을 보여주어야만 한다.

Monk(1992)가 제안한 문제에서 처음 질문은 사다리 낙하의 속도인 변화율에 대한 학생들의 이해를 탐구하는데 유용함을 보여줄 수 있다. 이 질문은 다음을 포함한다.

1. 사다리의 꼭대기 낙하 비율은 증가, 감소, 또는 일정한가?
2. 언제 가장 빨리 떨어지는가?
3. 그 점에서 얼마나 빨리 떨어지는가?
4. 언제 가장 느리게 떨어지는가?
5. 그 점에서 낙하 비율은 무엇인가?

학생들이 사다리의 낙하 속도를 나타내는 모델을 해석하거나 개발하기 전에 공변하는 두 변수에 대한 가능성을 생각하는 것이 유용하다. 지오지브라나 물리적 모델은 이러한 관계([그림 2.17])를 탐구하는 좋은 전략이다. 학생들이 모델과 관련시켜 이러한 질문을 확인한 다음, 유용한 다음 단계는 미끌어지는 사다리 이야기 측면에서 표를 분석하고 그래프에 대응시킬 수 있다.

이 연구에서 Monk의 세 번째 질문은 학생들에게 사다리의 바닥은 벽에서 일정한 비율로 이동할 때 주어지는 시간에 따라 사다리의 낙하 비율을 설명하는 것을 묻고 있다. [그림 2.21]은 벽에서 사다리의 바닥이 이동하는 매 초(독립변수)에 따라 사다리의 꼭대기가 변화하는 양에 대한 상황에서 18피트 사다리의 연속적인 움직임을 나타낸 표와 그래프이다.

첫째, 학생들은 각 구간에서 사다리의 낙하에 대한 변화율 또는 속도를 설명할 수 있다. 예를 들어, 두 번째 위치에서 시간이 4초일 때, 사다리는 0.25피트에서 0.45피트([그림 2.18]의 표 참고), 또는 초당 0.20피트의 비율([그림 2.21]의 표 참고), 또는 초당 2.4인치 비율로 낙하한다. 이 비율은 그래프와 표에서 어떻게 표현되는가? 그리고 이 구간은 사다리의 낙하나 사다리의 높이의 전체 거리와 관련하여 어떻게 변화하는가([그림 2.18]을 보라)? 다음으로 이 변화율과 (시간)=10초일 때의 변화율과 차이를 비교하여라. 이 경우 사다리는 2.41피트에서 3.03피트, 또는 0.62피트의 변화(이는 초당 0.62피트에 해당함), 또는 초당 7.4인치 만큼 이동한다. 위에서 제기된 질문에 답하는 동안 이러한 변화율을 탐구하는 것은 미끌어지는 사다리 문제에서 두 변수인 시간과 거리의 공변에 대한 학생들의 이해를 정립할 수 있다.

시간(초)	변화(피트)
0	0.00
1	0.03
2	0.08
3	0.14
4	0.20
5	0.26
6	0.32
7	0.39
8	0.46
9	0.53
10	0.62
11	0.72
12	0.83
13	0.97
14	1.14
15	1.36
16	1.70
17	2.33
18	5.32

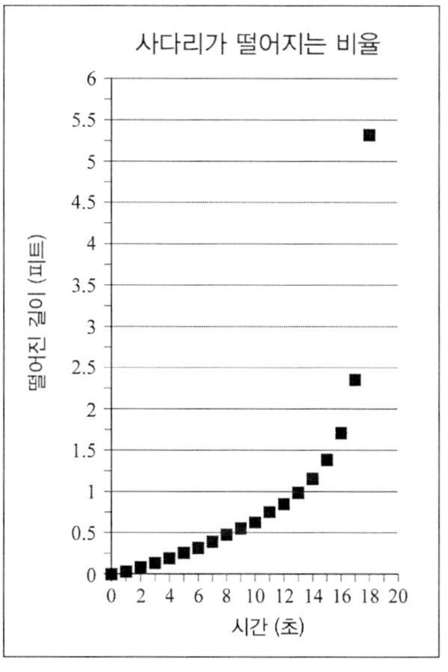

[그림 2.21] 두 번째에 의해 사다리가 떨어지는 비율을 보여주는 표와 그래프

Monk의 실험에서 많은 학생들은 사다리의 바닥이 일정한 속도로 이동하고, 사다리의 꼭대기가 일정한 비율로 이동한다고 생각할 것이다. 또 다른 학생들은 사다리가 45도일 때 사다리 바닥과 꼭대기가 같은 속도로 움직인다는 애매모호한 생각

을 말할 것이다. 사다리 이동에 대한 그래프의 점을 모으고, 표시하고, 분석하는 것은 학생들에게 함수의 그래프 표현에 대한 정적인 이해에서 역동적인 이해로 이동할 수 있는 다양한 풍부한 경험을 제공한다.

05 결론

Carlson 외(2002)의 공변 추론 체계가 학생들이 공변을 어떻게 이해하고 있는지를 교사들이 인식하는데 기여했다는 것은 과장되지 않았다. 그들의 체계는 학생들의 공변 이해를 평가하는데 유용한 진단 도구일 뿐만 아니라 학생들이 생산적인 방향으로 이르게 하는 로드맵을 제공한다. 이 장은 교수학적 제안과 함께 예제로 Carlson 외(2002)의 공변 이해 체계를 구체화하는 것을 시도했다. 만약 학생들이 공변추론 4수준(평균변화율)에서 5수준(순간변화율)으로 이동을 어렵게 나아간다면, 미끌어지는 사다리와 관련하여 제안된 질문에서 무언가를 얻을 수 있다. 만약 심지어 두 변수를 조정하는 1수준에서의 공변 추론을 어려워한다면, 주차 요금이나 배 대여하기 시나리오를 탐구하도록 요구하는 것이 유용하다. 학생들이 이러한 상황(시간이 일정함, 다른 시간에서 선형적으로 증가)에서 공변의 방향을 성공적으로 설명할 수 있다면, 공변추론의 2수준에서 보여주는 것이다. Carlson의 병에 대한 증가하는 그래프를 그리도록 요구하는 것은 첫 양적 이해인 공변 추론 3수준으로 이동할 수 있도록 해준다.

그러나 적절한 시기에 올바른 질문을 했다고 해서, 이것이 학생 학습을 위한 유일한 전제조건이라고 가정해서는 안 된다. 교사는 다른 방법으로도 도움을 줄 수 있어야 한다. 구체적으로, 맥락에 대하여 전반적인 측면과 국소적인 측면 모두를 되풀이하여 학생들의 초점을 이동할 수 있다. 만약 학생들이 Carlson의 계층 체계 내에서 수준이 상승하도록 노력한다면,

전반적인 질문은 도움을 줄 수 있다. 예를 들어 "만약 더 많은 물을 추가한다면 병의 물의 높이가 어떻게 되는지 생각할 수 있는가?"이다. 이러한 질문들은 수학교사에게는 명백하고 직관적인 것처럼 보이지만, 공변 추론 1수준에서 2수준으로 이동하기 위해 고군분투하는 학생들에게는 좋은 아이디어이다. 학생들이 계층체계를 통해 발전함에 따라 국소적으로 정확한 값에 중점을 두는 질문을 할 수 있다: "10초 후 사다리는 바닥에서 어떤 높이에 있는가? 11초일 때는? 알겠다. 지금 다음 또 다른 1초 구간을 선택하여라. 변화는 같은가?"

우리가 보듯이 이러한 과제들은 학생들이 추상적이고 구체적인 표현을 조정하는데 유용하다. 학생들이 맥락에 대한 단 하나의 그래프 표현이나 표 표현에 많은 시간을 사용할 수 있다. 학생들이 구체적 대상과 관련한 수와 표현이 무엇을 의미하는지 확인할 수 없는, Hayakawa가 주장한 ("Dead Level Abstracting)"(1952)) 조건을 방지하기 위해서 반복적으로 "이야기 관점에서 기울기(또는 값, 변화)가 무엇을 의미하는가?"를 질문하는 것이다.

명백히 학생들이 Carlson의 계층체계가 빠르게 상승하는 공변의 유동적인 이해는 쉽게 얻어지지 않는다. 학생은 정신적 행동을 조정하고, 교사는 교수학적 행동을 조정해야 한다.

제3장

함수의 결합과 변환

필수 이해 4a. 같은 정의역에서 실수로의 함수는 서로 더하거나 빼거나 곱하거나 나눌 수 있다(나누는 경우 정의역이 달라질 수 있다).

필수 이해 4b. 적합한 조건하에서 함수를 합성할 수 있다.

필수 이해 4c. 정의역과 공역이 실수인 함수의 경우, "이동" 또는 "눈금조정"을 통해 합성 함수의 식이 변하고 그래프를 예상할 수 있다.

적합한 조건 하에서 함수는 결합, 합성, 변환될 수 있으며, 이후 변화된 함수의 특징을 예측할 수 있다. 이 장에서는 9-12학년에서 「**함수의 필수 이해**(조완영, 권나영, 이동흔, 2017; Coony, Beckmann, and Lloyd, 2010)」 중 필수 이해 4a, 4b, 4c에 나타난 함수의 결합과 변환에 대한 아이디어의 본질적 이해에 초점을 맞춘다. 수업에서 이러한 통찰력에 대한 지원은 학생들이 관계로부터 함수를 찾아내고 공변함수를 분석하는 능력개발에 도움을 준 1장과 2장에서 제시된 활동으로부터 의미 있는 도약을 보일 것이다.

일단 학생들이 여기까지 도달했다면, 그들은 함수 자체를 다른 함수의 값으로 사용하는 방법에 대해 이해할 수 있을 것이다. 그렇게 함으로써 학생들은 함수를 바라보던 이전 관점에서 가파른 도약을 보이는 동시에, 함수의 결합, 합성, 변환을 시작하면서 오개념을 보일 수 있다.

교사가 학생들의 다양한 오개념을 예측하고 주의를 기울인다고 해도, 이러한 연산의 결과로 얻어진 함수의 정의역과 치역과 관련된 오개념을 명확하게 파악하기는 힘들다(Dotson, 2009; Gur and Barak, 2007). 사실, 함수의 결합, 합성, 변환과 같은 연산은 절차적인 기술만을 이용해서 수행이 가능하다. 동류항끼리 결합하고, 단항식을 곱하고, 유리식을 간단히 정리하는 방법을 아는 학생이라면 함수에 이러한 기능을 적용하여 무난하게 괜찮은 답을 할 것이다.

그러나 학생들이 두 함수의 연산을 통해 나온 새로운 함수의 정의역과 치역이 원래 함수의 정의역과 치역과 어떻게 다른지 설명할 수 있을 때, 함수의 연산에 대한 **개념적** 이해를 한 것이다(Bayazit, 2011; Vinner, 1983). 함수 $f(x)$와 $g(x)$의 결합을 이해하지는 못했다하더라도 $f(x)$나 $g(x)$에 대입할 수 있는 x의 값을 찾을 수는 있을 것이다. 결합 함수의 정의역은 조심스럽게 접근해야 한다. 예를 들면,

$$f(x) = \frac{x-3}{x-1},\ g(x) = \frac{1}{x-3}$$

는 $f(x)$는 $x=1$을 제외한 모든 정수에서, $g(x)$는 $x=3$을 제외한 모든 정수에서 정의된다. 이때,

$$fg(x) = \frac{1}{x-1}$$

는 $x=1$을 제외한 모든 정수에서 정의된 것처럼 보인다. 그러나 맥락에 따르면 결합 함수 $fg(x)$의 정의역은 $f(x)$의 정의역과 $g(x)$의 정의역의 교집합으로, 1과 3을 제외한 모든 정수에서 정의된다. 마찬가지로, $h(x) = \sqrt{x}$와 $k(x) = x\sqrt{x}$는 $x \geq 0$인 모든 실수에서 정의된다. 이때 $hk(x) = x^2$는 모든 실수에서 정의된 것처럼 보이지만, 음의 실수는 $h(x)$와 $g(x)$의 정의역에 포함되지 않기 때문에 $hk(x)$의 정의역에서 제외되어야 한다. 유사하게, $m(x) = x$와 $n(x) = x+1$은 모든 실수에서 정의되지만, 이들의 나눗셈에서 몫은 $x=-1$을 제외해야

한다. 이러한 상황에서 정의역과 치역에 관련된 문제에 대한 학생들의 대답에서 함수의 결합, 합성, 변환에 대한 학생들의 이해와 오해를 찾아낼 수 있다. 이 장에서는 교사들이 학생들의 오개념을 지도할 수 있도록 예제와 문제를 제공하고 가상의 학생-교사 담화를 제시한다. 먼저 [생각해보기 3.1]의 상황을 살펴보자.

생각해보기 3.1

학생과 호수에 돌을 던질 때 생기는 파동에 대해 이야기하고 있다고 가정하자. 학생이 "파동은 반지름이 매초 약 1인치씩 커지는 동심원처럼 보여요. 저는 원의 반지름으로 동심원의 넓이를 나타내는 함수를 알고 있어요. 시간을 이용하여 제가 이야기한 동심원의 넓이를 나타내는 함수를 나타낼 수 있나요?" 학생에게 어떻게 대답해야 할까?

01 함수를 결합하기

학생들은 함수의 정의역과 치역을 이해하고 확인할 때, 특히 함수를 결합시킬 때, 자주 힘겨워 한다. 이러한 다양한 경험들은 학생들의 통찰력은 예리해지고, 혼란은 줄일 수 있도록 한다. 이야기가 있는 구체적 맥락에서 함수의 덧셈, 뺄셈, 곱셈, 나눗셈의 예를 제시하고 표현을 구성하도록 하는 것은 매우 유용할 것이다. 학생들은 함수의 결합 이전과 이후에 모델화된 상황과 연결시켜 함수의 의미를 설명할 수 있어야 한다. 학생들에게 결합 이전의 각각의 함수의 정의역, 치역을 결합된 함수의 정의역, 치역과 비교해보도록 하라. 이러한 경험들은 학생들이 함수의 정의역과 치역을 함수의 기호적인 표현뿐 아니라 자신이 모델링한 이야기와 연결시킬 수 있도록 한다. 학생들은 정의역과 치역을 이해하는 것이 왜 중요한지, 부적합한 정의역이나 치역이 어떻게 말이 되지 않는 결과를 도출해 내는지를 알게 될 것이다.

예를 들면, [그림 3.1]에서 보듯이 삼각형 ABC의 넓이를 구하기 위해 헤론(Heron)의 공식을 이용하는 것은 변AC의 길이 b를 이용하여 삼각형의 넓이를 나타내는 함수를 구하는 것이다;

$$f(b) = \sqrt{s(s-6)(s-10)(s-b)}$$

s는 삼각형의 둘레의 반으로,

$$s = \frac{16+b}{2}$$

이다.

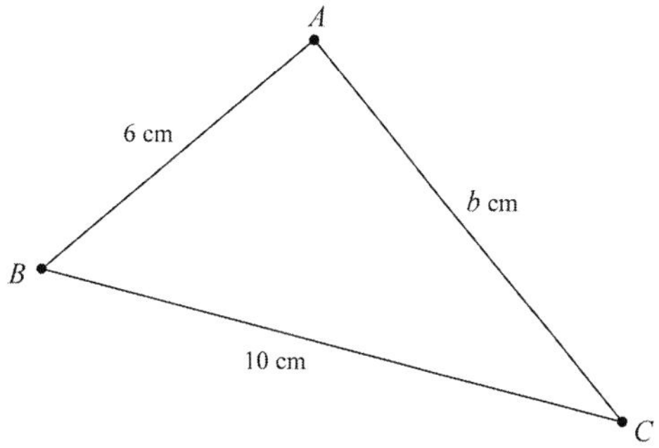

[그림 3.1] 헤론공식을 이용하여 삼각형 ABC 의 넓이를 구한 결과 함수의 정의역은 제한된 영역이어야 한다.

$b=12$이면 $s=14$, $f(12)=\sqrt{14(8)(4)(2)}=8\sqrt{14}\,(cm^2)$이다. 그러나, $b=18$이면 $s=17$, $f(18)=\sqrt{17(11)(7)(-1)}=i\sqrt{1309}$ (cm^2)이다. 하지만 삼각형의 두 변의 길이의 합은 다른 한 변의 길이보다 크다는 삼각 부등식 정리(triangle inegualitytheorem)에 따라 $4<b<16$이기 때문에, 이 결과는 학생이 함수의 정의역과 치역을 제대로 이해하지 못하였기 때문에 나온 명백히 잘못된 대답이다.

1) 함수의 덧셈

1장에서 소개한 세차 시나리오를 확장하여 학생들에게 함수의 정의역과 치역에 특변한 주의를 기울여 함수의 덧셈을 할 수 있는 기회를 제공한다. 확장된 시나리오는 Derek과 Marta가 행사 광고를 하는 것이다.

> Derek과 Marta는 봉사 단체의 세차 광고 포스터를 만들고 있다. Derek은 1시간마다 2개의 포스터를 만들 수 있지만, 처음 1시간 동안은 자신의 작업도구를 정리하였고 작업장을 정리하고 나서 1장과 1/2장의 포스터만 완성하였다. Marta는 1시간마다 3장의 포스터를 만들 수 있지만, 처음 1시간 동안은 작업할 수 있는 환경을 만든 이후에 2장과 2/3장의 포스터만 완성하였다.

위의 확장된 맥락에서 학생들이 수행해야 할 과제는 다음과 같다;

- 두 학생이 x시간동안 만든 포스터의 개수를 나타내는 함수를 구하시오.
- 두 학생이 x시간동안 만든 포스터의 전체 개수를 구하기 위해 함수를 결합하시오.
- $f(x)$, $g(x)$, $f(x)+g(x)$의 그래프를 그리고, 세 함수가 어떻게 같고, 어떻게 다른지 설명하시오.

다음 함수는 Derek과 Marta가 만든 포스터의 개수를 나타낸 것이다;

Derek이 만든 포스터의 개수: $f(x)=2x-\dfrac{1}{2}$ (단, $x \geq 1$)

Marta가 만든 포스터의 개수: $g(x)=3x-\dfrac{1}{3}$ (단, $x \geq 1$)

함수를 결합하면 두 학생이 x시간동안 만든 전체 포스터의 개수를 구할 수 있다;

$$f(x)+g(x)=2x-\frac{1}{2}+3x-\frac{1}{3}=5x-\frac{5}{6},\ (\text{단, } x \geq 1)$$

함수 $f(x)$, $g(x)$, $f(x)+g(x)$의 그래프를 확인해 보는 것은 학생들이 이 함수들이 어떻게 같고, 어떻게 다른지를 설명하는 데 도움이 될 수 있다. 그래프는 [그림 3.2]와 같다.

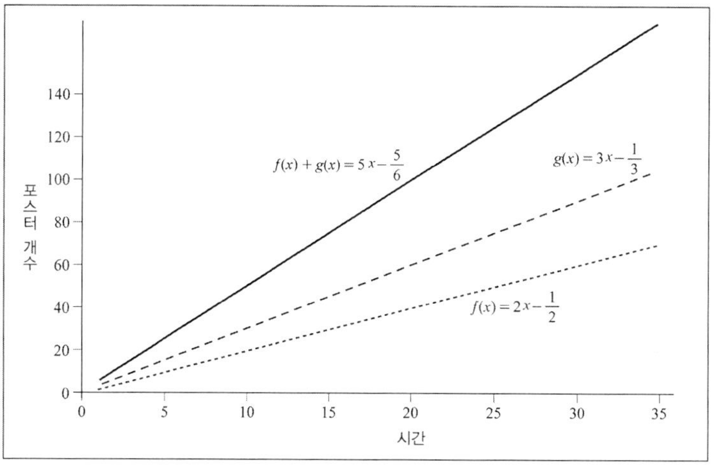

[그림 3.2] Derek과 Marta의 포스터 개수를 나타낸 두 함수 및 이들의 합을 나타낸 함수의 그래프

몇 가지 질문을 통해 학생들이 함수의 정의역과 치역을 찾고, 그래프를 함수의 기호적 표현과 연결시키고, 이야기와 관련시켜 그래프와 기호적 표현을 모두 해석할 수 있도록 안내한다. 이러한 유도 질문들을 제시하면 다음과 같다:

1. 그래프와 이 이야기에서 $f(x)$, $g(x)$, $f(x)+g(x)$의 기울기의 의미는 무엇인가?
2. 왜 그래프에서 직선을 y축으로 더 길게 늘여서 그리지 않았을까?
3. 만약 Derek이 작업준비 시간 없이 바로 처음 1시간 동안 2장의 포스터를 완성한다면, $f(x)$는 어떻게 변할까?

이러한 안내 질문에 대한 학생들의 대답은 교사가 학생들의 기울기에 대한 이해를 파악하고, 학생들이 기호적 표현, 그래프 표현, 서술적 표현을 어떻게 잘 연결시키는지를 해석하고 측정할 수 있도록 해 준다.

학생들이 정의역과 치역을 이해할 수 있도록, 계속해서 학생들에게 다음과 같은 질문을 제시한다:

1. $f(x)$, $g(x)$, $f(x)+g(x)$의 정의역은 무엇인가? 어떻게 알았는가?
2. $f(x)$, $g(x)$, $f(x)+g(x)$에서 x가 60보다 크다는 것은 어떤 의미인가?
3. $f(x)$, $g(x)$, $f(x)+g(x)$의 치역을 비교하고, 자신의 생각을 설명하시오.
4. $f(x)+g(x)$의 치역은 $f(x)$, $g(x)$의 치역과 어떤 관련이 있는가?

이 질문들은 함수의 정의역과 치역에 대해 어려워하는 학생들을 교사가 찾도록 도와줄 것이다. 학생들이 문제에서 제시된 수준에서 각각의 함수의 구체적인 정의역과 치역을 찾아낸 후에, 그래프와 이야기의 관점에서 이 값들에 대해 설명하는 것은 학생들이 일반적인 수준에서 그 의미를 찾아내도록 할 것이다. [생각해보기 3.2]는 이러한 안내 질문에 더욱 가까워질 수 있도록 주의를 기울이게 한다.

생각해보기 3.2

이전의 두 그룹의 학생들은 유도 질문에 대해 어떤 대답을 할 것으로 예상하는가? 학생들의 대답을 어떻게 설명할 것인가?

2) 함수의 뺄셈

세차 시나리오를 다른 관점에서 확장시켜, 정의역, 치역과 관련된 질문을 고려하면서 학생들이 함수의 뺄셈에 대한 탐구 활동을 할 수 있도록 하는 환경을 제시할 수 있다.

Derek과 Marta는 세차로 벌어들이는 수익을 예측해보려고

> 한다. 이들은 고객 수에 관계없이 세차 광고를 위해 제작하기로 한 포스터와 비누, 타월, 양동이와 같이 세차에 필요한 물품에 드는 선불 지출 금액을 살펴보기로 하였다. 그 외에 이들이 생각해야 할 지출은 무엇이 있을까? 이들은 또한 비누, 창문 세정제, 스펀지, 종이 타월과 같은 몇몇 물품들이 세차에 사용되고, 물품의 양은 고객 수에 의해 결정된다는 것을 알고 있다. 이들은 자동차 한 대당 평균 $0.50의 금액이 든다고 책정하고, 초기 비용을 $220으로 예상하였다. 봉사 단체는 세차를 지원하는 지역 상공회의소로부터 $50의 기부금을 받고, Marta와 Derek은 이를 고려하여 자동차 한 대당 세차비용을 $10로 정하였다.

이 시나리오는 함수의 뺄셈을 모델링할 수 있는 풍부한 맥락에서 학생들이 실생활에서 함수의 입력값을 예측하여 사용할 수 있는 함수가 학생들에게 제시된다. Derek과 Marta가 자동차 한 대당 $0.50의 평균 금액을 책정하고 초기 비용을 $220으로 예상하는 상황에서, 학생들은 고객 수를 x로 하여 세차 가격을 나타내는 함수-이를테면, $c(x)$-를 적을 수 있다:

$$c(x) = \frac{1}{2}x + 220$$

그 다음, 자동차 한 대를 세차하는 가격이 $10이고 봉사 단체가 지역 상공회의소로부터 $50의 기부금을 받는다고 주어졌을 때, 학생들은 세차로 얻는 매출을 나타내는 함수-$r(x)$라 하자-를 적을 수 있다:

$$r(x) = 10x + 50$$

이후에 학생들은 고객 수를 x로 하여 세차로 얻은 이윤을 나타내는 함수, $p(x)$를 찾기 위해 이 두 함수를 이용할 수 있을 것이다:

$$p(x) = r(x) - c(x) = 9.5x - 170$$

[그림 3.3]은 $c(x)$, $r(x)$, $p(x)$의 그래프를 나타낸 것이다.

학생들이 이 예제를 이해했는지 알아보기 위해, 교사는 앞에서 기울기, 정의역, 치역을 어려워하는 학생들을 위해 사용했던 문제들을 수정하여, 이 이야기의 관점에서 [그림 3.3]에 제시된 그래프의 의미를 탐구하는 추가 문제로 질문을 던질 수 있다. 몇 가지 문제를 제시하면 다음과 같다:

- 비용함수의 y절편은 무엇을 의미하는가? 매출함수의 y절편은 무엇을 의미하는가? 이윤함수의 y절편은 무엇을 의미하는가?
- 이윤함수의 y절편은 비용함수와 매출함수와 어떤 관계가 있는가?
- 비용함수와 매출함수의 교점의 좌표 값은 무엇이며, 이것은 무엇을 의미하는가? 이윤함수에서 x의 값은 무엇을 의미하는가?

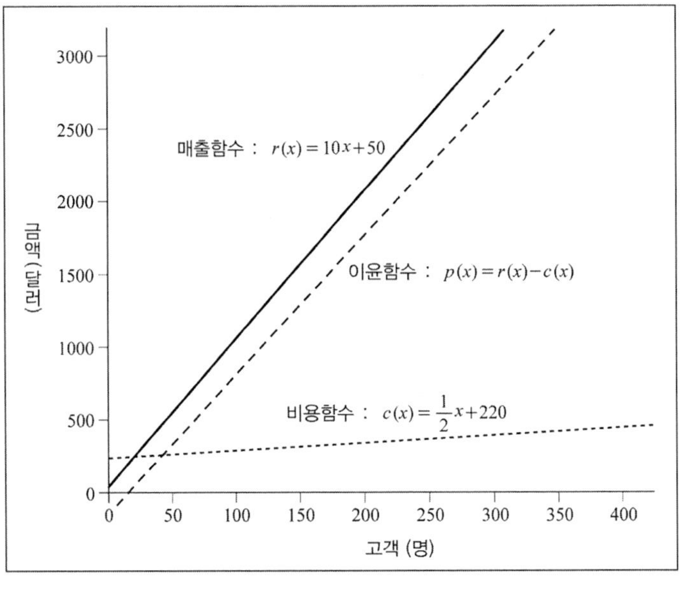

[그림 3.3] 비용함수와 매출함수 및 두 함수의 뺄셈으로 얻어진 결합 함수(이윤함수)의 그래프

[생각해보기 3.3]은 교사가 수업에서 할 수 있는 질문들에 대해 생각할 수 있도록 해 준다.

생각해보기 3.3

> 교사는 학생들에게 세차 활동에서 비용함수, 매출함수, 이윤함수에 대해 이해할 수 있도록 위에 제시된 질문들을 던질 수 있다. 이 질문들을 어떻게 제시할 것인가?

이 경우, 비용함수는 양수 값으로 나타내어지고 학생들은 이윤함수를 구하기 위해서 매출함수에서 비용함수를 빼야 한다. 이 맥락에서 학생들은 y절편의 의미를 탐구할 수 있다. 예를 들어, 교사는 이윤함수에서 y절편의 의미를 설명하여 학생들을 안내해야 한다. 이 절편의 값을 찾아내는 것은 시작 단계이지만, 이 값의 의미를 설명하는 것은 매우 중요하다. 학생들은 세차 고객이 없는 경우나 봉사 단체가 손실을 입는 상황을 생각할 수도 있다. 학생들이 비용함수 $c(x)$와 매출함수 $r(x)$의 기울기를 비교하여 이야기에서 이 기울기들이 의미하는 바를 설명해 보도록 하자. 다음 질문들을 제시하자:

- 이 기울기들은 이윤함수에서 어떻게 나타나는가?
- 이 이야기에서 이윤함수의 기울기는 무엇을 의미하는가?

3) 함수의 곱셈

세차 상황의 맥락에서 벗어나, 학생들은 하나가 다른 두 개의 곱에 해당하는 세 개의 함수로 쉽게 나타낼 수 있는 매우 다른 실생활 예제에 대한 탐구활동을 할 수 있다. 정글에서 직사각형 모양의 땅을 일정하게 확장하는 이야기는 함수의 곱셈에 대한 의미 있는 탐구활동을 하는데 적합하다.

> 일꾼들이 밀림 지역에서 직사각형 모양의 땅을 개간하고 있다. 첫 번째 해에는 세로가 2미터이고 가로가 3미터인 땅을 개간한다. 매년 개간하는 땅을 세로의 길이는 1.5미터씩, 가로의 길이는 1미터씩 늘려간다.

교사는 학생들에게 5년 뒤 개간되는 땅의 넓이가 어떻게 될 것인지 질문하면서 탐구활동을 시작할 수 있다. 학생들은 매년 세로의 길이의 변화를 나타내는 함수와 매년 가로의 길이의 변화를 나타내는 함수를 적을 수 있다. 연도 수를 x로 하여 세로의 길이(l), 가로의 길이(w), 넓이(A)를 나타내는 함수는 다음과 같다:

$$l(x) = 1.5x + 3$$

$$w(x) = x + 2$$

$$\begin{aligned} A(x) &= l(x) \times w(x) = (l \times w)(x) \\ &= (1.5x + 3)(x + 2) = 1.5x^2 + 6x + 6 \end{aligned}$$

이 함수들의 그래프를 그리는 것은 학생들의 이해를 굳건히 하고 발달시키기 데 있어서 매우 중요한 후속 단계이다. 그래프는 [그림 3.4]와 같다.

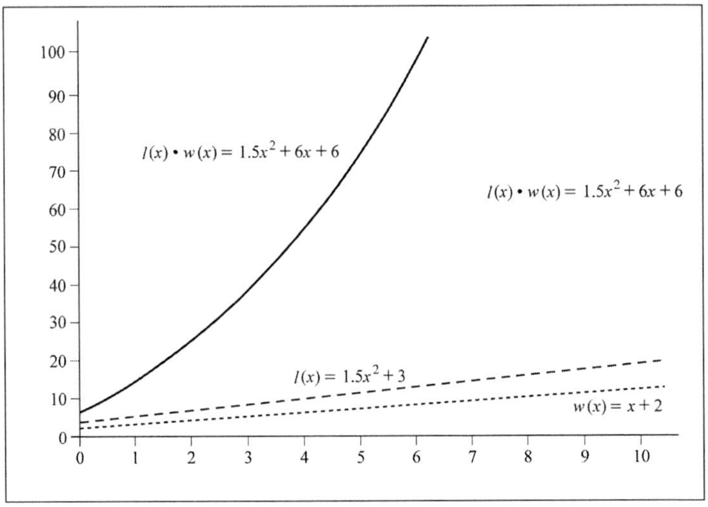

[그림 3.4] 제곱미터(㎡) 단위가 미터(m) 단위의 곱으로 표현되는 것과 마찬가지로, 땅의 넓이는 기간(년 수)을 x로 표현한 가로와 이에 대한 함수값인 세로의 곱으로 표현된다.

함수의 곱셈은 학생들이 국소적 수준과 전반적 수준에서 그래프를 살펴볼 수 있는 또 다른 기회를 제공한다. "국소적으로 생각하기" 위해서 학생들은 $x=5$와 같은 특정한 값 x에서 $l(x)$와 $w(x)$를 구하여 함수의 곱에서의 산출 값과 비교하기 위해 이 두 값을 곱한다. 학생들의 탐구활동에서 x, $l(x)$, $w(x)$의 의미에 대한 이해를 분명하게 강조하라. 전반적 관점은 그래프의 모양을 받아들이고, 두 함수의 곱에 대한 그래프는 곡선이지만 처음 두 함수의 그래프가 직선인 이유를 인지하는 것이다. 함수에 대한 국소적 관점과 전반적 관점은 학생들에게 함수의 속성뿐 아니라 다른 함수와의 관계도 이해할 수 있도록 하는 도구를 제공한다.

이 장에서 계속 강조하듯이, 학생들은 각각의 함수의 정의역과 치역에 대해 살피고, 일차함수의 치역이 이차함수의 치역에 미치는 영향을 볼 수 있어야 한다. 학생들은 이야기에서 직사각형 모양의 영역을 영원히 넓힐 수 없기 때문에 일차함수의 정의역이 제한되어야 한다는 것을 보여줄 수 있어야 한다. 이야기와 관련된 함수와 그 그래프에 대해 학생들에게 물어볼 수 있는 유용한 질문은 다음을 포함한다:

1. 일차함수와 이차함수의 y절편은 무엇을 의미하는가? 이 절편들은 이 이야기와 어떤 관계가 있는가?
2. 세로와 가로에 대한 함수가 서로 다른 기울기를 갖는 것은 영역의 모양 변화에서 무엇을 의미하는가?
3. 각각의 함수에서 주어진 x의 값에 대한 y의 값은 무엇이며, 영역의 변화와 관련하여 y의 값은 무엇을 의미하는가? 영역의 넓이와 관련하여 x의 값은 무엇을 의미하는가?

4) 함수의 나눗셈

세차 시나리오로 돌아가서, 우리는 학생들에게 정의역과 치역의 영향을 살피면서 함수의 결합을 탐구할 수 있는 새로운 기회를 개발할 수 있다. Derek과 Marta의 상황을 확장시켜 학생들이 실생활에서 함수의 합성의 의미를 찾을 수 있도록 하는 맥락을 한 번 더 제시한다. 이번에는 앞에서 함수의 뺄셈에 대한 활동을 기반으로 학생들이 함수를 나눈다. 이전에 학생들은 세차에서 이윤함수를 매출과 비용 간의 차이로 해석하여, 이윤함수를 고객 수 x에 대한 함수 $p(x)=r(x)-c(x)$로 적었다. 이제 이 함수를 나누어, 학생들이 고객 1명당 평균 이윤을 구할 수 있도록 한다.

학생들은 추론으로 고객 1명당 이윤함수를 만들 수 있는데, 이는 고객 수를 x로 나타낸 함수

$$\frac{r(x)-c(x)}{x}$$

로 고객 1명당 평균 이윤을 나타낸다. 학생들은 이 함수를 $ap(x)$로 하여 고객 1명당 이윤함수를 다음과 같이 쓸 수 있다:

$$\text{평균 이윤: } ap(x)=\frac{r(x)-c(x)}{x}$$

이전의 활동에서 얻는 결과를 사용하면,

$$\frac{(10x+50)-\frac{1}{2}x+220}{x}=\frac{9.5x-170}{x}.$$

학생들은 [그림 3.5]에서 나타낸 것처럼 비용함수, 이윤함수, 평균 이윤함수의 그래프를 그리고 분석할 수 있어야 한다. [그림 3.5]의 (b)는 평균 이윤함수의 그래프를 따로 "줌인(zoom in)"하여 시각적으로 확대하여 제시하였다.

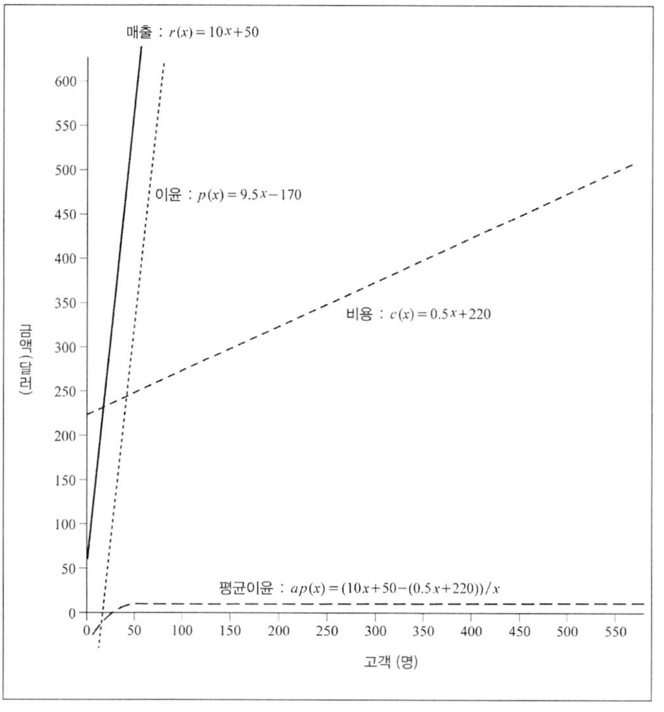

(a)

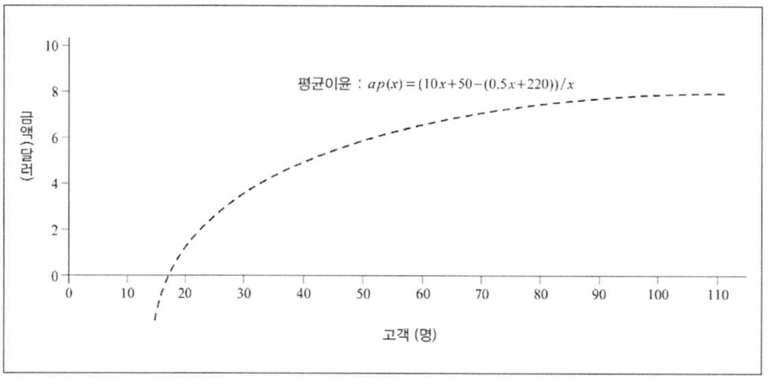

(b)

[그림 3.5](a) 이윤, 매출, 비용 함수의 그래프와 (b) (고객 x명으로 나눈) 나눗셈에 의해 얻어진 평균 이윤의 그래프를 확대한 그림

학생들이 이야기에서 그래프를 해석할 수 있도록, 교사는 다음과 같은 질문을 할 수 있다:

1. 고객이 100명일 때 평균 이윤은 얼마인가? 고객이 300명일 때는?

2. 두 다항함수가 나누어진 결과는 무엇인가? **분모의 값**에서 무엇을 제한하는가?
3. 평균이익이 약 $9.50인 이유는 무엇인가? 이 값은 무엇을 나타내는가?
4. 평균이윤함수가 이윤함수와 비용함수와 다른 이유는 무엇인가?
5. 이윤함수와 매출함수가 서로 비슷해 보이는 이유는 무엇인가?

평균 이윤이 약 $9.50인 이유는 중요하다. [생각해보기 3.4]는 교사가 그 중요성을 어떻게 설명할 것인지에 대해 잠시 생각하도록 한다.

생각해보기 3.4

학생들에게 평균 이익이 약 $9.50인 이유를 어떻게 설명할 것인가?

평균 이윤함수의 성질이 이제껏 보았던 많은 함수들과 다르기 때문에, 학생들은 평균 이윤함수([그림 3.5b]에서 확대된 그래프를 보라.)를 어려워할 것이다. 학생들은 평균 이윤함수의 그래프가 x축 아래에 있을 때 이것이 무엇을 나타내는지, x절편이 무엇을 의미하는지에 대해 설명해야 한다. 학생들은 세 함수의 함숫값을 표로 정리하는 것이 이야기에서 (국소적으로) 함수의 연결성을 이해하는 데 도움이 되며, 이 함수들이 (전반적으로) 어떻게 같고, 어떻게 다른지를 더 잘 설명할 수 있도록 한다는 것을 발견할 것이다.

5) 함수를 결합하는 종합 활동

이전의 논의에서 기호로 표현된 함수의 결합과 관련된 몇몇 생산적 과제를 제안하였다. 기호 대수가 두 함수를 결합 또는 합성한 결과를 명시적으로 표현할 수 있도록 주기는 하지만, 학생들에게 함수의 그래프 표현만을 다루는 활동을 하는 것도 때로는 유용하다. [그림 3.6]의 과제는 학생들이 기호 사용에 대한 조작을 할 수 있는 도구로 사용되어 학생들이 그래프로만 주어진 두 함수를 조사하여 함수의 결합에 대해 보다 폭넓고, 질적인 판단을 하도록 해 준다.

학생들이 $f(x)-g(x)$의 그래프에서 x절편의 위치를 찾을 때, $f(x)$와 $g(x)$의 함숫값이 같은 경우에만 $f(x)-g(x)$이 x축과 만날 것이라는 것에 주의를 기울이도록 하는 것은 매우 유용하다. 비슷하게 $f(x)+g(x)$는 $f(x)$와 $g(x)$가 절댓값이 같고 부호가 반대인 경우에 x축과 만난다. 나아가, $f(x)\times g(x)$는 $f(x)$와 $g(x)$ 중 하나가 0인 경우에 함숫값이 0이 되며, $f(x)\div g(x)$는 $f(x)=0$인 경우에만 함숫값이 0이 된다.(나눗셈에 의한 결합은 $g(x)=0$인 경우를 제외한 정의역으로 제한된다.; 즉, $g(x)$는 0이 되지 않도록 하는 정의역으로 제한된다.)

이 활동들은 분명히 곱해서 0이 되는 값, 곱셈의 단위원, 덧셈의 단위원을 확인하는데 유용하다. 또한 학생들이 결합함수의 **그래프를 그리는** 활동은 학생 개개인의 서로 다른 관찰 결과에 대해 이야기하면서 가치 있는 모둠 과제가 된다. 예를 들면, 그래프를 보고 한 학생은 함수의 결합에서 합과 차의 경우 함수의 차수는 변하지 않는다고 이해하고, 다른 학생은 y절편의 위치를 정확하게 찾아냈으며, 또 다른 학생은 x절편의 위치에 대해 정확히 이야기하였다. 학생들은 함께 자신이 관찰한 결과를 공유함으로써 더욱 정확한 그래프를 만들 수 있다.

아래에 주어진 두 함수에 대하여, 다음 각각의 경우를 가능한 구체적으로 이야기 해 보자:

- $f(x)+g(x)$ ▪ $f(x)-g(x)$ ▪ $f(x)\times g(x)$ ▪ $f(x)\div g(x)$
- 결합함수에서 x절편과 y절편
- 결합함수의 그래프 모양

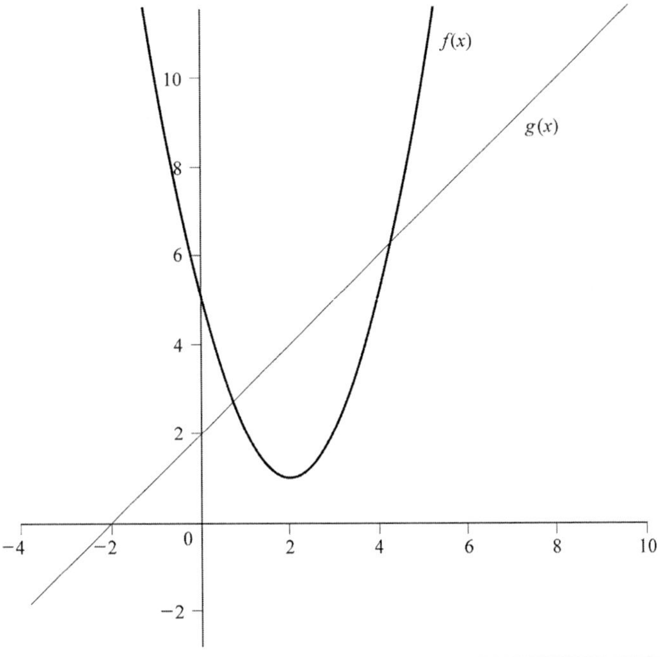

[그림 3.6] 학생들이 함수의 결합에 대해 이해하였는지를 평가하기 위한 종합적 평가 과제

학생들이 그래프를 해석하는데 집중한 이후 교사는 편안하게 이 함수들을 기호로 표현하여 재도입할 수 있어야 한다. 다음은 두 함수를 명시적으로 표현한 것이다:

$$f(x)=x^2-4x+5$$
$$g(x)=x+2$$

여기에서 학생들은 네 가지 결합이 어떨 것인지 대략적으로 이야기한다. 교사는 학생들이 자신이 생각한 결과를 확인해 볼 수 있도록 각각의 경우에 해당하는 그래프를 정확하게 그릴 수 있는 그래픽 도구를 사용할 수 있다.

02 함수의 합성

세차 시나리오는 학생들에게 잠재적이지만 함수를 합성할 수 있다는 도전적인 아이디어를 자연스럽게 도입할 수 있는 가능성을 가지고 있다. 다음에 제시된 짧은 글에서 학생들은 함수의 합성에 대한 아이디어의 의미를 찾을 수 있다:

> Derek과 Marta는 세차를 쉬지 않고 하루 종일 했을 때를 가정한 함수를 만들었다. 이 함수들은 그들의 일에 대해 쉽게 설명할 수 있도록 해 주었다. Derek의 부모님이 세차를 하러 오셨을 때, Derek은 매시간 세차를 필요로 하는 고객이 몇 명인지를 이야기할 수 있도록 Marta와 함께 만든 함수를 부모님께 보여드렸다.
>
> Derek이 엄마의 얼굴에 종이를 흔들면서 "$v(t) = t + 5$를 보세요"라고 말한다. "이건 저희가 일하는 시간을 재고 이 숫자에 5를 더하는 것을 의미해요. 그러면 필요한 고객의 수를 알 수 있어요. 그 다음에 $s(v) = 2v$는 고객의 수가 몇 명이든 여기에 2를 곱해서 세차에 필요한 스펀지의 개수를 구할 수 있도록 해 줘요."
>
> Derek의 엄마는 세차 팁으로 1달러를 주고, Derek의 부모님들은 돌아갔다.
>
> Marta와 Ramirez 선생님이 걸어왔다. Ramirez 선생님은 "좋은 생각이에요, Derek."이라고 말했다. "한 가지를 더 제안할게요. 너무 힘들게 계산을 하고 있네요. 필요한 스펀지의 개수가 몇 개인지 알기 위해서 매번 두 번 계산을 하고 있군요. 먼저 고객 수를 알기 위해서 Derek이 만든 고객함수를 이용하고, 그 후에 필요한 스펀지의 개수를 알기 위해서 Derek이 만든 스펀지함수를 이용하는군요."

> Derek은 "**이렇게 하면** 시간이 좀 걸리긴 해요."라고 말했다. "그런데, 왜요?"
>
> "합성함수를 만들면 일을 절반으로 줄일 수 있을 거예요."
>
> Ramirez 선생님이 설명했다. "Derek이 만든 스펀지함수는 고객 수에 따라 달라지고, 고객함수는 시간에 따라 달라져요. 고객함수를 마치 숫자인 것처럼 스펀지함수에 대입해 보세요. 어떤 식이 나오죠?
>
> Derek은 함수를 어떻게 숫자처럼 변수에 대입할지에 대해 어렵게 생각하고 있을 때, Marta가 도와주었다. "그건 $2t+10$이야." 그녀가 말했다.
>
> "맞아요." Ramirez 선생님이 말했다. "그 식은 매 시간 스펀지가 얼마나 필요한지를 알려주죠. Derek은 합성함수라는 새로운 함수를 만든 거예요: $s(t)=2t+10$."

1) 이해 확장하기: 세차 쿠폰과 할인 혜택

세차 이야기 맥락에서 두 번째 예제는 학생들의 이해를 확고히 하면서 확장시켜 줄 것이다. 다음 짧은 글은 Marta와 Derek이 세차를 하기 전에 올해의 행사로 새로운 고객들을 어떻게 끌어들일 것인지 전략을 세우는 때로 돌아간다. 이 글은 두 부분으로 나누어져 있는데, 뒷부분은 학생들에게 질문을 하는 부분이다. 이 질문들에 대한 학생들의 대답으로부터 이해한 부분과 오해한 부분이 드러날 것이다.

> 세차 계획을 세우면서, Derek과 Marta는 대수 수업 후에 새로운 세차 고객을 불러들일 수 있는 아이디어에 대한 이야기를 나누기 위해 Ramirez 선생님을 찾아 갔다. 그들은 이 지역에 거주하고 있으면서 최근 몇 년간 세차를 했던 고객들에게 $2 할인 쿠폰을 나누어 주기로 했다. 그러

나 이 쿠폰 전략은 인기 있는 낮 시간대에 고객이 너무 많이 몰릴 우려가 있었다. 시간대에 따른 수요 균형을 맞추기 위해, 특정 시간대에 할인을 적용하기로 하였다. Derek과 Marta는 시간대에 따른 할인 혜택을 표로 정리하고([그림 3.7]을 보라.), 이에 대해 Ramirez 선생님과 논의하였다.

할인 시기	시간	할인 혜택
1	오전 8:00 - 오전 10:00	15%
2	오전 10:00 - 정오	5%
3	정오 - 오후 2:00	0%
4	오후 2:00 - 오후 4:00	0%
5	오후 4:00 - 오후 6:00	10%
6	오후 6:00 - 오후 8:00	20%

[그림 3.7] Marta와 Derek이 세차 할인 시간과 할인 혜택을 나타낸 표

Marta와 Derek은 Ramirez 선생님에게 함수로 할인혜택과 쿠폰 적용을 나타낼 수 있는지 질문하였다.

"물론이에요." Ramirez 선생님은 대답했다. "하지만 그 함수를 구하기 위해서는 함수의 합성이 필요할 거예요."

"그게 무엇이죠?" Derek과 Marta가 동시에 말했다.
"여러분들은 이미 함수의 합성함수에 대한 대부분의 수학 내용을 알고 있어요." Ramirez 선생님은 말했다. "그 지식을 바탕으로 함수를 구할 수 있을 거예요."

"올해의 세차 최종가격을 아직 정하지 않았어요." Marta가 말했다.

Ramirez 선생님은 빙그레 웃었다. "그게 좋겠네요." 어리둥절해 보이는 두 학생들에게 말했다.

선생님을 칠판에 쓰기 시작했다: "할인쿠폰: 세차 시 $2를

할인해 줌." 그는 Marta와 Derek과 문제에 대해 이야기하면서 계속해서 이것들을 칠판에 썼다:

"좋아요. 세차 가격을 x달러라고 하면 $g(x)=x$이고, $2를 할인받으면 $g(x)=x-2$이에요. 이것은 쿠폰이 없는 고객은 세차요금 x달러를 모두 지불한다는 뜻이죠. 쿠폰을 가지고 있는 고객은 $x-2$ 달러를 내죠. 이제 최종가격을 정하기 위해서 시간에 따른 할인혜택을 생각해 봅시다."

Derek과 Marta는 고개를 끄덕였고, Ramirez 선생님은 계속 이야기했다:

"여러분들이 만든 표를 보면, 시간대를 6가지로 나누어 할인혜택을 다르게 했군요. 음... 할인혜택 하나가 중복되네요. 이렇게 해야 하나요? 이렇게 해도 함수를 만들 수 있나요?"

일단 이 문제를 뒤로하고, Ramirez 선생님은 다른 주제로 옮겨갔다. "좋아요. 하루 매출을 나타내는 함수 $f(x)$를 이용할 거예요. 매출액을 나타내기 위해 여기에서도 x를 이용합시다. 첫 번째 시간대 $f(x)=0.85x$는 세차가격에서 15%를 할인한 가격을 적용한 것이죠. 두 번째 시간대에는 $f(x)=0.95x$이 되겠네요."

"할인혜택에 따른 시간대를 정의역 구간으로 해서 함수를 표로 정리해 보죠." Ramirez 선생님은 이렇게 제안하면서, "그리고 그 다음에 쿠폰이 적용된 세차가격을 나타낸느 함수를 표로 정리해요."

Marta와 Derek은 Ramirez 선생님의 교실에서 책상에 앉아 시간대에 따른 세차가격과 쿠폰을 적용한 세차가격을 표로 정리하였다. 후에 두 사람은 함께 할인혜택을 적용한 함수와 쿠폰을 적용한 함수 목록을 작성하였다([그림 3.8]

에서 처음 네 열을 보라).

Ramirez 선생님은 말했다. "훌륭해요. 이제 함께 이것들을 정리해봅시다." 그는 Marta와 Derek이 만든 표의 오른쪽에 두 개의 열을 더 만들어, 제일 윗줄에 "$f(g(x))$"와 "$g(f(x))$"라고 썼다. ([그림 3.8]에서 5열과 6열을 보라).

시간	할인혜택	$f(x)$	$g(x)$	$f(g(x))$	$g(f(x))$
오전 8:00 - 오전 10:00	15%	$f(x)=0.85x$	$g(x)=x-2$	$f(g(x))=$ $0.85x-1.70$	$g(f(x))=$ $0.85x-2$
오전 10:00 - 정오	5%	$f(x)=0.95x$	$g(x)=x-2$	$f(g(x))=$ $0.95x-1.90$	$g(f(x))=$ $0.95x-2$
정오 - 오후 2:00	0%	$f(x)=x$	$g(x)=x-2$	$f(g(x))=$ $x-2$	$g(f(x))=$ $x-2$
오후 2:00 - 오후 4:00	0%	$f(x)=x$	$g(x)=x-2$	$f(g(x))=$ $x-2$	$g(f(x))=$ $x-2$
오후 4:00 - 오후 6:00	10%	$f(x)=0.90x$	$g(x)=x-2$	$f(g(x))=$ $0.90x-1.80$	$g(f(x))=$ $0.90x-2$
오후 6:00 - 오후 8:00	20%	$f(x)=0.80x$	$g(x)=x-2$	$f(g(x))=$ $0.80x-1.60$	$g(f(x))=$ $0.80x-2$

x- 고객 수

[그림 3.8] 세차 시간과 할인혜택에 따라, 「시간 할인혜택 적용 가격」을 나타내는 함수($f(x)$), 「할인쿠폰 적용 가격」을 나타내는 함수($g(x)$), 「최종 세차 가격」을 나타내는 합성함수 ($f(g(x))$와 $g(f(x))$)

Ramirez 선생님은 Marta와 Derek이 새로운 열을 채우도록 안내하면서 계속 말을 이어갔다.

"첫 번째 시간대인 오전 8시-오전 10시에는, $f(x)=0.85x$이고 $g(x)=x-2$. 합성함수 $f(g(x))$에서 f의 함숫값을 찾기 위해서는 먼저 $g(x)$를 찾아야 합니다. 이 경우에 $g(x)$는 f의 변수 역할을 해요. $g(x)=x-2$이므로, $f(g(x))=f(x-2)$이죠. 그리고 $f(x)=0.85x$이므로, $f(x-2)=0.85(x-2)$이고 간단히 정리하면 $0.85x-1.70$입니다."

이 시점에서, 몇 가지 질문을 던지는 것은 학생들의 이해를 돕는 역할을 한다. (이때 Ramirez 선생님이 Marta와 Derek에게 할인율이 0퍼센트인 시간대가 두 번 반복되는 것이 함수로서의 관계에 영향을 미치는지에 대한 질문을 하는 것도 좋을 것 같다.) 그러나 질문을 하기 전에 $f(x)$의 변수로 $g(x)$를 사용하는 것은 학생들이 Kuchemann이 1978년에 제시한 위계(hierarchy)의 6수준에서 이야기한 변수에 대한 아이디어를 이해해야 한다는 것을 명심하자.

1. $0.85(x-2)$를 간단히 하는데 사용된 성질을 무엇인가?
2. 이 맥락에서 함수 $f(g(x))= 0.85x-1.70$에서 1.70은 무엇을 의미하는가? 0.85는 무엇을 의미하는가? 이것을 표에서 제시된 다른 함수에 어떻게 적용할 수 있는가?
3. 쿠폰이 없는 고객은 합성함수로 어떻게 나타낼 것인가?
4. 쿠폰이 $2.50 할인이라면 함수는 어떻게 변할까?

이 이야기의 결론을 내리기 전에, [생각해보기 3.5]를 읽어보자.

생각해보기 3.5

위에서 (그림 3.8에서) 최종 세차 가격을 나타내는 합성함수에 대한 위의 질문들에 어떻게 대답할 수 있을까? 학생들이 어떤 대답하기를 기대하는가?

Marta와 Derek처럼, 교사는 학생들이 함수의 합성을 이해하고 있다고 느낄 것이다. 하지만 다음과 같이 약간의 혼란이 계속될 지도 모른다:

> Marta와 Derek은 시간 할인과 할인쿠폰으로 세차가격을 어떻게 정리할 수 있는지를 이해하면서 자신감이 생기고 흥미를 갖게 되었다.

“이제 세차 최종가격을 정할 때 x에 세차 가격을 대입할 수 있겠네요?” Derek이 물었다.

“잠시만요.” Marta가 말했다. “우선, 이용할 합성함수가 $f(g(x))$인지, $g(f(x))$인지를 어떻게 알죠?

“아마 두 개를 모두 구해 보면 배운 것을 이해할 거예요.” Ramirez 선생님이 답하였다.

“좋아.” Marta가 Derek에게 말했다. “우리 세차 가격 x을 얼마로 정할까?”

“음, 전에 우리는 $10를 생각했었지만, 지금은 $12가 좋을 것 같아.” Derek이 말했다. “어떻게 생각해?”

Marta는 여기에 동의하였고, 이들은 빠른 속도로 그 결과를 나타내는 표를 만들기 시작했다([그림 3.9]를 보라.). 표 만들기를 마쳤을 때, 둘은 한참동안 새로운 표를 살펴보았다.

시간	할인 혜택	$f(g(x))$	$g(f(x))$
오전 8:00 - 오전 10:00	0.85	$ 8.50	$ 8.20
오전 10:00 - 정오	0.95	$ 9.50	$ 9.40
정오 - 오후 2:00	1	$ 10.00	$ 10.00
오후 2:00 - 오후 4:00	1	$ 10.00	$ 10.00
오후 4:00 - 오후 6:00	0.9	$ 9.00	$ 8.80
오후 6:00 - 오후 8:00	0.8	$ 8.00	$ 7.60

[그림 3.9] $x=\$12$일 때, 할인혜택과 세차 가격을 나타내는 $f \circ g$와 $g \circ f$의 함숫값

학생들이 합성함수를 국소적으로 초점을 맞추는 동시에 전반적으로도 살펴볼 수 있도록 하기 위해 다음과 같은 질문을 할 수 있다:

1. Marta와 Derek의 활동(그림 3.9에서 보듯이)에서 어떤 결론을 내릴 수 있을까? $(f \circ g)(x)$과 $(g \circ f)(x)$의 산출 값의 차이점을 설명하시오.

2. $(g \circ f)(x)$는 $(f \circ g)(x)$보다 작을까, 같을까? 반례를 생각할 수 있는가?
3. Marta와 Derek은 어떻게 합성을 해야 하는가? 그 이유는 무엇인가?
4. Marta와 Derek이 세차 가격을 \$15로 바꾼다면, 표의 값들은 어떻게 변하는가? 세차 가격을 \$8로 한다면? 각각의 경우에서 $(g \circ f)(x)$는 여전히 $(f \circ g)(x)$보다 작거나 같은가?
5. 낮 12시에서 오후 4시 사이에는 "할인 혜택"이 아니라 시간당 1.25 퍼센트의 "할증료"로 바꾼다면 이 결과들이 어떻게 바뀌는지 설명하시오. 이러한 여러 가지 결과에 대해 설명하시오.

2) 함수의 결합과 합성에 대해 한 걸음 더 탐구하기: 행사장 대여료, 배송비

두 학교 문제는 학생들이 함수와 나아가 함수의 결합과 합성에 대해 탐구하는 기회를 제공한다. 첫 번째 문제는 댄스파티를 위해 행사장을 임대하는 것이고, 두 번째는 세차 물품 배송에 대한 것이다. 각 문제는 상황을 나타내는 함수에 대해 묻는다. 학생들은 특정한 이야기에서 함수의 매개변수를 어떻게 찾아낼 것인지 논의해야 한다. 학생들에게 특정 상황에서 논리적으로 정의역과 치역의 어떻게 정하는지 이야기하도록 하라.

행사장 대여

하급생 학생들은 매년 재학생과 졸업생을 대상으로 한 댄스파티를 준비한다. 학생들은 지역 연회장을 \$500에 대여할 수 있고, 행사에 참석하는 사람들에 대해서는 1인당 \$15.45를 더 지불하면 된다는 것을 알았다. 이들은 이번 달에 연회장을 예약하면, 전체 금액에서 30%를 할인받을 수 있다. 각각의 상황을 정리하여 비용을 나타내는 함수를 써 보아라. 댄스파티에 참석하는 학생 수를 이용하여 비용을 나타내는 두 함수를 결합하여라.

(학생들은 참석하는 학생 수에 대한 할인 전의 가격을 나타내는 함수를 기호를 사용하여 나타낸 식을 $f(p) = 15.45p + 500$ 라고 쓸 것이다. 이 함수에 30% 할인을 나타내도록 결합하면 $f(p) = 15.45p + 500 - 0.3(15.45p + 500)$ 또는 $f(p) = 0.7(15.45p + 500)$이다.)

배송비

Jamie와 Denitha는 세차 제품들을 전시하고 있는 하딩 하드웨어(Harding Hardware)에서 물건을 구입했다. 구입한 물품들은 그들이 몰고 온 차로 가져가기에는 너무나 컸다. 이 가게에서 학생 특별 할인 $15를 받을 수 있다. Jamie와 Denitha는 6.5% 판매세와 수수료를 포함한 가격을 지불하였다.

1. 구매금액을 x로 하여, 세금을 포함하고 배송비를 제외한 전체 가격을 나타내는 함수 $t(x)$를 써라.
2. 구매금액을 x로 하여, 배송비를 포함하고 세금을 제외한 전체 가격을 나타내는 함수 $f(x)$를 써라.
3. $(f \circ t)(x)$와 $(t \circ f)(x)$을 구하고, 해석하여라. 그 결과와 이것이 의미하는 바를 설명하여라.
4. 판매세가 7%로 증가하면 결과는 어떻게 달라지는가? 일반 배송료 $50를 냈을 때 결과는 어떻게 달라지는지 설명하여라.

학생들이 함수 합성에 따라 정의역과 치역을 정할 때, 학생들의 오개념은 분명해진다. 두 함수의 합성은 첫 번째 함수의 치역이 두 번째 함수의 정의역에 포함될 때만 존재한다. $f \circ g$의 정의역은 g의 정의역의 부분집합이다. $f \circ g$의 치역은 f의 치역의 부분집합이다. [그림 3.10]은 f와 g의 합성을 나타낸 것이다. $g(x)$는 g의 정의역에 포함되지 않는 x는 제외하고 정의되어야 하고, $f(g(x))$는 f의 정의역에서 포함되지 않는 $g(x)$를 나타내는 x를 제외하고 정의되어야 한다는 것에 주목하자.

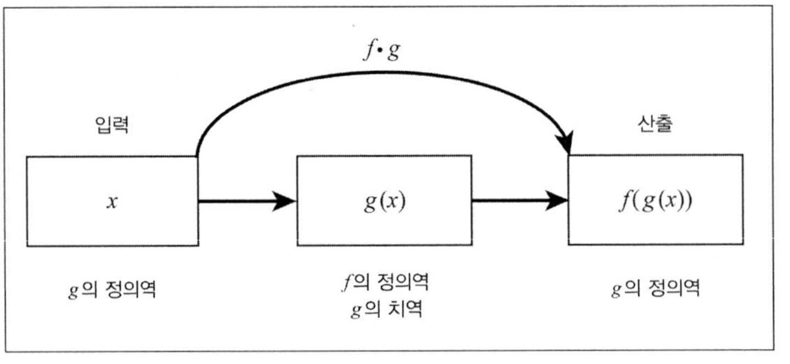

[그림 3.10] 함수 f와 g의 합성을 나타낸 그림

03 변환

함수를 결합하거나 합성하여 새로운 함수를 구할 때 그래프도 변한다는 것을 쉽게 예측할 수 있다. 반사, 평행이동, 회전, 확대에 의해 함수를 변환하는 것 역시 예측 가능한 결과를 얻는다. 학생들은 고등학교에 들어가서도 함수의 변환을 뒤집기, 미끄러지기, 돌리기, 늘리기, 축소하기로 이해할 수도 있지만, Common Core State Standards(National Governors Association Center for Best Practices and Council of Chief State School Officers, 2010)에서 보듯이 교사는 학생들이 보다 형식적인 언어로 이동하도록 이러한 조건들을 확고히 할 수 있도록 해 주어야 한다. 뒤이어 나오는 예는 학생들과 함수의 합성과 관련된 아이디어를 가지고 활동하는 방법에 대해 설명한다.

1) 눈금조정 문제: 마스코트 색칠하기

다음 글은 크기의 변화와 관련된 합성이다. 여기에는 다시 Ramirez 선생님과 그의 학생들이 등장하고, Ramirez 선생님의 대수 수업을 받고 있다. 논의 중인 프로젝트는 새로운 주제이다: 학교 마스코트-학교에서 쉽게 볼 수 있는 작고 친숙한 그림-의 확대 그림을 만들고 색칠하기:

> "함수를 표현하는 다른 방법이 있습니다." Ramirez 선생님이 말했다. "우리는 표로 나타낸 함수들을 보았어요. 그래프로 나타낸 함수들도 보았지요. 이에 기호로 나타낸 함수를 봅시다. 각각의 표현들은 서로 다르게 유용해요. 기호에 대한 이야기는 나중에 하기로 하고, 우선 저는 여러분들이 함수들과 그래프를 어떻게 잘 이해하는지 보기를 원해요."
>
> Derek이 말했다. "선생님이 말씀하시는 함수에는 일차함수, 이차함수, 지수함수, 주기함수가 있어요."
>
> Ramirez 선생님이 대답했다. "그래요. 하지만 그게 다는 아니에요. 이것을 이해하도록 도와줄 수 있는 새로운 프로젝트가 있어요. 학교 중앙 복도에 있는 새로운 호랑이 마스코트 벽화를 그리는 모임에 참여할 사람이 있나요?"
>
> 수업에 참여한 마음 동아리 부원 5명이 손을 들었다.
>
> Grover Cleveland 고등학교 학생들은 입구에 학교 마스코트를 그리는 것에 자부심을 가지고 있다. 작은 그림([그림 3.11]을 보라)은 높이가 56센티미터이고 학교 이름 바로 아래에 위치해 있다. 동아리 학생들은 교내 카페 바로 밖에 있는 중앙 복도에 2.8미터의 큰 벽화([그림 3.12]를 보라)를 그리는 것을 제안하였다. 그림 동아리 학생들은 벽화를 만들겠다고 제안하였다.

"좋아요" Ramirez 선생님이 말했다. "물감이 모두 얼마나 필요하지요? 색깔별로는 얼마나 필요한가요?"

다행히 학교에 원래 그림에 사용된 물감의 양에 대한 기록이 있었다([그림 3.13]의 표를 보라: 표의 왼쪽 열에 그림에서 원래 색깔과 색깔에 대응되는 부분을 제시하였다.)

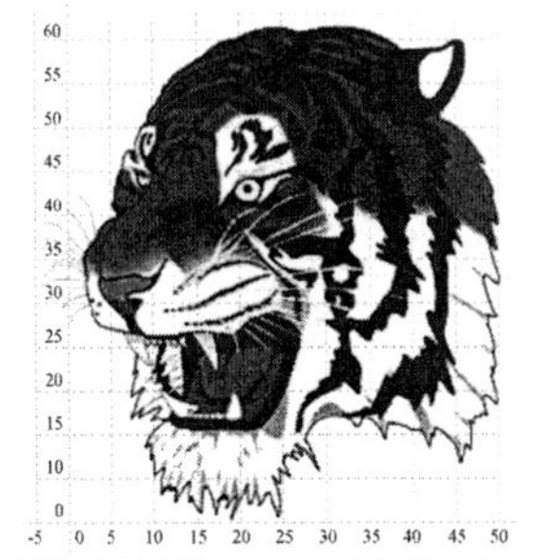

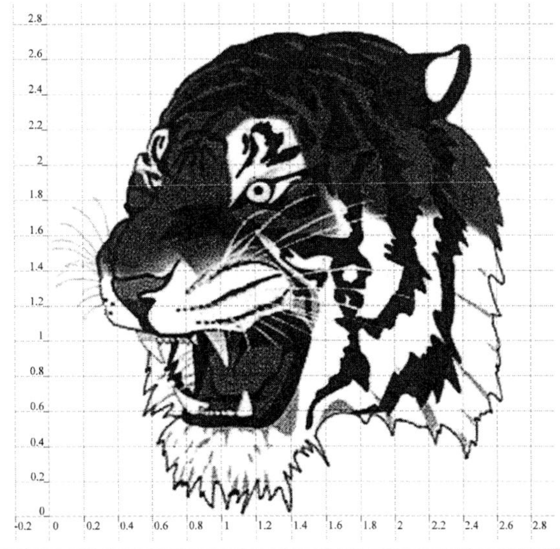

[그림 3.11] 작은 호랑이 그림(cm)　　[그림 3.12] 제안된 큰 호랑이 그림(m)

원본 그림에 사용된 그림물감	
색깔	양(mℓ)
흰색 ([그림 3.11]에 보여진 바와 같이)	4.7
주황색 (그림에서 가장 짙은 부분)	2.3
노란색 (호랑이의 눈; 그림에서 옅은 부분)	2.5
검은색 ([그림 3.11]에 보여진 바와 같이)	2.5
빨간색 (호랑이의 혀, 잇몸, 코; 그림에서 중간 정도로 짙은 부분)	0.7
아이보리색 (호랑이의 이빨; 그림에서 색깔이 가장 엷은 부분)	0.3
합계	13.0

[그림 3.13] 작은 학교 마스코트 그림에 사용된 그림물감의 양을 밀리리터로 나타낸 표

학생들에게 주어진 과제는 다음 시나리오와 같다:

> 학교에서 작은 마스코트 그림을 그리면서 사용한 색깔별 그림물감의 양이 주어진다면, 똑같은 그림을 새로운 큰 벽화로 그릴 때 필요한 그림물감의 전체 양은 얼마인가? 흰색 물감은 얼마나 필요한가?

De Bock과 그의 동료들(2002)은 한 연구에서 학생들에게 비슷한 문제를 제시하였다. 이들은 학생들이 거의 매번 문제를 풀기 위해 선형적인 추론을 한다는 것을 발견하였다. 즉, 학생들은 다섯 배가 더 큰(더 긴) 도형을 생각할 때, 새로운 도형을 색칠하는 데 필요한 물감의 양이 다섯 배라고 응답한다. De Bock의 연구팀은 이러한 오개념이 얼마나 견고하고 단단한지를 확인시켜주는 주요 문제와 이에 대한 시나리오를 제시하였다. 다음 질문과 전략들은 De Bock과 그의 동료들이 제기했던 문제들을 호랑이 벽화 시나리오에 맞게 약간 수정한 것이다. De Bock과 동료들은 필요하다면 집요하고 반복적으로, 잘못된 부분에 초점을 두어 학생들이 사고과정에서 나타내는 오류를 다루는 질문을 계속적으로 던졌다. 이 질문과 전략들은 다음 2-5단계에 제시된다.

2단계: 지난 주 다른 학교 학생들이 똑같은 문제를 풀면서 서로 다른 결과를 내놓았어요([그림 3.14]를 보라). 그림을 칠하는데 필요한 전체 물감의 양이 325 밀리리터(㎖)라고 나온 학생들은 이것을 어떻게 구했을까요?

3단계: 한 학생이 높이가 5배이면 너비도 5배가 되어야 하므로, 그림물감은 25배가 필요하다고 말했습니다. 이 의견에 동의하나요? 동의하거나 동의하지 않는 이유는 무엇인가요?

4단계: 두 호랑이 그림을 둘러싼 직사각형을 각각 그려보세요.

5단계: (구조화된 연속 질문들) 두 개의 호랑이 그림에 모두 호랑이를 둘러싼 직사각형을 그렸군요. 두 직사각형의 넓이는 어떻게 구하죠? 큰 직사각형은 작은 직사각형보다 얼마나 더 큰가요? 큰 호랑이의 넓이는 작은 직사각형의 호랑이보다 얼마나 더 큰가요? 큰 호랑이를 칠하는데 필요한 그림물감의 양은 작은 호랑이를 칠할 때보다 얼마나 더 필요한가요?

다른 학교 학생의 응답	
전체 그림물감의 양(mℓ)	학생 비율
65 mℓ	43%
325 mℓ	43%
기타	14%

[그림 3.14] 큰 그림에 필요한 물감의 전체 양에 대한 문제에 대한 가상의 다른 학교 학생의 응답

2단계에서 De Bock의 연구팀은 문제를 부정확하게 푼 학생에게 가벼운 형태의 인지적 갈등이 일어나도록 시도하였다. 다른 수준의 학생들의 반응을 살피기 위해 얼마간의 시간을 할애한 후, 학생들에게 어떻게 대답할 것인지를 물어보았다: 학생들의 초기 답변 또는 다른 학급 학생들을 통해서 얻은 대안. 처음의 답변 내용을 포기하지 않은 학생들은 그 상태로 3단계 질문으로 넘어갔다. 이 단계의 질문에서의 논쟁은 정확하게 답한(325mℓ) 43퍼센트의 가상의 학생들로부터 비롯되었다. 학생들에게 다시 처음 이야기했던 답을 고수하기를 원하는지(선형적), 아니면 다른 답을 하기를 원하는지(비선형적) 물었다. 처음 이야기했던 답을 바꾸지 않은 학생들은 4단계로 넘어갔다. 이 단계에서는 학생들에게 그림을 둘러싼 직사각형을 그려보도록 함으로써, 이 단계에서 정확한 답(325mℓ)을 이끌어내는 추론을 증거를 들어가며 보여주면서 학생들이 더 큰 인지적 갈등을 촉발시킬 수 있도록 하였다. 5단계에서 일련의 연속된 질문들은 도형의 넓이에 명시적으로 초점을 맞추어 여전히 오류

를 보이는 학생들을 자극하였다.

호랑이 벽화 활동과 잇달아 계속되는 일련의 구조화된 질문들은 학생들이 함수가 선형적이거나 또는 응용 상황에서 그 관계가 선형적이어야 할 때 발생하는 오개념을 갖는 정도를 조사하기 위해 고안된 것이다. 다음의 과제들을 모두 수행하면서 학생들은 계속해서 이해 또는 오해를 드러낼 것이다.

1. 작은 그림에 필요한 그림물감의 양 c가 주어졌을 때, 큰 그림에 필요한 그림물감의 양을 나타내는 함수를 만드시오.
   [학생들이 만든 함수는 그들의 생각을 보여줄 것이다: $f(c)=\frac{2.8}{0.56}c$ 또는 $f(c)=5c$ (일반적으로 학생들이 보이는 오개념) $f(c)=5^2c$ 또는 $25c$ (정확한 표현)]
2. 큰 벽화의 크기가 3.08미터일 때 함수는 어떻게 변하는가? 2.24미터일 때는?
3. 이 세 함수의 그래프는 어떻게 같은가? 또, 어떻게 다른가?

2) 계수나 상수 변환하기

함수의 기호 표현에서 계수나 상수가 변할 때, 학생들은 이 변화가 함수의 그래프에 미칠 영향을 예측하려고 애쓴다(Borba & Confrey, 1996). 학생들은 이러한 개념들에 대한 경험을, 다음의 일반적인 표기법으로 표현된 일차함수와 이차함수에 대한 다양한 예제들을 상호적인 기하적 표현을 사용함으로써 탐구할 수 있다:

$$\text{일차함수: } f(x)=mx+b$$
$$\text{이차함수: } f(x)=a_2x^2+a_1x+a_0$$

학생들은 함숫값들을 표로 정리하거나, [그림 3.15]에서 제시된 것과 같이 GeoGebra(http://www.geogebra.org/cms/en)

나 함수의 그래프를 그릴 수 있는 다른 도구를 이용하여 그래프를 그리면서 계수나 상수의 변화가 미치는 영향에 대한 질문에 다가갈 수 있을 것이다.

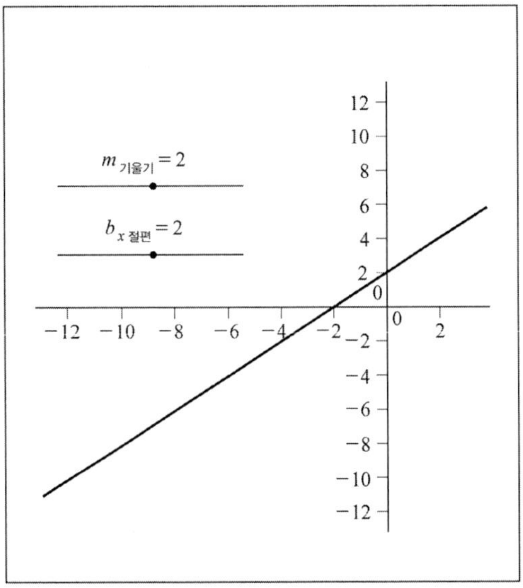

(a)

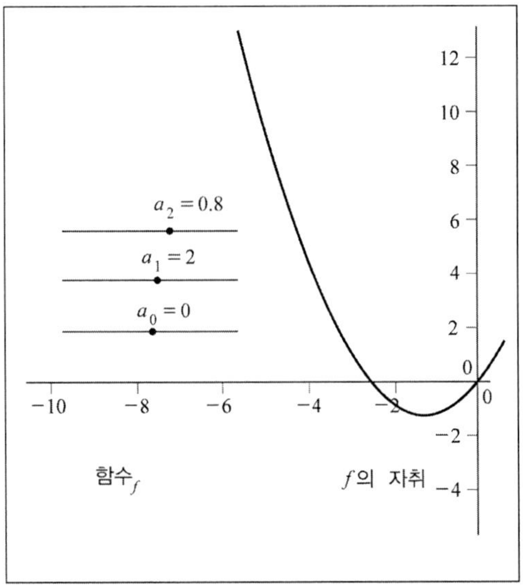

(b)

[그림 3.15] (a) 일차함수 $f(x) = 1 + 2$와 (b) 이차함수 $0.8^2 + 2 + 0$을 GeoGebra의 슬라이더 기능을 이용하여 나타낸 그림

함수와 함수의 그래프에 대해 학생들에게 제기하는 주요 질문들은 다음과 같다:

1. 일차함수에서 m과 b의 값의 변화는 함수의 그래프의 모양과 위치에 어떤 영향을 미치는가?
2. a_2, a_1, a_0의 값이 이차함수의 모양과 위치를 어떻게 변화시키는지 설명하시오.
3. 일차함수의 특수한 성질을 나타내는 m과 b의 값에 대해 설명하시오.
4. 특수한 상황-예를 들면 $a_1 = 0$-을 나타내는 이차함수의 계수의 값에 대해 설명하시오.
5. 일차방정식과 이차방정식에서 계수가 그래프에 미치는 영향을 비교·대조하시오.

3) 변환의 활용: 세차 가격, 물의 높이, 수면의 넓이

다음 세 과제는 학생들이 변환을 이해하고 평행이동에 대한 사고를 확장시키는 기회를 제공한다. 이와 함께 제시되는 두 번째와 세 번째 과제에 대한 해설은 학생들과 함께 과제를 수행하는 데 지침을 제공한다; 첫 번째 과제는 논의 없이 바로 제시한다.

① 세차 가격

Marta와 Derek은 봉사 단체에서 곧 있을 세차 작업을 할 예정이다. 이들은 모든 고객에게 $2 할인 쿠폰을 나누어주고, 세차 시간에 따라 추가 할인 혜택을 적용하려고 한다. 이들은 세차 가격을 x(달러)로 하여 세차 시간에 따른 할인 가격을 나타내는 함수 $f(x)$와 쿠폰을 적용한 세차 가격을 나타내는 함수 $g(x)$를 적었다. Ramirez 선생님의 도움으로, 이들은 최종 세차 가격을 나타내는 함수를 구하기 위해 세차시간에 따른 할인 혜택을 나타내는 함수와 할인쿠폰을 적용한 함수를 합성하였다([그림 3.16]은 독자의 편의를 위해 [그림 3.8]을 다시 제시한 것이다).

시간	할인 혜택	$f(x)$	$g(x)$	$f(g(x))$	$g(f(x))$
오전 8:00 - 오전 10:00	15%	$f(x)=0.85x$	$g(x)=x-2$	$f(g(x))=$ $0.85x-1.70$	$g(f(x))=$ $0.85x-2$
오전 10:00 - 정오	5%	$f(x)=0.95x$	$g(x)=x-2$	$f(g(x))=$ $0.95x-1.90$	$g(f(x))=$ $0.95x-2$
정오 - 오후 2:00	0%	$f(x)=x$	$g(x)=x-2$	$f(g(x))=$ $x-2$	$g(f(x))=$ $x-2$
오후 2:00 - 오후 4:00	0%	$f(x)=x$	$g(x)=x-2$	$f(g(x))=$ $x-2$	$g(f(x))=$ $x-2$
오후 4:00 - 오후 6:00	10%	$f(x)=0.90x$	$g(x)=x-2$	$f(g(x))=$ $0.90x-1.80$	$g(f(x))=$ $0.90x-2$
오후 6:00 - 오후 8:00	20%	$f(x)=0.80x$	$g(x)=x-2$	$f(g(x))=$ $0.80x-1.60$	$g(f(x))=$ $0.80x-2$

x- 고객 수

[그림 3.16] 세차 시간과 할인혜택에 따라, 「시간 할인혜택 적용 가격」을 나타내는 함수($f(x)$), 「할인쿠폰 적용 가격」을 나타내는 함수($g(x)$), 「최종 세차 가격」을 나타내는 합성함수 ($f(g(x))$와 $g(f(x))$)(독자의 편의를 위해 [그림 3.8]을 다시 제시함.)

a. 합성함수를 나타내는 직선을 그리고, 차이점을 비교하시오.
b. 직선의 절편은 표에서 제시된 정보와 어떤 관계가 있는가?
c. 직선의 기울기는 표와 어떤 관계가 있는가?
d. 세차시간에 따른 할인 혜택은 함수를 어떻게 변화시키는가? $f \circ g$와 $g \circ f$는 차이가 있는가?
e. 처음의 세차 가격은 함수를 어떻게 변화시키는가? $f \circ g$ 또는 $g \circ f$에 더 큰 영향을 미치는가?
f. 합성함수에 양수만 대입하였을 때, 음수인 함숫값이 나오는 것이 가능한가?

② 수조에서 물의 높이

수조([그림 3.17]을 보라)는 밑면의 너비가 10인치이고, 높이도 10인치이다. 뒤쪽의 각이 직각이고 앞쪽의 각이 135도이다. 물은 일정한 속도로 채워지고 있다. 물의 높이가 4인치가 되었을 때, 수면의 너비는 14인치였다.

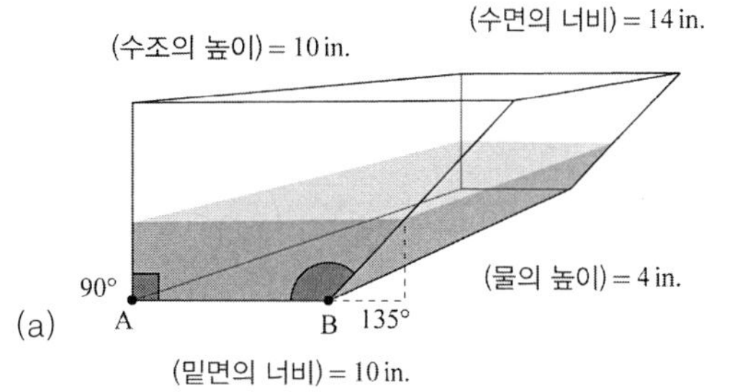

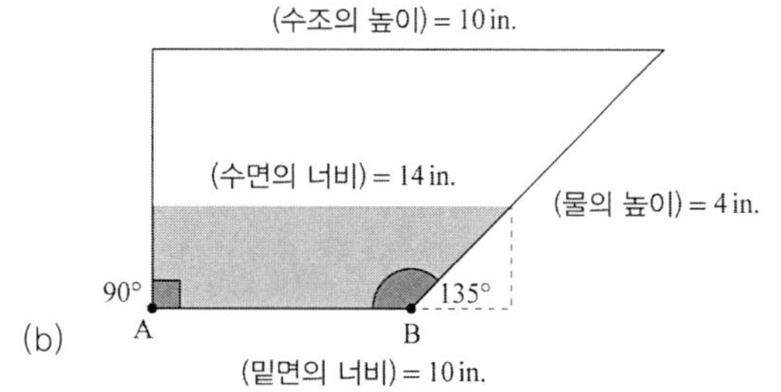

[그림 3.17] 물의 높이가 4인치일 때 두 가지 관점에서 나타낸 수조 그림: (a) 투영도와 (b) 단면도

수조문제는 하나의 문제 안에 함수를 결합하고, 합성하고, 변환하고, 해석하는 것에 대한 여러 가지 아이디어를 담고 있다. 첫 번째, 학생들은 물의 높이가 주어졌을 때, 수면의 너비의 변화율을 나타내는 함수를 만들어야 한다. 이어지는 질문들은 수조의 상태(모양)의 변화에 따라 자신이 만든 함수를 변화시키도록 요구한다. (이 문제를 수조의 앞쪽과 뒤쪽의 각이 모두 90인 경우로 간단히 하여 학생들에게 제시할 수 있음을 유의하자.)

학생들은 수조에서 수면의 너비가 어떻게 높이의 변화에 따라 바뀌는지 보여주는 함수를 만들면서 시작한다. 수조의 전면은 [그림 3.17b]에서 보듯이 단면도에서 밑면의 각이 135도이고, 점선으로 나타내어진 바깥 부분의 삼각형은 직각이등변삼각형이다. 그러므로 수면의 너비는 물의 높이와 같은 속도로 변한다(그 이유는 삼각형의 밑변이 물의 높이와 같기 때문이다). 따라서 수조에서 물의 높이로 h가 주어졌을 때 수면의 너비 $f(h)$는, 수조에서 처음 수면의 너비 또는 수조 밑면의 너비가 w_0일 때 $f(h)=h+w_0$로 나타낼 수 있다. 그러므로 $f(h)=h+10$는 물의 높이 h에 대한 수면의 너비를 나타내는 함수이다.

학생들은 수조 밑면의 너비가 변할 때 함수가 어떻게 변하는지를 살펴보기 위한 일련의 그림들을 그리기 위해 GeoGebra를 사용할 수 있다. [그림 3.18]은 수조 밑면의 너비가 5부터 20인치까지 변할 때, 네 개의 그래프를 살펴보기 위해 함수를 f_1부터 f_4까지로 하여 나타낸 것이다.

그림과 같이 그래프를 그려본 이후에 학생들은, 함수를 나타내는 표현들을 더 상세히 분석하면서 이들을 더 의미 있게 비교할 수 있게 하는 여러 가지 질문들에 대답할 수 있을 것이다:

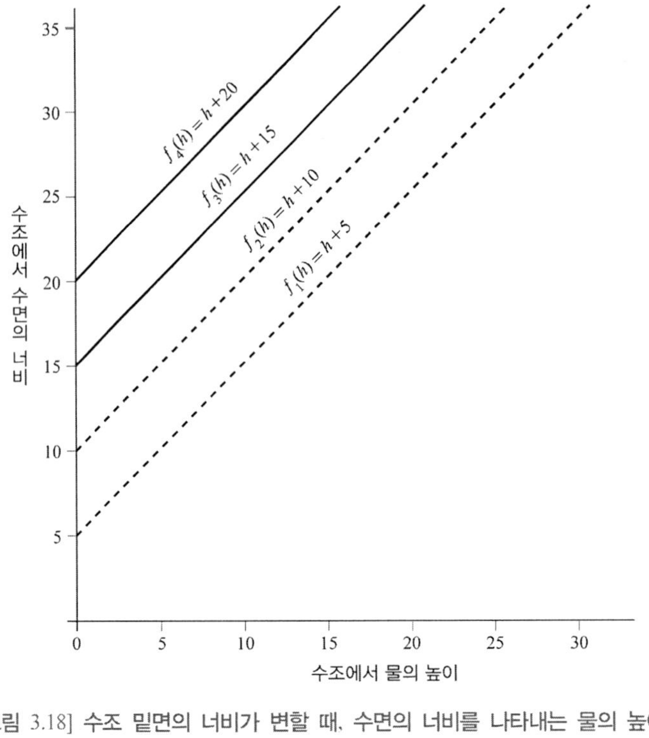

[그림 3.18] 수조 밑면의 너비가 변할 때, 수면의 너비를 나타내는 물의 높이 h에 대한 함수의 그래프

1. 네 개의 함수는 서로 무엇을 나타내고 있는가? 수조 밑면의 너비가 변할 때, 함수는 어떻게 변하는가?
2. 네 개의 함수를 나타내는 직선은 왜 서로 평행한가? 물이 증가하는 측면에서 유사한 점을 설명하시오.
3. $h=0$일 때 어떠한 일이 일어나는가?
4. 함수에서 무엇이 변하는가? 같은 것은 무엇인가? 수조에서 물의 측면에서 그리고 그래프의 측면에서 변하는 것과 그대로 유지되는 것에 대해 설명하시오.
5. 밑면이 0이면 함수는 어떻게 변하는가?
6. 수조의 두 변이 135도일 때([그림 3.19]를 보라) 함수는 어떻게 변하는가? 90도일 때는?
7. 함수의 정의역과 치역의 범위는 무엇인가?

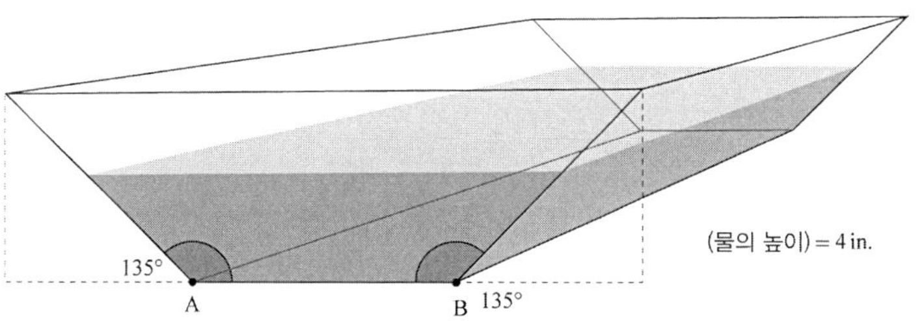

[그림 3.19] 양쪽 면과 밑면이 이루는 각이 135도인 수조

[그림 3.19]에 그려진 수조의 경우에서 함수에 대한 질문 6에 대한 대답을 할 때, 학생들은 수조 밑면이 양쪽 옆면과 이루는 각이 135도이므로, 바깥 부분에 두 개의 직각이등변삼각형이 만들어지고, 이 두 삼각형은 합동이므로, 증가한 수면의 너비는 물의 높이의 두 배임을 추론해 내야 한다.

일련의 함수에서 물의 높이를 h라 할 때, 수면의 너비 $f(h)$의 값을 이해할 때, 몇몇 학생들은 $h=0$인 경우를 이해하는 것이 어려울 수 있다. 이 함수들의 y절편은 0보다 크다; 즉, (수조 밑면의 너비가 10인치인 수조에서) $h=0$일 때 $f(h)=10$

이다. 그렇지만 수조에 물이 없을 때에는 높이도 너비도 존재하지 않는다. 하지만 수조에 높이를 측정할 수 있는 충분한 양의 물이 있을 때, 물이 바닥을 덮어 너비는 0이 될 것이다.

똑같은 모델을 사용하여 학생들은 수면의 넓이, 수조의 양쪽 끝, 높이 사이의 관계를 분석함으로써 더 상위 수준의 함수를 경험할 수 있다. 다음에 제시되는 과제 3에서처럼, 수조에서 수면의 넓이에 대한 탐구활동은 일차함수를 넘어 이차함수를 포함한다.

③ 수조에서 수면의 넓이

밑면의 너비가 10인치이고 높이가 10인치인 수조([그림 3.20]을 보라)가 있다. 수조의 양쪽 면과 밑면이 이루는 각이 135도이다. 수조에 일정한 속도로 물을 채워 물의 높이가 4인치, 수면의 너비가 18인치가 되었다. 물의 높이에 따라 수면의 넓이는 어떻게 변할까?

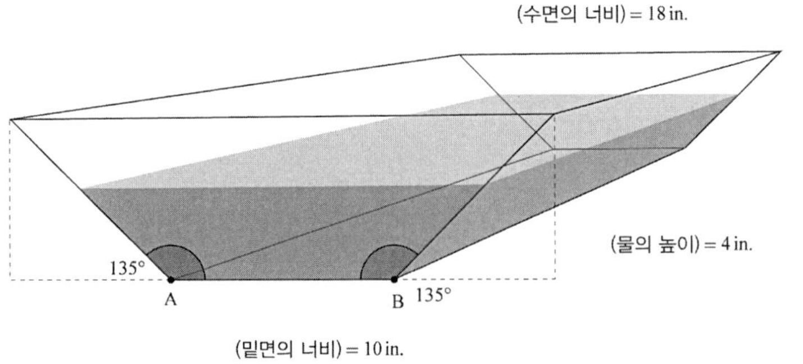

[그림 3.20] 밑면의 너비와 높이가 10인치이고, 양쪽 면과 밑면이 이루는 각이 135도인 수조

수면의 넓이는 수조에서 물의 높이 h에 대한 함수로 표현할 수 있다: $a(h) = h^2 + 10h$ (또는 일반화하여 $b =$(밑면의 너비)일 때, $a(h) = h^2 + hb$).

이후 학생들은 각 모델에 관한 이야기에서 함수 표현과 그래프를 비교함으로써 수조 밑면이 변함에 따라 함수의 표현이 어떻게 변하는지를 살펴볼 수 있다. [그림 3.21]은 수조 밑면의 너비가 변할 때, 수면의 넓이가 나타내는 세 가지 함수를 나타낸 것이다.

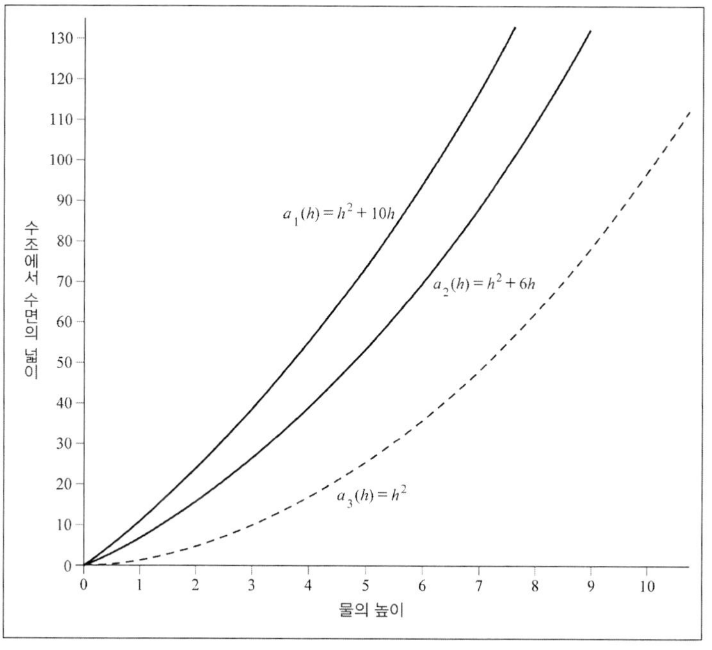

[그림 3.21] 수조 밑면의 너비가 변할 때, 수조에서 수면의 넓이를 나타내는 물의 높이 h에 대한 함수의 그래프

다음 질문들은 이 표현들을 너 상세히 분석하면서 더 의미 있게 비교할 수 있도록 학생들을 안내해 줄 것이다:

1. 이 함수들이 함께 무엇을 나타내고 있는것은 무엇인가?
2. 수조 밑면의 너비의 변화는 함수를 어떻게 변화시키는가?
3. $h = 0$일 때 어떠한 일이 일어나는가?
4. $h = 1$일 때, 각 함수의 함숫값은 얼마인가? 수조에 담긴 물의 측면에서 이것이 의미하는 바는 무엇인가?
5. 함수에서 무엇이 변하고 있는가? 그대로 유지되는 것은 무엇인가? 수조에 담긴 물의 측면과 그래프의 측면에서 변하는 것과 그대로 유지되는 것에 대해 설명하시오.

6. 수조의 옆면이 변하면 함수는 어떻게 변하는가?
7. 이들 함수의 정의역과 치역의 범위는 무엇인가?

학생들은 각각의 함수를 기호 표현과 그래프 표현의 의미를 살펴보기 위해 추가로 다른 모양의 수조를 가지고 이 활동들을 할 수 있다. 이 함수들의 정의역과 치역을 다루는 것은 중요하며 학생들이 각각의 이야기들과 더 밀접하게 이 표현들을 연결시킬 수 있도록 해 줄 수 있다. 고려해볼 만한 몇 가지 모양을 [그림 3.22]에 제시하였다.

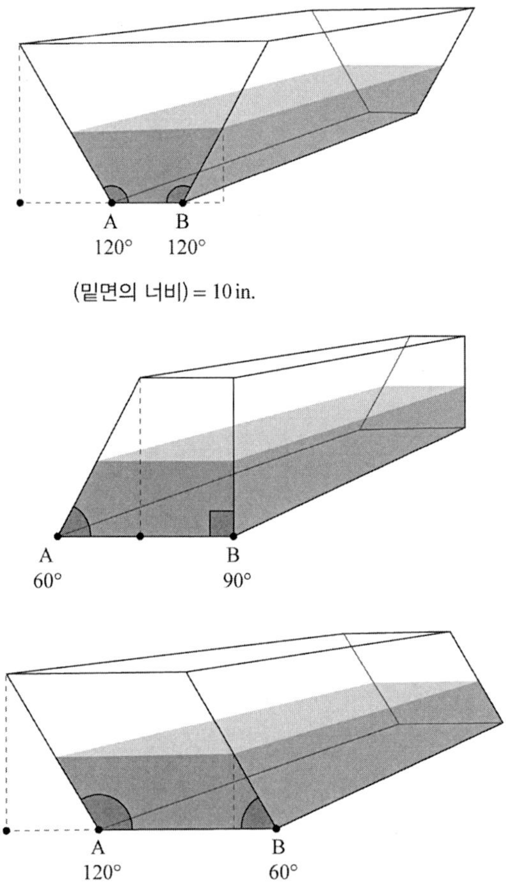

[그림 3.22] 탐구활동을 통해 추가된 세 가지 수조의 모양

수조에서 수면의 넓이를 나타내는 함수를 구한 다음 학생들

은 수조 밑면의 너비를 연장시키는 것을 수면의 넓이에 초점을 맞춤으로써 잘 이해할 수 있다. 또한 물의 높이가 변할 때 물의 부피가 어떻게 변하는지도 살펴볼 수 있다.

04 결론

이 장에서 제시된 예제를 살펴보면서, 학생들의 발달 관점에서 다음 사항을 주목하자. 학생들은 연산의 나열이나 입력 값을 출력 값으로 변환하려고 하기 보다는, 함수 그 자체를 대상으로 보고 연산한다. 학생들은 실수끼리 더하는 연산을 하기 전에, 함수를 더한다. 학생들은 수와 시간표를 이용하여 곱하는 연산을 하기 전에, "$f(x)$"와 "$g(x)$"와 같은 기호를 곱한다. 이는 사소한 변화가 아니다. 함수를 결합하고, 합성하고, 변환하는 과정 중 한 시점에서 학생들은 동류항끼리 더하고, 유리식을 기약분수로 간단히 하고, 단항식을 곱하는 절차적 연산을 멈출 것이다. 이 시점에서 교사는 기호 대수의 추상적 영역에서 추상화가 이루어질 수 있도록 하는 구체적 상황으로 이동해야 한다. 결합 함수에서 각 계수에 대해 질문하라: "이 이야기에서 이 수들은 무엇을 의미하지? 이것들을 그래프의 어디에서 찾을까?" 그리고 아주 중요한 질문을 하라: "더 이상 영향을 미치지 않는 수는 어떤 수이지? 결합 함수의 새로운 정의역은 무엇이지?" 정의역과 치역은 교사가 이러한 탐구활동에서 강조해야 하는 중요한 개념에 대해 다시 한 번 상기시켜준다.

예제는 각 시나리오와 함께 다루어지지만, 과제는 교사가 정의역과 치역과 같은 국소적인 값과 전반적인 특성 사이에서, 함수 표기의 추상성과 이 표기가 실세계에서 나타나는 구체화된 모습 사이에서 적절히 초점을 맞추면서 제시해야 한다.

제4장

함수의 그래프 표현

> 필수 이해 5a. 함수는 대수식, 그래프, 언어, 표 등의 다양한 방법으로 표현할 수 있다.
> 필수 이해 5d. 함수의 대수적 표현과 기하적 표현 사이의 관계는 함수 사이의 관계와 변화를 다룰 때 특히 중요하다.

함수의 필수 이해(조완영, 권나영, 이동흔, 2017; Cooney, Beckmann, and Lloyd, 2010)의 핵심 아이디어 5는 두 부분으로 구성된다. 첫 번째 부분인 "함수는 대수식, 그래프, 언어, 표 등 다양한 방법으로 표현할 수 있다"는 개념에 관한 것이고, 두 번째 부분인 "관계와 변화를 탐구할 때 이러한 다양한 표현 사이의 연결은 매우 중요하다"는 복잡한 통찰력에 대한 것이다. 이 장은 Cooney, Beckmann, and Lloyd가 필수 이해 5a로 규정한 핵심 아이디어의 첫 번째 부분에 초점을 두고, 이들이 필수 이해 5d로 규정한 두 번째 부분에도 특별한 관심을 기울이고 있다. 시작하면서 일단 다시 세차 상황으로 돌아가 다음의 예시를 생각해 보자.

현재 시각은 8시, 세차가 끝났다. Derek과 Marta는 계획을 잘 세워 준비한 물품 중에서 비누 2통과 스펀지 4개만 남았다. Marta는 남은 물품 옆에 서서 Derek이 종이에 그린 그래프를 보고 있었다.

이런 반응을 본 Ramirez 선생님은 "Marta, 무슨 문제가 있니?"라고 물었다.

Marta는 "세차팀을 교대할 때, Derek은 세차를 시작했을 때부터 6시까지 시간당 세차한 차량 수를 그래프로 보여줬어요. Derek은 나보다 더 많은 차를 세차했다고 자랑하면서 이 그래프가 그것을 입증한다고 말했어요"라고 말했다.([그림 4.1]은 그 그래프이다.)

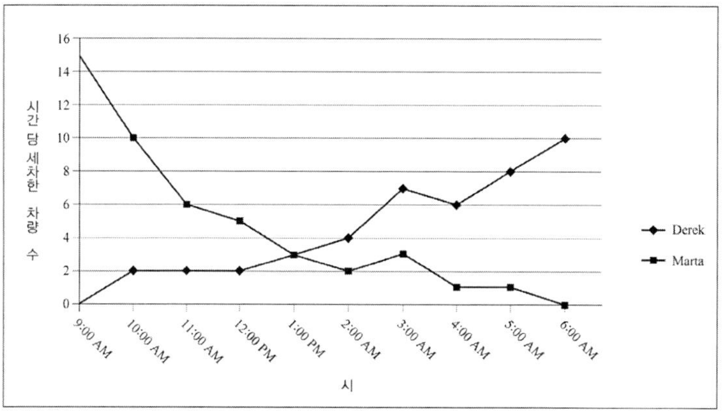

[그림 4.1] Derek과 Marta가 세차한 차량 수에 대한 그래프

"Derek은 제가 세차한 차량 수가 시간이 지남에 따라 줄어들었다고 했어요. 그런데 어떻게 그런 일이 가능하죠?" Marta가 말했다.

Ramirez 선생님은 "네가 무슨 말을 하는 지 알 것 같다. 설명해 줄게"라고 말했다.

여러분은 교실에 이렇게 혼란스러워하는 학생이 있는 유사한 상황을 겪어 본 적이 있을 것이다. [생각해보기 4.1]은 Marta에게 어떻게 대답하면 좋을지 생각해 보게 한다.

생각해보기 4.1

여러분이 Ramirez 선생님이라면 Marta에게 무슨 말을 하겠는가? 여러분은 Marta가 이 상황을 이해할 수 있도록 어떤 도움을 줄 수 있는가?

이 장은 다양한 관계를 함수로 모델링하고 표현하는 그래프들에 대하여 탐색한다. 선행 연구 결과에 따라 학생들에게서 나타나는 특정 오개념을 강조할 수 있는 함수로 대상을 선택하였다. 각각의 사례들에는 학생들에게 제시할 질문과 학생들이 갖고 있는 오개념에 따라 예상되는 답변이 담겨있다.

개념과 개념들 사이의 관계에 대한 학생들의 이해를 심화시키는 수단으로 다양한 표현을 사용하는 것이 추천된다(NCTM, 2000; Kaput, 1989). 이 장은 함수의 그래프에 대한 이해와 오개념, 그리고 그래프를 함수의 다른 표현과 연결시키는 방법을 강조한다. 필수 이해 5a와 필수 이해 5d가 이 장의 중심이 되어야 하지만, 필수 이해나 핵심 아이디어를 이해하지 못해서 생기는 오개념들만 있는 것은 아니다. 다음에 논의할 내용은 이러한 사례들이다.

함수의 여러 가지 표현은 모델링한 관계를 볼 수 있는 특수한 통찰을 제공한다. 이러한 표현들에 대한 분석과 적용은 모델을 이해하고 통찰력을 얻을 수 있는 중요한 학습 전략이다. 학생들은 하나의 함수에 대한 여러 가지 표현이 매우 다르게 보이더라도 이들이 나타내는 변수 사이의 관계는 일정하다는 것을 이해해야 한다(조완영, 권나영, 이동흔, 2017; Cooney, Beckman, and Lloyd, 2010).

01 그래프에 대한 오개념 다루기

함수에 대한 주요 표현은 그래프이다. 함수의 그래프를 활용하기 위하여 학생들은 함수의 그래프를 이해하고 함수의 그래프가 공변량을 어떻게 나타내고 있는지 알아야 한다. 다음 예제는 학생들이 그래프를 이해하려고 시도하는 과정에서 빈번하게 나타나는 오개념이다.

1) 자동차 속도

많은 연구자들은 학생들이 함수와 함수의 그래프를 배우는 과정에서 보이는 오개념을 연구해 왔다(Leinhardt, Zaslavsky, and Stein 1990; Monk 1992, 1994, 2003; Clement 1989; McDermott, Rosenquist, and van Zee 1987). Leinhardt와 그의 동료들(1990)에 따르면 함수에 대한 대수적 표현과 그래픽(시각적) 표현은 서로 다른 기호 체계로, 학생들이 이들 사이의 관계를 이해하기 위해서는 개념적으로 조정이 필요하다. 학생들은 이러한 표현들을 분리된 개념으로 따로 다룰 수 없다. 더욱이 그래픽(시각적) 표현을 다루는 것과 대수적 표현을 시작하는 것은 매우 다른 이해 과정이다. 또한 그래프로 표현된 맥락이나 상황에 대한 학생들의 직관은 이러한 표현에 대한 오개념 형성을 초래하기도 한다(Monk, 1992; Leinhardt, Zaslavsky, and Stein, 1990).

Monk(2003, p.251)가 소개한 함수의 그래프는 개념의 복잡성의 일면을 보여주는 간단한 예이다. [그림 4.2]의 Monk의 그래프는 5분 동안 움직인 자동차의 속도를 나타낸 것이다.

Monk는 그래프를 사건에 대한 분석이라기보다 사건에 대한 하나의 그림으로 간주하는 것과 같이 그래프를 잘못 이해하는 경우들을 확인하였다. 예를 들어, 어떤 학생은 세로축이 이동거리나 위치가 아닌 속도를 나타낸다는 것을 알고 있음에도 불구하고, $t=2$일 때 자동차가 멈췄다고 생각할 수도 있다.

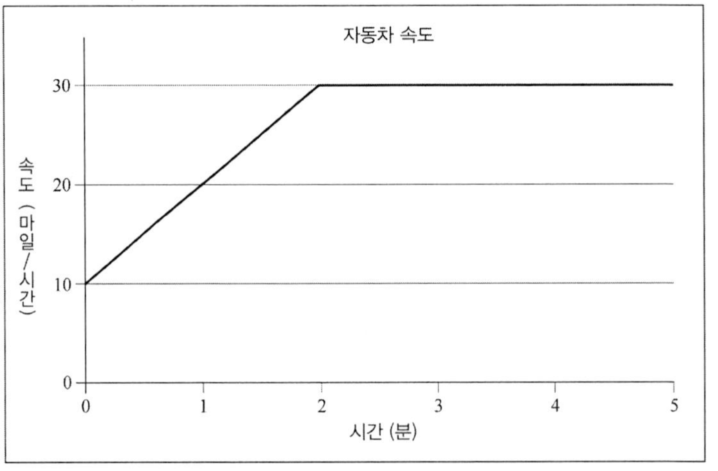

[그림 4.2] 자동차 속도(Monk, 2003, p.251 수정)

이런 그래프를 이해하는 데 있어 중요한 기능은 그래프를 이해하는 데 필요 없는 속성들을 숨길 수 있는가이다. Leinhardt와 그의 동료들(1990)은 앞에서 논의된, 그래프를 이해하는 데 있어 두 가지의 주요한 초점(국소적, 전반적)을 규명하였다. 전반적인 초점은 본질적으로 좀 더 질적이고 함수의 변수들 간의 전체적인 관계를 설명한다. 이러한 초점은 "큰 그림"으로 전달되는 것처럼 그래프의 의미에 초점을 둔 것이다. 국소적 초점은 그래프에 대한 개별적인 요소-기울기, 높이, 범위, 등-에 고정된다. 그래프를 이해한다는 것은 종종 이 두 가지 관점을 모두 필요로 한다. 그러나 저학년 수업은 보통 그래프를 전반적으로 다루지 않으므로, 학생들의 이러한 능력을 계발하도록 돕는 것은 중등학교 교사의 중요한 기능이 되고 있다.

구체적으로 살펴보면, 그래프를 이해한다는 것은 전반적인 관점과 국소적인 관점에 해당하는 질적, 양적이라는 두 가지 일반적인 형태가 있다. 질적인 이해는 두 변수 사이의 관계나 공변량을 이해하기 위하여 그래프의 전체적인 개형에 초점(전반적인 관점)을 두는 반면, 양적인 이해는 그래프로부터 양을 찾아내는 것에 초점을 둔다(국소적인 관점)(Leinhardt, Zaslavsky, and Stein, 1990).

자동차 속도에 대한 Monk의 그래프에서 질적인 질문은 기울어진 직선과 수평인 직선의 의미를 비교하거나 어떤 선분이 '곧게 뻗어있다'는 의미를 설명하면서 그래프의 형태에 초점을 두는 것이다. 양적인 질문은 1분, 3분, 5분일 때 자동차의 속도를 비교하거나 $t = 2$일 때 어떤 일이 생길지 설명하라는 것이다. ($t = 2$일 때 자동차가 멈춘다고 답하는 학생도 있는데, y축이 거리나 위치가 아닌 속도임을 알고 있으면서도 그와 같이 답하기도 한다.)

[그림 4.2]의 그래프에 대한 다음의 질문에 답하기 위해서는 그래프의 특정 요소에 대한 내적인(국소적, 양적) 초점과 좌표계와 그래프의 전체적인 의미에 대한 외적인(전반적, 질적) 초점이 모두 필요하다.

1. 그래프 상의 두 직선은 무엇을 의미하는가? 기울어진 선분의 속도와 수평인 선분의 속도를 비교하여라. (전반적)
2. 사람들은 그래프 상의 직선의 의미에 대하여 잘못 이해하기도 한다. 직선 구간이란 변화가 없다는 것을 의미하는가? 기울어진 구간과 수평인 구간은 의미가 어떻게 다른가? 그래프 상의 이런 직선들이 좀 더 "물결치듯이" 그려지기 위하여 자동차는 어떻게 움직여야 하는가? (전반적)
3. $t = 0$일 때와 $t = 3$일 때 자동차의 움직임을 어떻게 비교할 수 있는가? 그래프가 시속 10마일로 시작되는 것은 무엇을 의미하는가? 자동차는 $t = 0$일 때 시간당 10마일로 갈 수 있는가? $t = 6$일 때 자동차의 속도는 얼마인가? (국소적)
4. $t = 2$일 때 어떤 일이 발생하는가? 자동차가 멈추는가? $t = 0$일 때 어떤 변화가 있는가? 자동차가 멈추는가? 이 그래프가 나타내는 자동차에 타고 있다면 어떨지

(단 몇 줄이라도) 짧은 글을 써 보아라(국소적, 전반적).

그래프에 대한 이해를 통해 길러지는 두 가지 뚜렷한 시각-국소적과 전반적-은 학생들의 공변 관계 이해에 도움을 주는 역동적인 수학적 표현인 그래프 이용을 배우는 데 도움을 준다. 이와 같은 사례는 그래프가 단순하게 간단한 값을 포함하는 하나의 직선으로 구성되어 있어 그래프에 대한 학생들의 이해를 진단하고 형성하는 데 유용하다.

동시에 이 그래프는 국소적인 수준과 전반적인 수준에서 모두 그래프를 해석하는 사고가 필요하다는 점에서 충분히 복잡하다. 이와 같은 예제와 비슷하면서 간단한 시나리오는 직접 실연해 볼 수도 있다. 이런 경우 적당한 속도는 시간당 3마일이거나 초당 한 발자국이다.

학생들이 그래프에 대하여 국소적으로 그리고 전반적으로 유의미하게 이해하게 되면, 표나 설명과 같은 다른 표현들도 만들 수 있게 된다. 또한 그래프가 아닌 함수의 표현을 이용하여 그래프를 그리고, 그 그래프를 해석하게 함으로써 학생들의 주요 아이디어에 대한 이해도를 평가할 수 있다. 이와 같은 예제는 두 함수를 표현하는 그래프를 얼마나 이해할 준비가 되어있느냐를 알려준다는 점에서 유용하다.

2) 거리가 주어졌을 때, 두 자동차를 비교하기

Monk(2003)는 그래프를 두 변수 사이의 공변을 나타내는 동적인 도구로서보다 하나의 그림으로 해석하는 오개념을 평가하고 지도하기 위하여 자동차 속도에 대한 선수 학습 예제를 고안하였다. 이 예제는 그래프의 의미에 대하여 약간의 개념을 가지고 있고 공변에 대하여 초급 수준의 이해를 가진 학생이 좀 더 복잡한 관계를 해석하는 데 이러한 지식을 이용할 수 있는지를 판별할 수 있는 기회가 된다.

McDermott, Rosenquist, van Zee(1987)는 그래프를 물리적 개념과 연결시키는 데 어려움을 겪는 학생들을 연구하였다. 연구 결과, 학생들은 시나리오에 제시된 물리적 경험보다 그래프를 해석하지 못하는 것에서 더 어려움을 겪는 것으로 나타났다. [그림 4.3]에서 학생들은 두 대의 자동차의 속도를 나타내는 직선을 관찰하면서 점의 좌표, 점의 좌표들 사이의 차이, 직선의 기울기에 초점을 두어 정보를 알아내려고 할 것이다. 학생들은 그들이 알아낸 정보를 이용하여 그래프의 특징을 결정하려고 노력할 것이다.

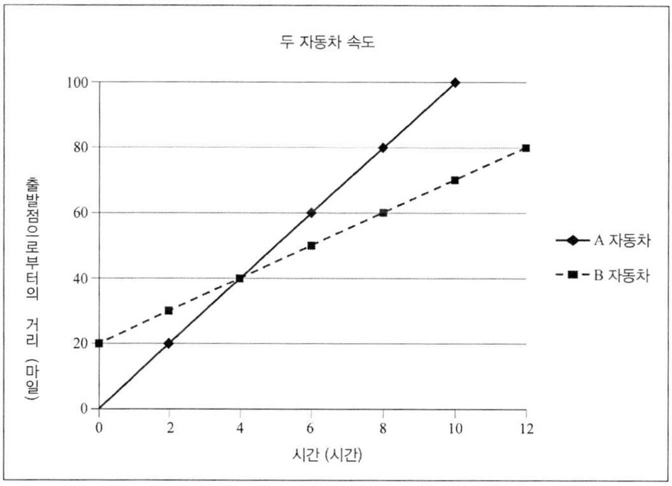

[그림 4.3] 같은 도로 위에서 같은 방향으로 이동하는 자동차 두 대의 주어진 지점으로부터의 거리. (McDermott, Rosenquist, van Zee, 1987 수정)

이 예제의 새로운 그래프는 자동차 한 대가 아닌 자동차 두 대를 비교한다는 점에서 자동차 한 대의 속도를 나타낸 앞의 그래프와 다르다. 두 번째 자동차가 있다는 것은 난이도 면에서 새로운 수준이다. 더욱이 새로운 상황에서 세로축은 속도가 아니라 거리이고, 두 대의 자동차에 대한 그래프는 한 대의 자동차를 다룬 앞의 사례에서 간단하게 해석되는 꺾은 선이 아니라 직선이다. t인 순간에 A자동차와 B자동차가 이동한 거리 등에 대한 학생들의 이해를 조사하는 문제는 논리적인 출발점이 된다.

또한 첫 번째 예제에서 제안되었던 질문 중 일부는 이 예제에서도 똑같이 활용될 수 있다. 예를 들어, 특정 시간 전후에 A자동차나 B자동차에는 어떤 일이 발생하였고, 시각 t일 때 자동차의 속도는 얼마인가? McDermott, Rosenquist, van Zee(1987)에 따르면 이런 식으로 움직이는 두 대상을 비교하는 것은 학생들로 하여금 속도와 거리를 혼란스럽게 한다.

학생들에게 몸풀기 문제를 초반에 제공한 후, 비교하는 문제를 많이 제시하면 학생들이 그래프를 탐구하고 그래프에 대하여 더 깊게 파고들어가는 데 도움을 받는다. 다음 질문은 학생들의 예상 답안에 대한 관찰을 담고 있다.

1. $t=2$일 때 어떤 일이 발생할지 설명하여라. 어떤 자동차가 더 빠른가? 그것을 어떻게 설명할 수 있는가? 어떤 자동차가 더 멀리 갔는가? 두 대의 자동차는 얼마나 멀리 떨어져있는가?

학생들은 $t<2$일 때 B자동차의 속도를 나타내는 직선이 A자동차의 속도를 나타내는 직선보다 위에 있기 때문에 B자동차가 더 빨리 간다고 착각할 수 있다. 어떤 학생은 B자동차에 대한 그래프가 A자동차에 대한 그래프보다 위에 있기 때문이라고 하거나 $t=0$일 때 상황이 명확하지 않기 때문에, $t=2$일 때 B자동차가 더 멀리 갔다고 설명한다.

2. 자동차들은 같은 속도로 움직이는가? 언제 같은 속도인가? 그래프가 이런 상황을 어떻게 나타내고 있는지 설명하여라.

학생들은 $t=4$일 때 자동차의 속도가 같다고 답한다. 이런 학생들은 두 자동차의 속도를 나타내는 그래프의 기울기가 같지 않으므로 두 자동차의 속도도 같을 수 없다는 것을 인지하지 못한 것이다. 이런 경우에, 학생들은 그래프에서 "높이"가 이동거리를 나타낸다는 것을 알지 못했을 것이다.

3. $t=0$일 때 자동차들의 위치를 설명하여라. 이 순간에 자동차의 속도를 어떻게 설명할 수 있는가?

B자동차는 A자동차와 같은 장소에서 출발하지 않는다. 이런 점은 때때로 학생들에게 혼란스러울 수 있다. $t=0$일 때 어떤 자동차가 더 빨리 달리고 있는가? $t=0$일 때 두 자동차의 위치를 비교하여라. 학생들이 놓치지 말아야 하는 중요한 개념은 모든 그래프가 원점을 지나지는 않으며, 그래프가 원점을 지나지 않는 것(혹은 지나는 것)이 무엇을 의미하는지 해석해야 한다는 것이다. 위의 경우, B자동차는 20마일 앞에서 출발한다는 의미이다.

4. 한 자동차가 다른 자동차를 추월하는가? 언제 추월하는가?

학생들에게 이 질문을 하기에 앞서 생각해볼 것이 있다. [생각해보기 4.2]는 4번 질문과 5번 질문을 함께 생각할 수 있게 한다.

생각해보기 4.2

교실에서 두 대의 자동차 그래프에 관한 예제를 설명할 때 어떤 학생이 다음과 같이 질문을 한다고 가정하여라. "한 자동차가 다른 자동차를 추월할 수 있어요? 두 자동차가 같은 거리를 운행한 순간이 있나요? 그때는 언제인가요?" 여러분이라면 이 학생에게 어떻게 답할 것인가?

$t=4$일 때 두 자동차는 주어진 지점으로부터 40마일 떨어져 있으므로, 두 자동차는 확실히 만날 것이다. 정확하게 답은 하였지만 $t=4$일 때 두 자동차의 속도가 같다고 답한 학생을 생각해 보아라. 학생들이 $t=4$일 때 자동차의 위치를 정확하

게 알아냈다고 해서 자동차의 속도를 정확하게 이해하고 있다고 확신할 수는 없다. 자동차의 속도는 일정하고 두 자동차의 속도는 다르기 때문이다. 이 질문에 대하여 올바른 답을 할 수 있도록 그래프를 해석하는 것은 전반적 이해에 달려있다.

5. 두 자동차가 같은 거리를 운행한 순간이 있는가? 그때는 언제인가?

$t=4$일 때 두 자동차가 같은 거리를 운행했다고 제안한 학생은 t의 좌표에 초점을 맞추고 있는 것이다(국소적 이해). 그러나 $t=4$일 때 A자동차는 40마일을, B자동차는 20마일을 이동하였다. 학생들은 그래프를 전반적으로 이해할 때 이 사실을 알게 된다. 그래프에서 두 자동차가 같은 거리를 움직인 시간은 $t=0$일 때 뿐이다. "두 자동차가 같은 거리를 움직인 시각은 언제인가?"라는 질문은 국소적인 관점과 전반적인 관점을 통합할 수 있도록 한다. 이 질문은 A자동차는 $t=4$일 때 40마일을 움직였고 B자동차는 $t=8$일 때 40마일을 움직였다는 답을 끌어낼 수도 있다.

국소적 특성에 초점을 맞춘 질문과 전반적 특성에 초점을 맞춘 질문을 구분하는 것은 어려움을 겪고 있는 학생들에게 도움이 될 수 있을 것이다. 학생들의 이해 정도를 평가하고 학생들의 이해를 돕는 경험을 제공하기 위하여 추가적인 예제를 사용할 수 있다. 예를 들어, [그림 4.3]의 세로축을 "출발점으로부터의 거리"에서 "시속"으로 바꿀 수도 있다. 또는 학생들이 바닥 위에 그려진 그래프 위의 거리를 보폭으로 측정하는 모델링을 통하여 적절한 예제를 만들 수 있도록 값을 조정할 수도 있다.

이러한 예제는 학생들로 하여금 시간과 거리를 나타내는 그래프로부터 속도를 해석하도록 할 뿐 아니라 두 자동차의 단위 비율(속도)을 비교하게 한다. 학생들은 그래프 표현으로부터 두 자동차의 단위 비율이 상수임을 알아야 한다. 두 자동차에 대한 예제를 다루면서 학생들은 그래프에 대하여 국소적 이해와 전반적 이해를 할 수 있는 능력을 강화해야 하고, 추가적으로 표현을 만들어 이들 사이를 능숙하게 변환하며 활용할 수 있어야 한다.

3) 속도가 주어졌을 때, 두 자동차를 비교하기

다음 예제는 다른 관점에서 두 자동차의 속도를 살펴본 것이다. A, B자동차가 동시에 같은 장소에서 출발하여 한 시간 동안 같은 길을 달린다고 가정하자. A자동차와 B자동차의 움직임은 [그림 4.4]와 같다. Clement(1989)와 Monk(1994)에 따르면 $\frac{1}{4}$시간(국소적 관점)에 자동차의 속도를 정확하게 읽을 수 있는 학생이 주어진 시간동안(전반적 관점) 자동차의 상대적 위치를 설명하는 데는 종종 어려움을 겪기도 한다.

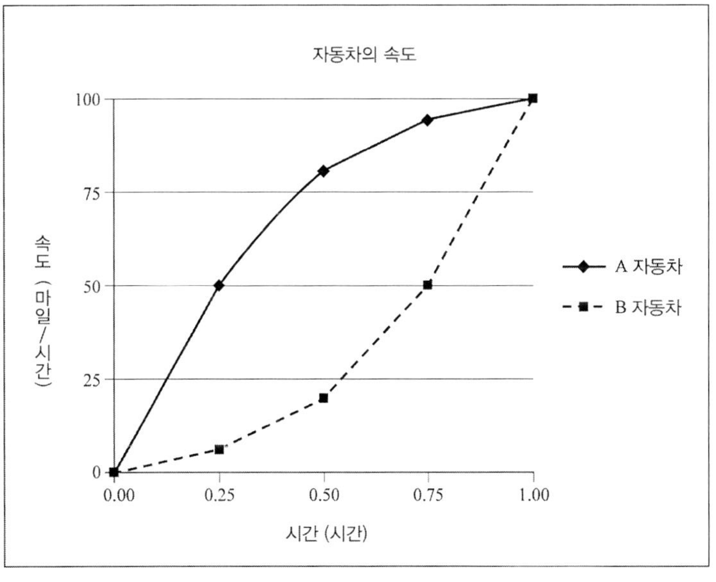

[그림 4.4] 다른 관점(속도)으로 두 자동차를 비교하기

이 예제에서 학생들은 보통 x축의 시간 척도가 세로축의 속도만큼 골칫거리임을 거의 알아차리지 못한다. 몇몇 학생들은

세로축을 맥락에 따라 거리로 해석하기도 하고, 속도로 해석하기도 한다. 앞에서처럼 다음은 학생들의 예상 답안에 대한 토론을 제공한다.

1. $t=0.75$일 때, 어떤 자동차가 더 빨리 달리는가?

학생들은 보통 이 값을 해석하고 속도를 그래프의 높이로 정확하게 읽는다. 그러나 정확한 응답은 단지 관계에 대한 국소적 관점을 보여줄 뿐이다. 학생들이 이 그래프에 대하여 전반적으로 이해했는지를 알아내기 위해서는 추가적인 질문이 필요할 수도 있다.

2. $t=1$일 때의 상황을 설명하여라.

학생들이 자동차들이 같은 장소에 있다고 가정하면 $t=1$일 때의 상황을 잘못 이해할 수도 있다. 학생들은 속도보다 거리에 대하여 생각할 것이다. 학생들은 또한 두 자동차가 같은 속도임을 알고 있을 것이라는 점에 주목하여라. 그런 경우는 그래프의 위치에 대하여 잘못된 전반적 이해가 그래프의 값에 대하여 올바른 국소적 이해(속도)를 덮어버린 것이다. 학생들은 안내에 따라 전반적 관점과 국소적 관점을 모두 가질 수 있게 됨으로써 이런 오개념을 떨쳐버리기 시작할 수 있다.

3. $t=0.25(\frac{1}{4})$일 때 자동차들 사이의 관계를 설명하여라.

이 질문에 답하기 위해 학생들에게는 그래프에 대한 국소적 관점과 전반적 관점이 필요하다. 그래프에 따르면 $t=0.25$일 때 A자동차는 시간당 50마일을 달리고, B자동차는 시간당 6마일을 달린다. 따라서 A자동차는 B자동차 보다 8배 빠른 속도로 달리고 있다. 이 점에서 어떤 자동차가 더 멀리까지 갔고, 학생들은 이를 어떻게 알게 되었는지 설명하게 하여라. 그리고 학생들에게 $t=0.5$일 때는 어떤 일이 생겼는지 설명하게 하여라. 학생들은 직선이 꺾였다는 것은 무엇을 나타내고, 왜 한 직선은 위로 꺾이고 다른 직선은 아래로 꺾였는지를 설명해 봄으로써 도움을 받을 수도 있다.

4. 어떤 자동차가 더 멀리 갔는가?

그래프가 이야기 속의 움직임을 묘사한 그림이라는 것은 그래프에 대하여 갖고 있는 주요 오개념이다. 이런 방식으로 그래프를 이해하려는 경향은 학생들로 하여금 자동차들은 같은 거리를 달렸고 그래프의 높이가 그 주장을 뒷받침한다는 생각을 하게 한다. 학생들이 그래프에 대하여 전반적 관점과 국소적 관점을 오가도록 하고, 그래프의 개별적인 요소에 대한 국소적인 값들(예를 들어, 축과 점의 값과 단위)과 전반적인 시사점(구부러진 직선, 위로 꺾인 직선과 아래로 꺾인 직선, 두 변수의 공변량의 의미)에 번갈아 가며 초점을 맞추도록 지도함으로써 이러한 오개념을 다룰 수 있다.

5. 자동차들이 서로 가장 가까워졌을 때는 언제인가?

그래프가 $t=1$일 때 자동차들이 같은 위치에 있다는 것을 보여주지는 않으므로 이 질문은 논리적인 것처럼 들린다. 이러한 관계를 예상하기 위한 첫 번째 단계는 두 자동차의 그래프의 개형에 초점을 맞추는 것이다. 첫째, A자동차는 B자동차보다 얼마나 오랫동안 빨리 달리는가?(대략 1시간) 전체 시간 동안 A자동차는 B자동차보다 내내 빨리 달리기 때문에 두 자동차가 가장 가까워져있는 것은 $t=0$일 때이다. 이 질문에 올바르게 답한 학생이라도 그 표현을 이해하지 못했을 수도 있음에 주목하여라. 예를 들어, 그래프가 그 값에서만 만나기 때문에 학생들은 $t=0$이라고 답했을 수도 있다. 그런 경우 학생들은 $t=1$일 때도 가능하다고 답할 수도 있다. 표현에 대한 국소적 이해와 전반적 이해를 이용하여 지도함으로써 학생들이 그래프에 대하여 좀 더 견고하게 이해할 수 있도록 돕는다.

전반적인 관점은 A자동차가 $\frac{3}{4}$시간 시간당 50마일 이상, B 자동차가 $\frac{3}{4}$시간동안 시간 당 50마일 이하로 달렸음을 나타낸다. 그런 초점은 A자동차가 전체의 절반 시간 동안 시간당 75 마일이상의 속도로 달린 반면, B자동차는 마지막 8분까지도 그 속도에 도달하지 못했음을 보여준다. 따라서 자동차들이 이동한 거리를 예상할 수 있다. 이 활동에 이어지는 재미있는 후속 활동으로, 속도와 시간으로부터 자동차의 이동거리를 그래프로 나타내는 것을 들 수 있다.

4) 두 명의 보행자

Monk(2003)의 연구 결과에 나오는 또 다른 예는 증가율과 감소율을 비교하는 것이다. 다음과 같은 상황에 놓여 있는 두 명의 보행자 Amanda와 Joe가 있다.

나란히 서있던 Amanda와 Joe가 동시에 평행선을 따라 걷기 시작한다. Amanda는 큰 보폭으로 걷기 시작하여 걸을 때마다 보폭이 작아진다. Joe는 작은 보폭으로 걷기 시작하여 걸을 때마다 보폭이 커진다.

학생들에게 Amanda와 Joe의 걸음 수와 보폭의 크기를 나타낸 [그림 4.5a]를 표로 제공한 후, 두 사람의 도보 여행에 대하여 설명하게 한다. 학생들이 [그림 4.5b]와 같이 여행에 대한 그래프를 만들기 전에 학생들에게 두 여행을 시연해 보게 한다.

걸음 수	보폭의 크기(ft)	
	Amanda	Joe
1	3.00	0.0
2	2.75	0.5

3	2.50	1.0
4	2.25	1.5
5	2.00	2.0
6	1.75	2.5
7	1.50	3.0
8	1.25	3.5
9	1.00	4.0
10	0.75	4.5

(a)

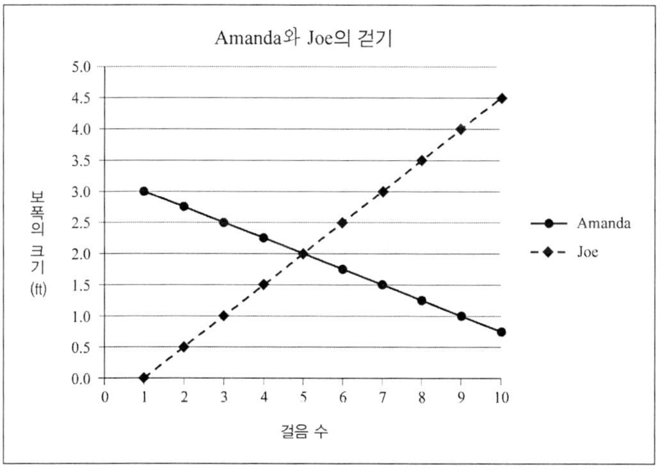

(b)

[그림 4.5] Amanda와 Joe의 각 걸음 수에 따른 보폭의 크기: (a) 표, (b) 그래프(Monk, 2003, p.253)

이 예제는 두 그래프에 대한 단위 속도가 변한다는 점에서 두 자동차의 속도의 예와 비슷하지만, 하나는 증가하고 다른 하나는 감소한다는 점에서는 차이가 있다. 증가율과 감소율에 대한 그래프를 소개하는 것은 일차함수 그래프로부터 단위 속도를 이해하는 데 어려움을 겪고 있는 학생들에게 도전 의식을 북돋우면서 복잡함을 더하게 된다. 이 예제는 실연 전략을 쉽게 활용할 수 있다. 학생들은 직접 Amanda와 Joe의 여행을 시연해 보면서 자신의 짝과 함께 그 내용을 기록하고 이를 그래프로 그리는 등의 활동으로부터 도움을 받을 수 있다.

학생들은 이 새로운 예제를 통해 다른 속도로 움직이는 두 대상을 비교해볼 수 있다. 이 예제는 학생들이 두 변수 사이의 관계를 살피는 활동은 느긋하게 할 수 있도록 하면서 한 단계 더 나아갈 수 있도록 한다. 학생들은 처음에 두 여행에 대한 그래프를 그린다. 구조화된 질문들에 답하면서 그래프에 대한 주요한 요소들에 초점을 맞추도록 도움을 받는다. 다음 질문들은 학생들의 예상 답안에 대한 관찰과 함께 제시된다.

1. Amanda와 Joe의 여행은 어떤 것 같은가? (전반적)

표에 제시된 값을 그래프로 나타내기 전에 학생들은 그래프의 개형과 전체적인 특성을 추측해 봐야한다(전반적 관점). Amanda의 걸음은 보폭의 크기가 점점 작아지고 있기 때문에 어떤 학생들은 Amanda의 여행에 대한 그래프가 걸음 수가 증가함에 따라 아래로 내려가고, 반면에 Joe의 그래프는 올라갈 것이라고 생각할 수도 있다. (그런 학생들의 이해를 명료하게 하고 확장하기 위하여 학생들에게 그래프가 올라가거나 내려가는 상황을 만들어 보도록 한다.) 학생들은 일단 Amanda와 Joe의 여행을 그래프로 그리고 나서, 그래프를 왜 그렇게 그렸는지, 이러한 그래프의 모양은 무엇을 의미하는지 설명해야 한다. 예를 들어, 각각의 걸음은 왜 직선으로 표현되는가? 한 개의 그래프는 왜 위로 기울어지고 다른 그래프는 왜 아래로 기울어졌는가?

2. 다섯 번째 걸음인 $s=5$일 때 무슨 일이 생기는가? (국소적)

두 여행에 대한 그래프는 $s=5$일 때 만난다. 이러한 사실에 학생들이 주목하게 하고, 이것에 대하여 질문하는 것은 중요하다. 만난다는 것은 무엇을 의미하는가? 이때 누가 더 멀리 갔는가? 누가 더 빨리 걷고 있는가? 이런 경우에 전반적 질문의 초점은 그래프가 어떤 개형이고 교점의 의미가 무엇인지와 같은 그래프의 일반적인 개형에 관한 것이다. 국소적 질문의 초점은 점들의 개별적인 값(예를 들어, 두 여행자가 $s=5$에서 보폭의 크기가 같기 때문에 그 점에서 그들의 속도가 같은지에 주목하는)과 교점, 직선의 기울기가 될 것이다.

3. $s=1$일 때 Joe에게 무슨 일이 생기는가? (국소적)

$s=0$인 경우에 대하여 질문하여라. 학생들은 이 경우에 자주 혼란을 일으키기 때문이다. $s=0$일 때 Joe와 Amanda가 하는 활동과 이것이 그래프에서 어떻게 표현되는지를 확인하여라. $s=0$일 때 Joe와 Amanda의 위치는 어디인가? $s=0$일 때를 이해하기 위해서는 전반적인 관점과 국소적인 관점이 모두 필요하다. 이 예제에서 걸음은 이산적이다. $s=0$일 때, 한 걸음도 걷지 않았다. 따라서 아직 아무 일도 일어나지 않았다. 그럼에도 불구하고 이러한 지식은 $s=1$일 때 일어나는 일을 이해하는 데 유용하다. Amanda의 걸음은 3피트이고 Joe의 걸음은 0피트이다. 국소적으로 볼 때, Joe의 걸음은 $s=0$일 때 그의 보폭과 다르지 않다. 그러나 전반적으로 볼 때, 그의 초기 걸음은 $s=0$을 지나야 의미가 있다. $s=0$일 때 Joe와 Amanda는 얼마나 떨어져 있는가? $s=1$일 때는?

4. 누가 더 멀리 갔는가? (국소적과 전반적)

어떤 학생은 Joe의 여행을 나타낸 그래프가 더 높기 때문에 자동적으로 Joe가 더 멀리 갔다고 답할 것이다. 이 답은 맞다 -Joe는 더 멀리 갔다- 그러나 이유는? 그래프의 높이는 걸음 수를 나타내는 것이지 거리를 나타내지 않는다. 질문 2는 $s=5$일 때 상황에 대하여 묻고 있다. 그렇다면 Amanda와 Joe는 얼마나 멀리 갔는가? Amanda와 Joe는 $s=10$일 때 얼마나 멀리 갔는가?

5. $s = 7$일 때 누가 더 앞에 가고 있는가? (국소적)

7번째 걸음에서 Amanda는 더 앞에 있다. 이 지점에서 Joe와 Amanda는 얼마나 멀리 떨어져 있는가? Amanda는 15.75피트를 걸었고, Joe는 10.5피트를 걸었다. 그들은 8번째 걸음에서 7번째 걸음과 비교하여 좀 더 가까워졌는가? 멀어졌는가? Joe가 따라 잡았다. 8번째 걸음에서 Amanda는 17피트를 걸었고 Joe는 14피트를 걸었다.

6. Amanda와 Joe의 걸은 거리가 같아지는 때는 언제인가? Joe는 Amanda를 따라 잡을 수 있는가? (국소적, 전반적)

학생들은 Amanda와 Joe의 역할을 실연해보기 위해 소집단을 만들 수 있다. 그들은 바닥에 테이프를 붙이고 로프나 다른 재료들을 이용하여 보폭을 잴 수 있다. 학생들은 평행선을 따라 걷는 Joe와 Amanda 여행을 모델링할 수 있음을 발견하고는 놀랄 것이다. 두 명의 학생이 Joe와 Amanda의 역할을 맡고 있는 동안 다른 학생이 걸음 수를 큰 소리로 말할 수 있다. 학생들은 $s = 0$일 때와 $s = 1$일 때 좀 더 특별한 주의를 기울이게 된다. 실생활에 적당한 크기의 그래프로 이러한 상황을 모델링하는 것은 학생들에게 강렬한 경험이 되고 그 결과는 많은 학생들을 놀라게 할 수 있다.

이 예제를 이용하여 학습하는 것은 학생들이 그래프의 유형을 구분하는 데 도움을 줄 수도 있다. [그림 4.6]의 그래프는 두 변수(거리와 걸음)의 공변량을 나타내고, [그림 4.7]의 그래프는 실제적인 활동(즉, Amanda와 Joe가 걸었던 실제 걸음을 좀 더 구체적으로 묘사함)과 좀 더 가깝게 표현한 것을 보여준다. 각각의 그래프는 Amanda와 Joe의 여행에 대한 정보를 담고 있지만 여행의 서로 다른 측면을 보여준다. 이들 그래프에서 보여주는 것은 [그림 4.5b]와 어떻게 다른가? 이 모든 그래프는 같은 정보를 담고 있는가? 그런 질문은 학생들이 이러한 그래프에 대한 이해의 깊이를 진단할 수 있도록 도울 뿐만 아니라 학생들에게 이 삽화를 그림으로 생각하는 것 이상을 할 수 있도록 돕는다. 이러한 질문들에 대하여 생각하고 답해봄으로써 학생들은 관계에 나타나는 변수들의 기초적인 공변량을 파악하는데 도움을 주는 그래프의 국소적 성질과 전반적 성질을 관찰하는 것에 참여해볼 수 있고, 이로 인해 함수에 대하여 좀 더 탄탄한 이해를 구축하게 된다.

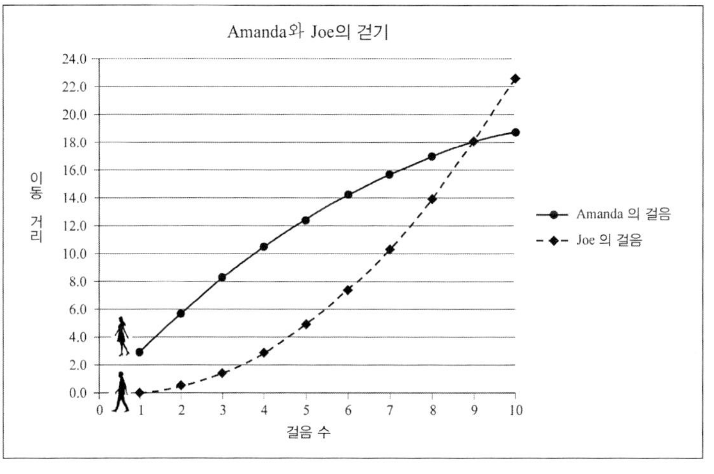

[그림 4.6] Amanda와 Joe의 걸음 수에 따른 이동 거리

이 활동은 공변량에 대한 학생들의 이해를 탐색해볼 수 있는 추가적인 질문을 제기할 기회를 제공한다. 예를 들어, Joe와 Amanda가 모두 초당 한 걸음씩 걷는다면, 걷는 데 걸린 전체 시간은 10초이다. 누가 더 빨리 걸었는가? Amanda가 Joe보다 빨리 걸었을 때는 언제인가? Joe가 Amanda보다 빨리 걸었을 때는 언제인가? 세 개의 그래프([그림 4.5], [그림 4.6], [그림 4.7]) 중에서 어떤 것이 이 질문에 답하는 데 있어 가장 큰 도움을 주는가? 이 질문에서 공변량을 나타내는 변수는 무엇인가? [생각해보기 4.3]은 세 그래프의 차이점과 유용

성, 각각의 가치에 대하여 좀 더 면밀하게 생각해 볼 기회를 제공한다.

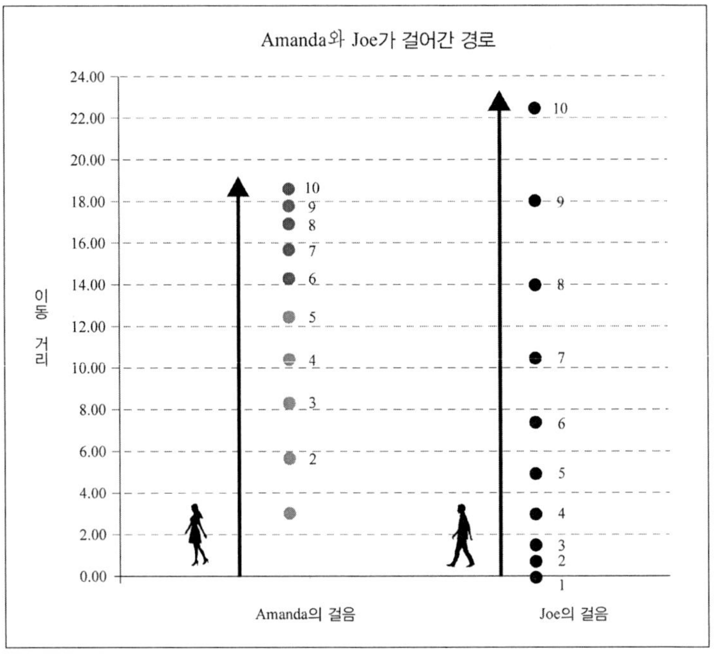

[그림 4.7] 각 걸음에 따라 이동한 Amanda와 Joe의 이동거리에 대한 점 그래프

생각해보기 4.3

어떤 학생이 다음과 같이 질문했다고 가정하자. "누가 가장 빨리 걸었는지에 대한 질문에 답할 때 어떤 그래프가 가장 큰 도움이 되었나요?" 여러분은 어떻게 대답하겠는가?

학생들이 걷는 상황에 대한 많은 표현-표, 그래프(걸음 수와 보폭의 크기, 걸음 수와 이동거리), Joe와 Amanda의 여행에 대한 삽화-을 만들거나 조사한 후에 학생들은 다음과 같은 질문에 답하면서 이러한 표현들이 제공하는 서로 다른 정보에 대하여 토론해야 한다.

- 어떤 표현이 언제 그리고 왜 다른 표현보다 더 유용한가?

- 국소적인 관점과 전반적인 관점은 모두 어떤 통찰을 제공하는가?
- 다른 표현들은 어떤 추가적인 정보를 제공하는가?

02 그래프에 대한 이해를 평가하기

다음의 예는 그래프에 대한 학생들의 이해를 평가하는 것을 도울 수 있으며, 다양한 평가 구간에서 활용하도록 변형될 수 있다. 첫 번째 세트는 학생들이 그래프를 이해하고 그래프를 이야기나 함수의 기호화된 표현과 연결시켜 구체적으로 생각할 수 있는 이야기 맥락으로 그래프를 제시한다. 그래프에 대한 두 번째 세트는 맥락을 열어 놓아 학생들이 그래프에 적합한 자신들만의 이야기를 만들고 기호적 표현을 연결시켜 보도록 한다. 학생들과 함께 그래프를 이용할 때, 국소적 관점과 전반적 관점에서 학생들에게 질문한다.

첫 번째 예제는 McKenzie와 Padilla(1986, TOGS(Testing of Graphing in Science) 평가, 16번과 17번)의 연구 결과물에서 추출하였으며, 그래프의 전반적인 속성에 대하여 학생들을 평가하거나 지도할 수 있는 효과적인 방법을 제공한다. 해바라기를 키우는 맥락에서 설정된 이 문제에서 학생들은 화분의 크기가 식물의 높이에 주는 영향을 조사한다. [그림 4.8]에서 그래프는 네 가지 가능한 결과를 제시한다. 학생들은 "화분의 크기가 커지면 식물의 높이도 커진다"와 같은 관계에 대한 설명을 제공받고, 이에 적절한 그래프를 선택하도록 요구받는다. 학생들은 예를 들어 기울기, 증가와 감소 관계, 비선형적인 관계의 의미 등에 주목하면서 그래프의 개형과 전체적인 특성과 관련하여 추가로 전반적인 관찰을 하기도 한다. 이와 같은 예제들은 그래프의 전반적인 특성과 국소적인 특성을 모두 설명하는 경험을 제공할 수 있도록 약간 변형시킬 수 있다.

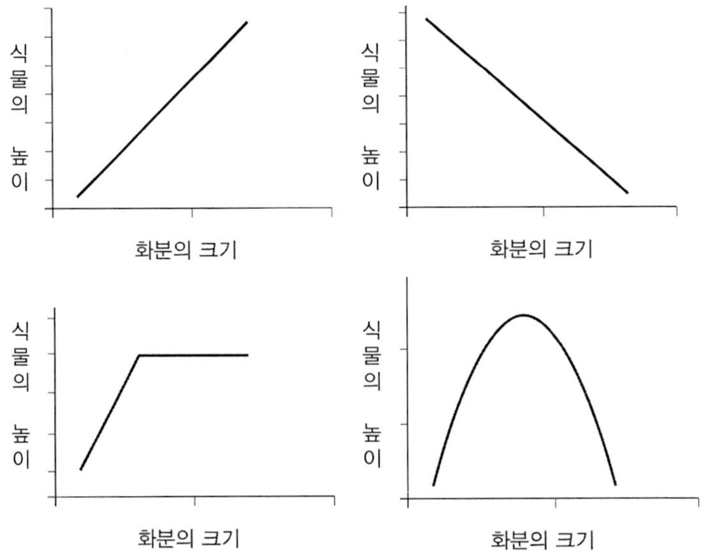

[그림 4.8] 해바라기 성장에 대한 그래프

학생들은 [그림 4.9]에 제시된 것과 같은 일련의 그래프들을 이용하여 활동하도록 요구받을 수 있다. 이러한 예제는 평가 과제를 변화시킨다. 이번에는 학생들이 그래프에 의하여 표현될 수 있는 관계와 연결되는 상황을 생각해 내는 것이 필요하다. 학생들은 독립변수와 종속변수를 파악하고 그들 사이의 관계(공변량)를 토론하고 주어진 상황에서 그래프의 최댓값과 최솟값의 의미를 결정한다(국소적과 전반적). 학생들의 전반적 이해를 평가하기 위하여 학생들에게 각각의 상황에서 맥락에 따라 그래프 개형의 의미를 설명하도록 하여라.

[그림 4.9]에서 그래프는 학생들이 그래프를 단지 그림으로 바라보는 관점에서 상황에 대한 역동적인 표현으로 이해하는 방향으로 이동하는 것을 돕는다. 그래프는 정적인 표상이 아니라 관계에 대한 표현이다. 그래프에 대한 전반적 관점과 국소적 관점 사이를 아우르는 안내된 경험이 없다면 학생들은 그래프로 표현된 함수를 이해하는 데 필요한 분석적 도구를 개발하지 못할 수도 있다. 전반적 렌즈와 국소적 렌즈를 모두 이

용하는 것의 중요성을 강조함으로써 학생들이 그래프의 의미를 이해하기 위하여 필요한 연결을 만드는 것을 도울 수 있다.

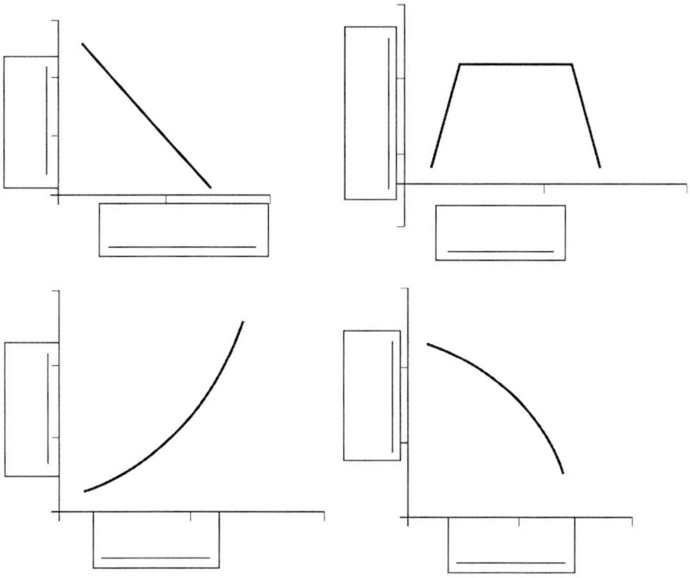

[그림 4.9] 함수의 그래프에 대한 학생들의 국소적 이해와 전반적 이해를 탐색하기 위한 빈 칸 그래프

03 결론

다음 장은 이 책의 마지막 장으로, 함수에 대한 이해의 초기 단계와 마지막 단계인 9-12학년의 이전과 이후를 앞뒤로 멀리 보게 한다. 그러나 앞뒤로 멀리 보기에 앞서, 교사는 1-4장에서 논의된 것처럼 개요-고등학교에서 교사가 학생들이 발전할 수 있도록 도와야 한다는 것에 대한 간략한 견해-에 대해 제대로 인지하고 있어야 한다.

1) 학생들에게 함수에 대한 이해를 확고하게 하기: 1장

1장의 첫 번째 이야기이자 다른 장에서도 언급된 세차 이야기에서 Ramirez 선생님은 칠판에 "함수는 한 집합의 원소에서 다른 집합의 원소로의 대응이다."라고 쉽게 적을 수도 있었다. Derek과 Marta는 그것을 받아 적고, 심지어 그 의미를 이해했다고 확신했을 수도 있다. 그러나 함수에 관한 그와 같은 접근은 함수의 유용성을 인식하고 함수에 대한 다양한 오개념을 인지-또한 거부-하는 것을 놓칠 수 있다.

대신에, Ramirez 선생님은 특별하고 구체적인 요구에 대한 실질적인 대답으로 함수를 제시한다. 그는 Derek과 Marta가 수익성 있는 모금 행사를 조직하는 도구로 함수를 사용할 수 있도록 돕고, 함수를 이용하는 다양한 직종을 모두 제시함으로써 이것을 명백하게 한다. 그는 또한 함수의 필요성을 인식시키는 활동에 학생들을 참여시킴으로써 좀 더 미묘하게 이 작업을 수행한다.

Ramirez 선생님은 곧바로 학생들에게 자신감을 갖게 하는 함수와 관련된 활동을 제공한다. 학생들은 적어도 처음에는 그의 지도에 따라 벽을 따라 다른 위치로 걸어가는 건 쉽다. 그러나 학생들을 1도 돌리고 다시 1도를 더 돌리고, 학생들의 자신감을 흔들고, 혼란스럽게 하고, 도전하게 하면서 그의 지시는 복잡해진다. 그리고 나서 그는 학생들에게 새로운 단어인 함수를 가르쳐주고 의미를 명료하게 하여 평정심을 갖게 한다.

Ramirez 선생님은 학생들을 함수 공부에 참여하게 하는 것만으로 충분하지 않다는 것을 알고 있다. 이렇게 하는 것은 그가 하는 작업의 일부에 불과하다. 그는 학생들이 공부하는 과정 중에 발생할 수 있는 많은 오개념을 알고, 직접 그것을 예상하고 각각에 직면하기 시작한다. 때로 이러한 예상은 그가 학생들에게 수직선 테스트와 같은 손쉬운 방법이나 기억 증진 장치를 가르치지 않고 제한된 환경에서 단기간에 학생들을 돕는다는 것을 의미한다. 다른 때에는 오개념에 대한 Ramirez 선생님의 예상으로 학생들에게 말할 질문들을 공들여 준비한다. 예를 들어, 함수 탐색기 활동에는 학생들이 함수가 치역의 모든 원소가 정의역의 단 하나의 원소와 대응되어야 함을 생각하는지 여부가 드러나는 예가 포함되어 있다. 만일 학생들이 어떤 관계가 함수이기 위한 필요충분조건이 역관계 또한 함수일 때라고 생각한다면, Ramirez 선생님은 학생들의 개념 발달 초기에 이 오개념을 발견하게 될 것이다.

2) 공변에 대한 새로운 이해 돕기: 2장

Derek과 Marta가 몇몇 오개념으로 시작하여 함수의 기본적인 정의를 잘 배웠을지라도, 그 정의와 관련된 자세한 사항은 여전히 학생들을 혼란스럽게 한다. 특히 공변은 쉽게 잘못 이해되거나 지나치게 단순화될 수 있다. 2장의 Derek과 Marta가 재등장한 사례에서 보면, Derek은 정의역에서 나타난 중요한 변화는 무시한 채 표의 표면적인 특징(각 항목은 비누병 5개이다)에만 주의를 기울인다. “합동 협조(joint coordination)”-동일한 대상에 대하여 두 가지 서로 다른 아이디어를 유지하는 능력-는 함수에 대하여 확고하게 이해하기 위한 전제 조건이다. Derek과 Marta가 (a) 정의역에서의 변화와 치역에서의 변화 (b) 함수에 대한 전반적인 초점과 국소적인 초점 (c) 함수에 대한 추상적인 표현과 구체적인 표현을 조직하였든 아니든, 합동 협조의 필요는 보편적인 것으로, 학생의 목록에 이러한 기능을 더하는 것은 시간과 노력을 투자할 가치가 있다.

학생의 공변에 대한 이해는 평가하기가 애매하고 어려울 수 있으나, Carlson의 틀(2002)은 이에 대해 로드맵을 제공한다. 이것은 평가를 위한 강력한 도구 이상이다. 사실, 그것은 학생들을 앞으로, 위로 향하게 도울 수 있는 계층적인 기준이다.

그러나 예를 들어, 변화의 방향(MA2)을 조정할 뿐만 아니라 다음 목표인 변화의 양(MA3)을 조정할 수 있는 능력이 학생들에게 있다는 것을 알아차릴지라도, 학생들의 공변에 대한 이해의 수준을 한 단계 높게 만드는 코스를 나타내는 것은 여전히 어려울 것이다. 2장에서는 학생들이 Carlson의 틀의 상위 수준으로 학생들을 변환시키는데 도움이 될 수 있는 과제, 질문, 시나리오를 제공한다.

3) 자연스러운 활동으로 함수의 결합, 합성, 변환하기: 3장

Derek과 Marta는 대수적 함수는 종종 입력값을 대상으로 수행한 연산임을 쉽게 이해한다. 예를 들어, $f(x)=2x+3$은 입력한 값에 2를 곱한 후에 3을 더한 것을 의미한다. 그러나 3장에서 세차에 대한 또 다른 사례는 Marta와 Derek에게 함수는 다른 함수의 입력이 될 수 있다는 중요한 사실을 제시한다. 마치 실수를 다루는 것처럼 하나의 함수를 다른 함수로 평가할 수 있다. 함수 자체를 그 자신의 함수의 입력으로 사용할 수 있다. 이전에 실수에서만 사용하던 종류의 연산을 함수를 결합하는데 사용할 수 있다.

그러한 인식은 함수에 대한 더 많은 호기심과 의문을 가져오고, Ramirez 선생님은 학생들이 세차를 용이하게 하기 위한 새롭고 강력한 응용을 발견하도록 지도한다. 동시에, 학생들의 이해의 증가는 Ramirez 선생님이 예상하고 다루어야 할 새로운 오개념을 가지고 온다. 특히, 정의역과 치역은 학생들이 공변을 이해하는 과정에서 처음에는 배경으로서의 역할을 하고, 이후에는 전면에 등장하게 된다. 이전에는 정의역과 치역은 대체로 실수 또는 자연수로 가정하였다. 정의역은 치역에 문제를 야기하지 않을 것으로 예상되었다. 이러한 함수의 그래프는 구멍이나 점근선이 없다. 그러나 학생들이 함수를 결합, 합성, 변환시킬 때는 함수의 정의역이 같음을 확신해야 한다. 함수를 나눌 때, 몫으로 나올 수 없는 값이 무엇인지 분명히 말할 수 있어야 한다.

3장에서는 함수의 결합, 합성, 변환에 대한 몇 가지 예와 교실에서 제기된 질문 두 개를 제공하였다.

1. 어떤 수가 더 이상 적용되지 않습니까?
2. 당신은 이야기의 어디에서 그 수를 찾았습니까?

첫 번째 질문은 학생들을 참여시키는데 도움이 될 수 있다. 함수에 어떤 수는 적용할 수 없거나 실제로 함수를 성립하지 않도록 할 수 있다는 생각은 절대적으로 확실한 것처럼 보이는 수학이라는 과목을 인간적으로 볼 수 있게 해 준다. 이 질문은 학생들이 함수로서 기능할 수 없도록 하는 적당한 숫자를 찾으면서 수학이라는 골리앗에 맞서는 다윗을 경험해 볼 수 있는 기회를 제공한다. 이상적인 결과는 학생들이 나중에 함수를 결합, 합성, 변환할 때 그 질문이나 이와 유사한 것을 사고 과정에 통합하는 것이다.

두 번째 질문인 "당신은 이야기의 어디에서 그 수를 찾았습니까?"는 기호적인 조작에 익숙한 학생에게 결합에 따른 결과인 대수적 표현과 그 표현이 세상에서 갖는 의미를 염두에 두도록 한다. 예를 들어, Derek과 Marta의 포스터 제작 함수에 덧붙여, 학생들은 빠르고 정확하게 항을 결합하여 다음을 얻을 수 있다.

$$(f+g)(x)=5x-\frac{5}{6}$$

그러나 학생들에게 Derek과 Marta의 이야기와 연관하여 5가 의미하는 바를 질문하는 것은 전혀 다르면서도 생산적이다. 구체적인 이야기는 추상적인 표현으로 인해 소외되는 느낌을 갖는 학생들에게 유익한 유혹이 아님을 기억하여야 한다. 그것은 또한 학생들의 이해를 확인해 볼 기회를 제공한다.

4) 학생이 함수의 그래프를 유연하게 해석할 수 있도록 돕기: 4장

본 장인 4장에서는 학생들이 종종 그래프로 표현된 이야기에 대하여 가장 문자적인 해석에 도달하는 것에 대해 제시한다. 첫 번째 사례는 세차된 차의 대수에 대한 Derek의 그래프를 Marta가 잘못 이해하고 있는 것을 보여준다. Marta의 간단하면서도 이해될 법한 실수는 위로 향하는 Derek의 그래프가 아래로 향하는 자신의 그래프 보다 생산성이 높음을 나타낸다고 가정한 것이다. 그러나 그래프가 항상 함수의 모든 것을 담아내는 그림은 아니다. 높이-시간 그래프(이러한 그래프들은 주로 이야기의 맥락에 따라 그려진 그림이다)에 대한 다양하지 않은 경험은 이러한 고정 관념과 오개념으로 이어질 수 있다.

4장에서는 몇 가지 시나리오에 대하여 그래프를 제시하고, 각각의 경우에서 그래프를 문자 그대로 해석하는 것 또한 적절하지 않음을 보여준다. 경우에 따라서는 Derek이 Marta에게 확신에 차서 했던 선언을 제시하고, 학생들에게 그것을 정당화하거나 반증하도록 할 수 있다. (“나는 Derek이 더 생산적이었다고 생각한다. 내가 옳은가? 틀린가? 자신이 생각하는 것을 같은 조 친구들에게 이야기하고 그 이유를 설명하여라.”) 이때 다시 학생들로 하여금 그래프의 전반적인 특징과 국소적인 특징을 다루게 하는 것은 유용하다. 당신의 주장을 반박하고 그래프를 올바르게 해석하기 위해 학생들은 스스로에게 “이 시나리오에서 2초 동안 무슨 일이 일어났지? 3초 동안은?”이라고 물을 수 있다. 그리고 나면 전반적 관점에 도달하여 “여기에서 변화의 방향은 무엇인가?”라고 물을 수 있다.

분명히 함수는 한 집합에서 다른 집합으로 가는 화살표, 그래프를 자르는 수직선 이상의 의미를 갖는다. 함수를 이해하기 위해서는 수많은 심적 자원과 여러 아이디어를 한 번에 조정하는 것이 필요하다. 함수를 이용하는 작업은 두뇌 훈련과 미래의 통계학자, 웹개발자 및 다른 많은 분야의 일을 위한 직업 훈련을 제공한다.

함수를 의미 있게 가르칠 수 있도록 지원하기 위해 우리가 이 책을 쓰는데 시간을 할애하는 것처럼, 함수에 대한 학생들의 이해를 증진시키기 위해 제한된 학급 시간을 많이 할애하는 것은 가치가 있다. 학습 시간의 제한으로 맥락 없는 정의, 이해가 뒷받침되지 않은 손쉬운 방법, 발생 가능한 오개념에 주의를 기울이지 않은 채 예를 지도하게 될지라도, 여기서 제시한 생산적인 맥락과 예에 관련하여 도발적인 질문을 제기하는데 시간을 사용할 것을 권고한다. 학생들이 이 활동을 힘들어할 수도 있지만, 그 결과는 즉각적으로 교실 평가에서 나타나지 않을지라도 향후에 학생이 대의를 위해 성공적이면서도 수익이 많이 남는 세차 또는 다른 프로젝트를 수행할 때 교사가 들인 노력 이상으로 나타날 것이다.

제5장
함수에 대해 되짚어보고 내다보기

이 책의 마지막 장인 5장에서는 9-12학년 학생들의 함수에 대한 필수 이해를 발전시킬 수 있는 논의의 틀을 설정하기 위해 다른 방향에서 바라보고자 한다. 첫째, 9-12학년의 학생들이 함수를 이해하고 사용하기 위한 토대를 세우는데 도움이 되는 사항을 제공하고자 중등교육 이전을 되짚어본다. 그 다음으로 중등교육 이후 학생들이 함수를 지속적으로 사용할 수 있고 함수에 대한 이해를 확장할 수 있는 방안에 대해 연구하며 내다본다. 이러한 두 관점은 함수의 해와 연속적인 증가·함숫값이 강조되는 광범위한 맥락에서 9-12학년 함수 학습을 하는데 필요하다.

01 유치원-8학년의 함수를 위한 기반 구축하기

함수는 주로 유치원-7학년에서 비형식적으로 다루어진다. [그림 5.1]은 CCSSM에 포함된 6학년을 위한 함수 관련 규준을 나타낸다(National Governors Association Center for Best Practices and Council of Chief state school Officers[NGA Cnter and CCSSO] 2010). 그러나 CCSSM은 이 규준을 "함수"라는 제목으로 기술하지 않고 "식과 방정식" 영역에 제시한다. 6학년 규준에서는 함수와 유사한 성질들을 명확히 다루고 있으며 함수 관계에 대한 사고를 시작할 수 있도록 한다.

이 규준을 충족시키기 위하여 학생들은 두 양이 어떻게 관련지어지며 변하는지, 어떻게 하나의 양이 '입력'이고 다른 하나의 양이 '출력'이 되는지, 그리고 어떻게 함수들이 그래프적으로, 수치적으로, 분석적으로 표현되는지에 대해 생각해야만 한다.

Common Core State Standards for Mathematics, 6학년
독립변수와 종속변수 사이의 양적 관계에 대한 표현과 분석 9. 실세계 문제에서 서로 관계를 갖고 변화하는 두 양을 나타내기 위하여 변수를 사용하기; 종속변수로 생각되는 양을 독립변수로 생각되는 양으로 표현하는 방정식 작성하기. 그래프와 표를 사용하여 종속변수와 독립변수 간의 관계를 분석하고 이를 방정식과 관련시키기.

[그림 5.1] 식과 방정식, CCSSM 6. EE.9(NGA Center and CCSSO, p. 44)

6학년 학생들은 다양하고 구체적인 상황에서 이러한 아이디어들을 발견하고 조사할 수 있다. 예를 들면, 다음과 같은 상황들을 탐구할 수 있다.

> Donna는 가족들의 키를 표로 만들려고 한다. 그녀는 12인치를 측정 기준으로 하여 피트와 인치 모두를 표에 기록하여 구성하였다.

f : 피트	0	1	2	3	4	5	6	7
i : 인치	0	12	24	36	48	60	72	84

[그림 5.2] Donna의 피트와 인치에 대한 표

> Donna는 남동생 Sam에게 피트의 값이 주어지면 $i = 12f$라는 식을 사용하여 대응하는 인치의 값을 구할 수 있기 때문에 함수의 한 예라고 설명하였다. Sam은 "또한 인치의 값이 주어지면, 이에 대응하는 피트의 값을 찾을 수 있기 때문에 이것도 함수가 되는 거야?" 라고 물었다.

[생각해보기 5.1]의 안내에 따라 Sam의 질문을 살펴보자.

생각해보기 5.1

다음 질문을 통하여 Sam이 명확히 하려 한 것은 무엇인가?: "인치의 값이 주어지면 이에 대응하는 피트의 값을 구할 수 있기 때문에 이것[피트와 인치 사이의 관계]도 함수가 되는 거야?"
Donna는 Sam의 질문에 어떻게 대답할 수 있는가?

이 수준에서 함수와 관련된 중요한 개념은 다음과 같다;

1. 함수는 정의역의 모든 원소가 공역의 유일한 원소와 짝을 이루는 두 집합, 즉 정의역과 공역 사이의 관계이다.
2. 치역은 정의역의 원소들과 짝을 이루는 원소를 포함하는 공역의 부분집합이다.
3. 수치들에 대한 표([그림 5.2]와 같은)는 모든 "입력"(여기서는, 피트의 값)은 "출력"(인치의 값)을 유일하게 갖기 때문에 함수로 표현될 수 있다.
4. 입력과 출력 사이의 관계는 공식으로 일반화될 수 있다(피트와 인치 사이의 관계가 음수가 아닌 값 f에 대하여 $i = 12f$로 표현된다.)

이 예에서 정의역은 범자연수 집합이다. 공역으로 서로 다른 집합을 선택할 수 있고 이 중 하나는 범자연수 집합이 될 수도 있다. 치역은 실제로 표에서 나타난 것과 같이 범자연수 집합의 부분집합이다. 즉, 12에서 84까지의 12의 배수들이다. 그러나 Sam은 흥미로운 질문을 한다. "어떤 값이 입력이고 어떤 값이 출력인가?" 이 질문에 답하는 것은 함수의 정의역가 공역에 대한 이해를 돕고, 함수의 역(존재한다면)을 탐구하는 길을 열어줄 수 있다.

앞 장에서 제안한 아이디어와 같이, 6학년 학생들이 이 규준에 충족되는 이해를 하는 것은 중학교 수준 혹은 그 이상에서 함수를 학습하는데 필요한 함수의 개념적 이해를 위한 토대가 된다. 예를 들어, 함수 $f(x)=x^2+2x-3$가 그래프, 정의역과 공역의 일부 값들로 구성된 대응표, 방정식으로 표현되는 [그림 5.3]의 예를 완전히 이해하지 못한다면 학생들은 어려움을 겪을 수 있다.

중학교 이전의 학생들은 특정 상황에 가장 적합한 표현을 쉽게 선택할 수 있도록 다양한 방법으로 함수를 표현하는 경험을 가져야 한다. 교사는 학생들이 함수의 개념과 함수의 다양한 표현 방법 사이의 차이를 이해하도록 해야 한다.

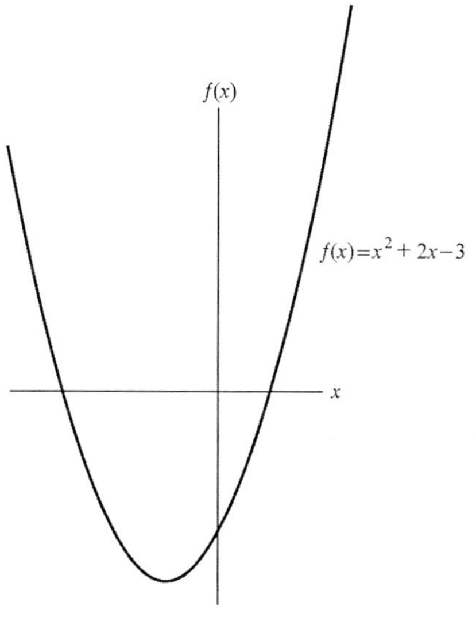

(a)

x	−3	−2	−1	0	1	2	3
$f(x)$	0	−3	−4	−3	0	5	12

(b)

[그림 5.3] 함수 $f(x)=x^2+2x-3$, (a) 그래프 (b) 대응표

CCSSM에서 함수 주제는 처음으로 8학년에 공식적으로 나타난다. 고등학교 수학은 다섯 개의 규준에 새로운 영역이 추가되어 여섯 개의 규준이 되며 "함수", "수와 양", "대수", "모델링", "기하" 그리고 "통계와 확률"로 구분된다.

[그림 5.4]는 8학년을 위한 CCSSM의 함수 규준이다.

Common Core State Standards for Mathematics, 8학년
함수 정의하기, 함숫값 구하기, 함수 비교하기 1. 함수는 각각의 입력에 대해 정확하게 하나의 출력으로 배치된다는 규칙을 해석하기. 함수의 그래프는 입력과 이에 해당하는 출력으로 구성된 순서쌍의 집합이다. 2. 각각 다른 방식(대수적, 그래프적, 대응표, 혹은 말로 설명된)으로 표현된 두 함수들의 특징을 비교하기. 예를 들면, 대응표로 표현된 선형 함수와 대수적으로 표현된 일차함수가 주어졌을 때, 어떤 함수의 기울기가 더 큰지 결정하기. 3. 그래프가 직선인 일차함수로 정의되는 방정식 $y = mx + b$을 해석하기; 일차함수가 아닌 함수의 예를 제공하기. 예를 들면, 변의 길이에 대한 함수로서 정사각형의 넓이를 나타내는 함수 $A = s^2$는 일차함수가 아니다. 이 함수의 그래프는 점$(1,\ 1)$, $(2,\ 4)$, $(3,\ 9)$을 만족하지만 이 점들은 직선위의 점이 아니기 때문이다. **양들 사이의 관계를 모델링하기 위해 함수를 사용하기** 4. 두 양들 사이의 선형 관계를 모델링하는 함수를 구성하기. 관계를 설명하거나 두 개의 순서쌍 $(x,\ y)$들로부터 함수의 기울기와 시작점을 결정하기. 모델링한 상황, 그래프나 대응표로부터 일차 함수의 기울기와 시작점을 해석하기. 5. 그래프(증가하거나 감소하는 함수, 선형 혹은 비선형 함수)를 분석하여 두 양들 사이의 함수 관계를 질적으로 설명하기. 말로 설명된 함수의 질적 특징을 나타내는 그래프 그리기.

[그림 5.4] 함수, CCSSM 8.F.1-5(NGA Center and CCSSO 2010, p.55)

처음 두 규준인 8.F.1과 8.F.2는 이전의 논의를 반영하였지만, 나머지 규준인 8.F.3-8.F.5는 함수를 조기에 이해하는 것이 중학교 학습에 더욱 도움을 줄 수 있다고 서술한다.

예를 들어 다음의 예를 고려해보자;

> 택시 회사는 $ 1.50 더하기 1/10 마일 당 $ 0.25로 요금이 책정된다고 광고한다. 3 마일을 여행한다면 택시요금은 얼마인가?

간단한 예이지만 많은 중요한 아이디어를 포함한다. 첫째,

이 상황은 독립변수로 마일을 사용하고 종속변수로 요금을 사용하는 함수를 나타낸다. 또한 정의역은 모두 양의 실수(가능한 한 10분의 1로 반올림 됨)이고 공역은 \$1.50 이상의 양의 실수로 구성되며 치역은 실제로 책정될 수 있는 요금이다.

둘째, 학생들은 이 함수를 바르게 표현하는 방법에 대한 충분한 토론을 할 수 있다. 어떤 학생들은 일차 함수를 사용하고 $f = 1.5 + 0.25(10m) = 1.50 + 2.5m$와 같이 분석적으로 표현하기 위해 논의할 수 있다. 이때 m은 이동한 거리(가능한 1/10 마일로 반올림됨)이고 f는 해당 요금이다([그림 5.5] 참조).

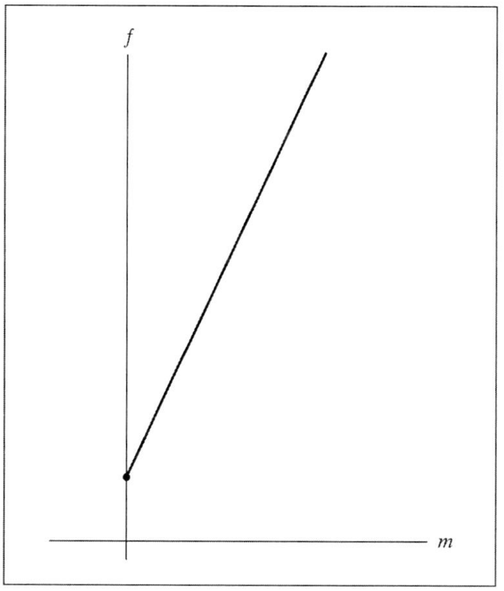

[그림 5.5] 선형함수로 표현되는 택시 요금 그래프, $f(x) = 1.50 + 2.5m$

또 다른 학생들은 0 마일에서 1/10 마일 사이의 거리를 여행하면 택시 요금이 \$ 1.50이고 1/10 마일 이상 2/10 마일 미만인 여행에서는 \$ 1.75가 될 것이므로 계단식 일차 함수임을 주장할 수 있다([그림 5.6] 참조). [생각해보기 5.2]는 [그림 5.5]와 [그림 5.6]의 그래프 사이의 차이점을 학생들과 토론하는 방법에 대해 고려해볼 기회를 제공한다.

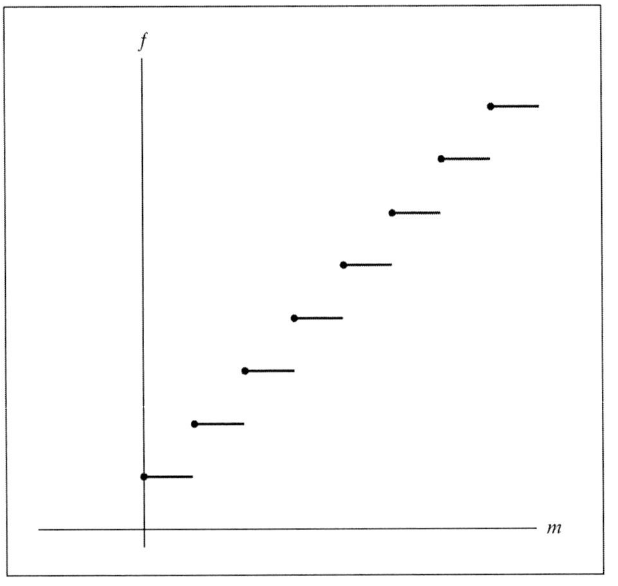

[그림 5.6] 계단식 일차 함수로 표현되는 택시 요금 그래프

생각해보기 5.2

[그림 5.5]와 [그림 5.6]은 $ 1.50 더하기 1/10 마일 당 $ 0.25로 책정되는 택시회사의 요금을 나타내는 두 가지 서로 다른 그래프를 나타낸다. 교사로서 학생들이 그래프들의 차이점을 이해하도록 도울 수 있는 방법은 무엇인가?

다음은 그래프와 관련하여 학생들에게 질문할 수 있는 유용한 몇 가지 발문이다.

1. $ 0.25 요금은 1/10 마일로 반올림 된 거리 구간에 걸쳐 동일하게 적용되는가? 또는 각 1/10 마일마다 그 끝부분에만 적용되는가?
2. 왜 택시 회사는 마일 당 2.50 달러 대신에 1/10 마일 당 0.25 달러를 광고하는가?
3. 두 모델 중 한 모델을 선택하는 것에 따른 차이는 어

떤 영향을 미치는가?

학생들은 이러한 상황에서 사용해야하는 표현의 유형에 대해 토론할 수 있다. 수식에 내재된 어려움이나 제한이 있는가? 표 만들기? 그래프는 함수를 보다 쉽고 효과적으로 표현할 수 있는가?

또 다른 예로 $6000m$ 상공의 비행기에서 뛰어 내리는 스카이다이버의 상황을 생각해보자. 처음 10초 후, 그는 일정한 속도로 떨어진다. [그림 5.7]의 그래프는 10초 간격으로 그의 고도를 나타낸다.

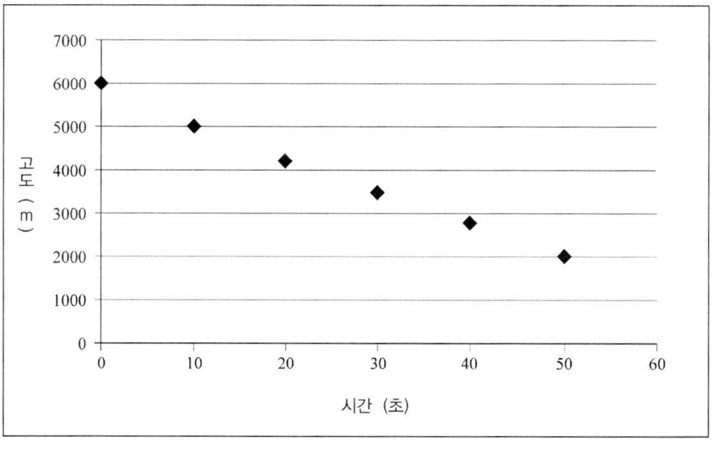

[그림 5.7] 시간에 따른 스카이다이버의 고도의 함수 그래프

처음 10초가 지난 후 스카이다이버의 고도를 시간 t에 따른 a의 함수로 설명하는 방정식은 $a = 5000 - 750t$이 된다. 규준 8.F.4에서는 학생들이 이와 같은 그래프를 탐구할 것을 권장한다. 학생들은 다음과 같은 질문에 답하기 위해 그래프를 해석할 수 있다.

1. 방정식에서 주어진 값 5000과 -750은 스카이다이버의 상황에서 무엇을 나타내는가?
2. 스카이다이버의 상황에서 6000이라는 y절편은 무엇을

나타내는가?

3. 왜 처음 10초 (1000m)의 고도 변화가 이후 10초 간격에서 고도의 변화(750m)와 다른가?
4. 방정식에서 -750이 -650 (또는 -850)으로 바뀌면 함수가 어떻게 변화하는가? 어떻게 그래프가 바뀌고 이 상황에서 그 의미는 무엇인가?

학생들에게 다양한 표현의 함수에 대하여 모든 측면을 탐구하고, 경험하고, 토론할 수 있도록 초기에 기회를 많이 제공하는 것은 매우 중요하다. 또한 이러한 경험은 함수로 나타나는 수많은 실생활의 다양한 사례들을 포함해야 한다. 함수에 대한 경험을 추상적인 "입력-출력" 기계나 그래프로만, 혹은 대응표로만 하는 학생들은 후속 학습에서 함수로 이해할 수 있는 다양한 표현을 이해하는 데 어려움을 겪을 것이다. 학생들은 함수를 나타내는 하나의 표현의 구성 요소가 변화하면 다른 표현에 미치는 영향을 예측할 수 있어야한다.

예를 들면 스카이다이빙의 예에서 학생들은 방정식 $a = 5000 - 750t$의 −750을 -650으로 변화시키면 그래프나 수치적 표현에 어떤 영향을 주는지를 결정할 수 있어야 하고(즉, 그래프의 직선 부분의 기울기를 -750에서 -650으로 변화시키기) 함수의 표에서 시간이 10초 변화할 때 고도는 -650m 변화한다는 사실을 함수표를 통해 이해할 수 있어야 한다. 교사는 학생들에게 오개념을 수정할 수 있는 기회를 제공하고 성공적인 후속 수학 학습에 필요한 깊은 개념적 이해를 구축시켜야 한다.

02 9-12학년 이후의 함수에 대한 이해 확대하기

함수는 중학교 수학 이후에서도 중요한 역할을 한다. 따라서 수학 학습의 성공적인 수행을 지속하기 위하여 학생들은 이전

장에서 제시된 아이디어에 대하여 견고한 개념적 이해를 구축하여야 한다. 함수가 무엇인지를 이해하는 것 뿐 아니라 **전사함수**, **일대일함수**, **연속함수 혹은 유계함수**와 같이 주어진 함수의 명확한 특징을 알아낼 수 있어야 한다.

예를 들어, 여섯 명의 사람이 네 개의 레스토랑을 검사하고 이 중 두 개의 레스토랑은 품질 관리를 측정하기 위하여 두 명의 사람에게 검사하도록 배정하는 상황을 모델링하는 함수를 생각해보자. [그림 5.8]은 이 상황을 나타낸다.

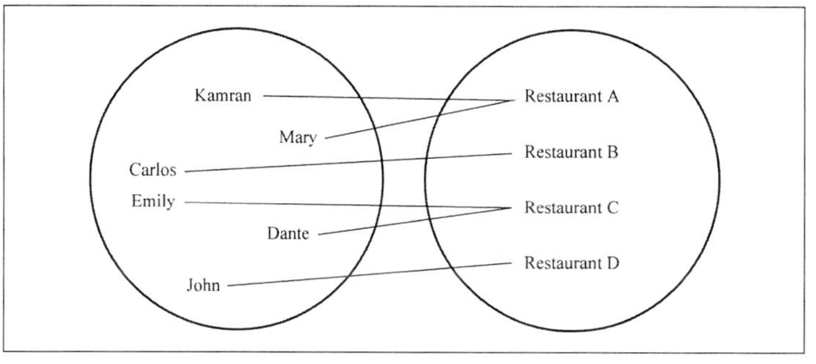

[그림 5.8] 여섯 명의 사람이 네 개의 레스토랑을 검사하고 이 중 두 개의 레스토랑은 두 명의 사람이 검사하도록 배정

이것은 전사함수이다: 공역의 모든 원소(레스토랑)에는 적어도 한 명의 검사관이 방문하므로 검사되지 않는 레스토랑은 없다. 전사함수임을 확인하는 다른 방법은 공역과 치역이 같음을 확인하는 것이다. 그러나 이 함수는 일대일함수는 아니다. 레스토랑A와 레스토랑C는 한 명보다 많은 검사관이 방문하였기 때문이다. 레스토랑A는 Kamran과 Mary, 레스토랑C는 Emily와 Dante가 방문하여 일대일함수가 아니다. 일대일함수에서는 정의역의 각 원소가 치역의 단 하나의 원소와 쌍을 이루는 것 뿐 아니라 정의역의 각 원소가 치역의 원소와 유일하게 쌍을 이루어야 한다. 품질 관리 측정을 요구하지 않았다면 이 함수는 일대일, 그리고 전사함수가 되었을 것이다.

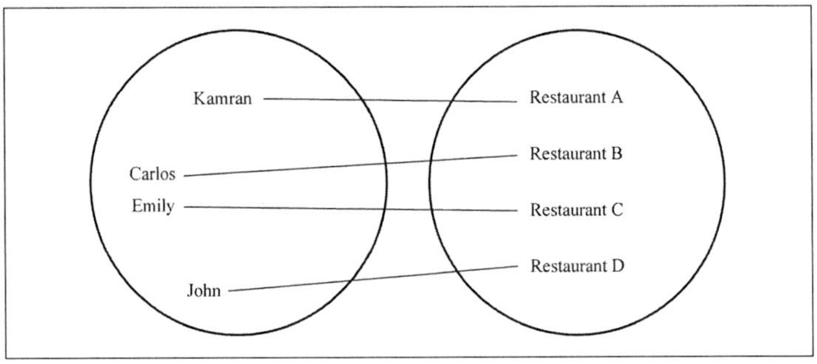

[그림 5.9] 일대일(전사)함수의 예

학생들은 일대일함수이지만 전사가 아닌 함수가 있는지 궁금해 할 수 있다. [그림 5.10]이 바로 그 예이다.

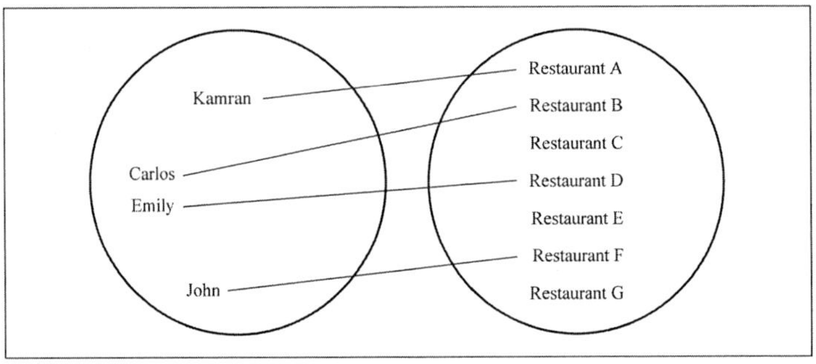

[그림 5.10] 일대일(전사가 아닌)함수의 예

모든 레스토랑이 매년 검사받지 않을 수 있으므로 위 그림의 경우와 같이 레스토랑 C, E, G은 올해 검사받지 않을 수 있다고 생각할 수 있다. 물론 어떤 함수는 공역을 제한함으로써 치역을 만들며 전사함수를 만들 수 있다.

더 높은 수준의 수학을 공부하는 학생들은 더욱 복잡한 함수, 다가함수와 직교 좌표계에서 그래프로 표현할 수 없는 함수를 다루게 된다. 그러므로 이전에 논의하였던 학생들의 오개념을 중등학교 졸업 이전에 개선할 필요가 있다.

중등학교 이후의 학교 수학에서 학생들이 마주하게 될 것은 수, 표상, 함수의 복잡성을 확장하는 것이다. 예를 들면 미적분

학에서 $f(x)$의 부정적분인 $F(x)$가 관심의 대상이 된다.

$$F(x) = \int_0^x f(t)\,dt$$

[그림 5.11]에 나타난 것과 같이 함수의 특정 값인 $F(r)$은 0과 r 사이에서 x축과 이에 해당하는 $f(x)$그래프 사이의 영역으로 생각할 수 있다. 중요한 것은 함수 $F(x)$가 다른 함수 $f(x)$를 이용하여 정의된다는 아이디어의 복잡성이다.

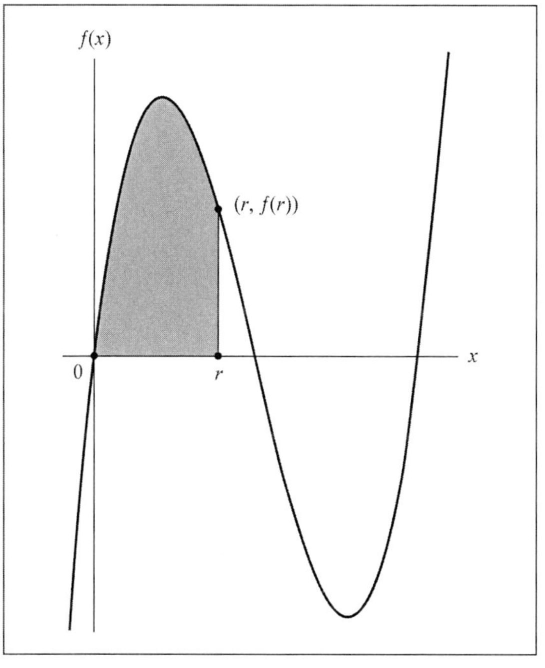

[그림 5.11] 영역 $F(x) = \int_0^x f(t)\,dt$의 설명

또는 [그림 5.12]와 같이 낙하하는 물체의 속도를 나타낸 그래프의 함수 $f(t) = 49(1 - e^{-0.2t})$을 생각해 보자. 이때, $t \geq 0$의 단위는 초이고 1초당 거리(m)를 단위로 측정하며, $f(t)$는 1초당 낙하하는 미터 단위로 측정되는 낙하물의 속도를 나타낸다.

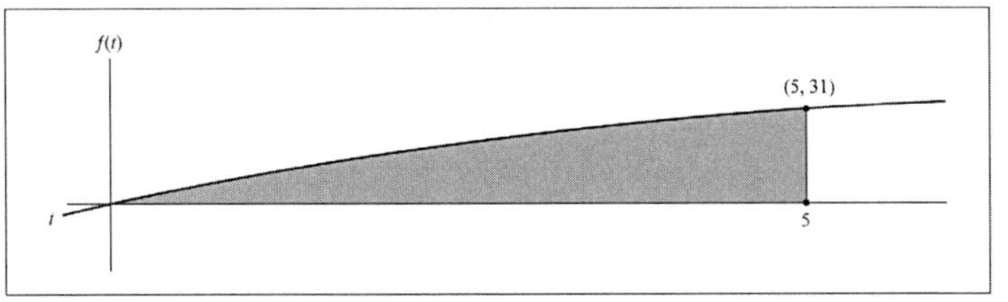

[그림 5.12] 속도 곡선의 영역으로 표현된 거리

x초 지난 후 물체가 떨어진 총 거리는 함수로 표현된다.

$$F(x) = \int_0^x f(t)\,dt$$

점$(5, 31)$은 5초 후에 물체가 1초 당 (약) $31m$의 비율로 떨어지는 것을 의미하고 $f(t)$의 그래프 아래의 색칠된 영역은 물체가 떨어진 총 거리(약 $90m$)를 나타낸다. 학생들이 함수가 **연속**인지 **유계**인지 이해하는 것과도 관계가 있다. 정확하지 않은 방법으로 연필을 사용하지 않고 그래프를 그릴 수 있기 때문에 함수 $f(t)$가 연속적이라고 말할 수 있다. 예를 들면, 쉽게 보이지 않지만 $20m$에서 $25m$ 사이의 거리에 있는 모든 지점을 통과하지 않고는 물체가 $20m$ 거리에서 $25m$ 거리까지 이동할 수 없기 때문에 $F(x)$는 연속이라고 말할 수 있다.

그래프에서 분명하지는 않지만 함수 $f(t)$는 0(초기 속도)이상 49(최종 속도)이하이므로 유계이다; 즉, $0 \le f(t) \le 49$ 이다. $F(x)$는 어떤한가? 일반적으로, $F(x)$는 0(초기 이동 거리)으로 아래로 유계지만 위로 유계는 아니다. 그러나 실제로는 $F(x)$가 초기 높이에 의해 위로 유계가 된다: 물체가 일단 한 번 떨어지면 더 이상 떨어질 수 없다.

앞의 예는 학생들이 다양한 방법으로 함수를 표현하는 경험이 얼마나 중요한지를 보여준다. [그림 5.13]은 t와 $f(t)$의 특정 값에 대한 표를 나타낸다.

이 함수의 수치적 표현에는 전혀 문제가 없다. 물체가 떨어지는 근사 거리(즉, $F(x)$의 근사값)는 표로부터 계산할 수 있다. 그러나 수치적 표현이 그래프와 동일한 효과를 갖지 않는다는 것을 알 수 있다.

t	0	1	2	3	4	5	6	7	8
$f(t)$	0	8.9	16.2	22.1	27.0	31.0	34.2	36.9	39.1

[그림 5.13] t 값에 대한 $f(t) = 49(1-e^{-0.2t})$ 값의 표

이러한 함수의 또 다른 예는 수리 통계학에서 나온다. 여기서 임의의 변수 X가 b보다 작거나 같은 값을 가질 확률은 다음과 같다.

$$F(b) = P(X \le b) = \int_{-\infty}^{b} f(t)\,dt.$$

함수 $f(t)$는 **확률밀도함수**라 하고 $F(b)$는 [그림 5.14]와 같이 $f(t)$의 그래프 아래의 영역을 나타낸 것으로 X가 정규분포의 확률 변수인 것을 예로 제시한 것이다. 함수$F(b)$는 일반적으로 **누적분포함수**라고 부른다.

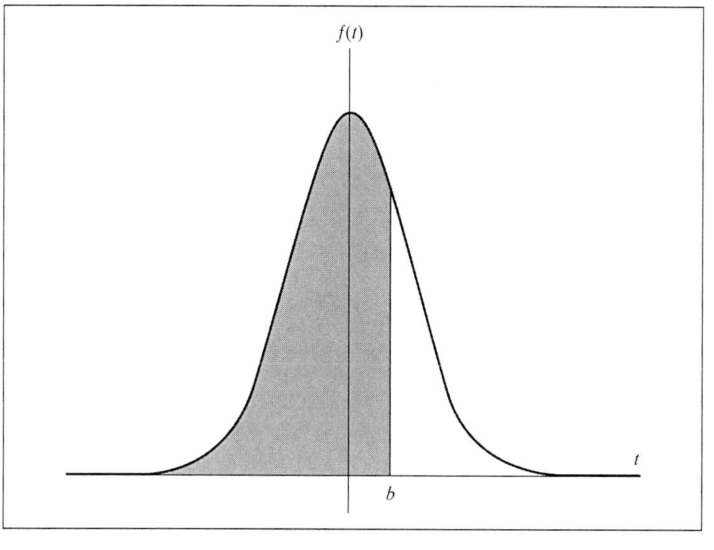

[그림 5.14] 확률밀도함수의 그래프 아래 영역인 누적분포함수

확률밀도함수는 수많은 응용을 할 수 있는데, 그 중 하나는 **프로그램평가 및 검토기법** (Program Evaluation and Review Technique: PERT)이라고 하는 프로젝트 관리와 관련된 것이 있다. 예를 들어 단독주택 건설의 기초공사에 2-5일 소요되는 경우, 프로젝트 관리자는 [그림 5.15]의 그래프로 표시된 확률밀도함수 $f(t)$를 사용하여 작업에 필요한 시간 X(일)을 모델링할 수 있다.

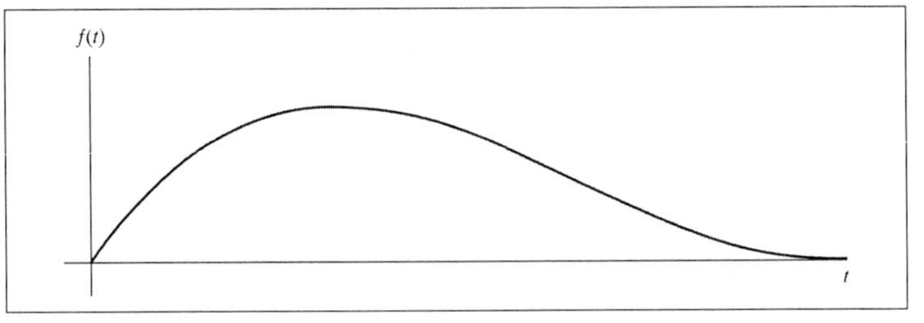

[그림 5.15] 주택 건설을 위한 확률밀도함수의 그래프

후속 작업을 계획하기 위해 프로젝트 관리자는 기초공사를 완성하는 데 걸리는 시간을 결정해야 한다. PERT 이론은 기초공사를 하는데 최대한 3일이 걸리게 된다는 확률을 알려준다. [그림 5.16]에서 그래프 아래의 색칠된 영역이 그 확률을 나타내며 그 값은 .407이다.

$$P(X \leq 3) = \int_0^1 f(t)\, dt \approx 0.407.$$

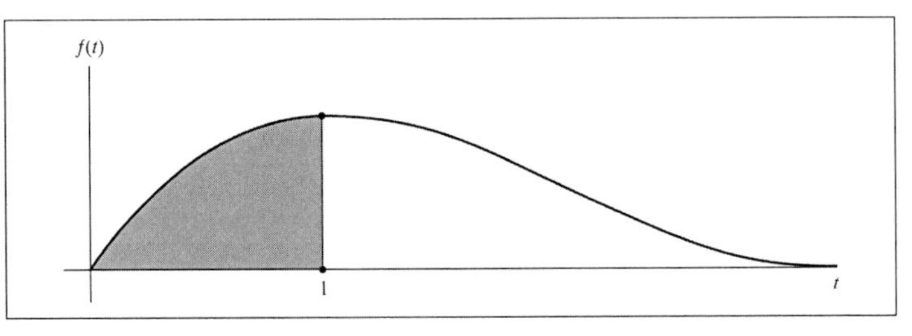

[그림 5.16] 확률밀도함수 그래프의 아래 영역으로 3일 이내에 기초공사가 완성될 확률

앞에서 언급했듯이, 우리가 강조하고 있는 점은 학생들이 확률밀도함수로부터 정의되는 누적분포함수와 같이 더 복잡한 함수의 예를 포함하는 문제를 해결할 수 있도록 함수에 대한 개념적 이해를 개발할 수 있는 충분한 기회를 가져야한다는 점이다.

2차원 곡선의 그래프가 중학교에서 일반적으로 학습되는 반면, 3차원 곡선의 표면은 더 높은 수준의 수학에서 탐구된다. 예를 들면, [그림 5.17]의 그래프는 주입된 약물의 양 x와 주입 후 경과된 시간 t의 함수로서 혈류 내의 약물 농도 $C=f(x, t)$를 나타낸다. [그림 5.17]의 그래프에서 C는 혈액 $100ml$ 당 mg단위로 측정되고 x는 $100mg$단위로 측정되며 t는 시간 단위로 측정된다. 그래프는 방정식 $C=f(x, t)=te^{-t(5-x)}$로 설명된다.

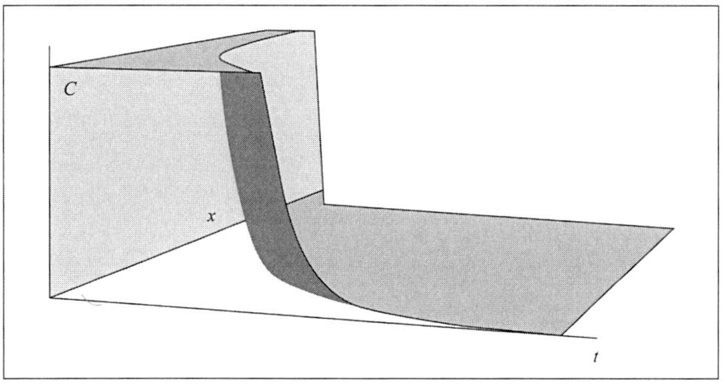

[그림 5.17] $C=f(x, t)=te^{-t(5-x)}$의 그래프

이 경우 두 개의 독립 변수 x와 t, 하나의 종속 변수 C가 있다. 따라서 정의역은 $0 \le x \le 4$, $t \ge 0$ 를 만족하는 (x, t)의 순서쌍들의 집합이다. 이 순서쌍들은 공역에서 대응되는 C 값들로 짝지워지며 $C \ge 0$ 이다. 치역은 정의역의 원소와 실제로 짝지워지는 C 값의 집합이다. (잠재적으로 $C \ge 0$ 이지만 실제적으로 C는 0.4미만이다) 예를 들면 $300mg$의 약물이 주입되면 $(x=3)$, 2시간 후$(t=2)$, 혈류의 약물 농도는 $2e^{-4}$, 혹은 $100ml$ 당 약 $0.0367mg$이 된다.

이 점은 위의 곡면에서 x-방향으로 3단위만큼 이동, t-방향으로 2단위 만큼, C-방향으로 0.0367단위를 이동하여 찾을 수 있다. 두 개 이상의 변수를 갖는 함수는 매우 복잡하며 학생들이 함수와 그 그래프에 대한 깊이 있는 개념적 이해(이른바 수직선 테스트를 적용 할 수 있는 능력을 훨씬 뛰어 넘는 더 높은 수준의 수학을 학습하기 전에)를 개발하는 것이 얼마나 중요한지 명백히 나타낸다. 이를 염두에 두고 [생각해보기 5.3]의 질문을 고려해보자.

생각해보기 5.3

학생들 중 한 명이 "수직선 테스트를 통과하지 못하면 그 관계는 함수가 될 수 없다"고 말했다라고 가정해 보자. 어떻게 대답할 것인가?

일부 학생들은 함수의 그래프를 지나치게 맥락화하고 그래프만 이용하여 함수와 관련된 개념을 정의한다. 예를 들면, [그림 5.18]의 그래프에 대한 답을 할 때 일부 학생들은 **그래프**가 수직선 테스트를 통과했기 때문에 함수라고 주장한다. 즉, **그래프 자체**가 단 하나의 점에서 수직선과 교차하기 때문에 함수라고 가정할 수 있다. 뿐만 아니라 그들은 수평선 테스트를 통과하지 못하기 때문에 그래프가 역함수를 갖지 않는다고 주장할 수도 있다. 적어도 하나의 수평선이 그래프의 두 개 이상의 점에서 교차한다. 이러한 사고를 사용하면 학생들은 함수는 "수직선 테스트를 통과하는 모든 그래프"이고 "그래프가 수평선 테스트를 통과" 하면 함수는 역함수를 갖는다고 생각할 수 있다.

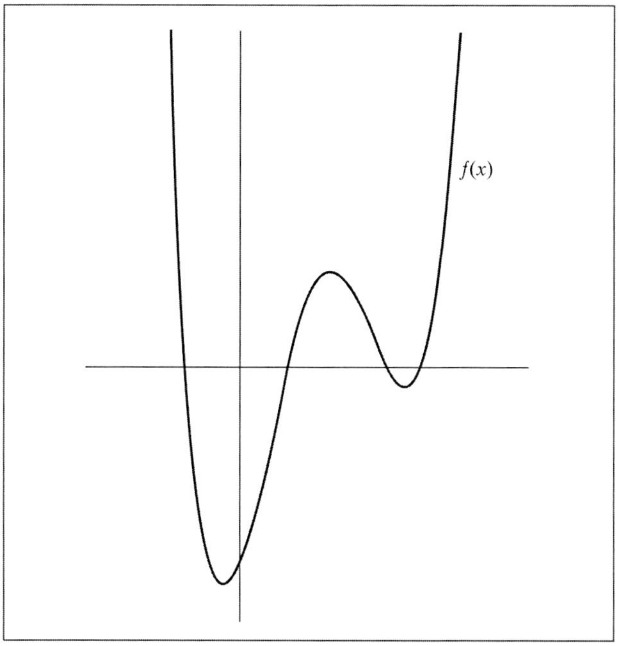

[그림 5.18] 함수 그래프에서 수직선과 수평선 테스트 적용

다른 오개념을 조사하기 위해 공정한 동전을 다섯 번 뒤집는 실험을 고려해보자. X를 다섯 번 뒤집는 것에서 앞면이 나오는 횟수를 확률변수라 하면, X에 대한 확률분포는 [그림 5.19]와 같고, 앞의 것은 표 형식이며 그 다음 것은 그래프 형식이다.

x	$P(\mathrm{X}=x)$
0	$^1/_{32}$
1	$^5/_{32}$
2	$^{10}/_{32} = {}^5/_{16}$
3	$^{10}/_{32} = {}^5/_{16}$
4	$^5/_3$
5	$^1/_{32}$

(a)

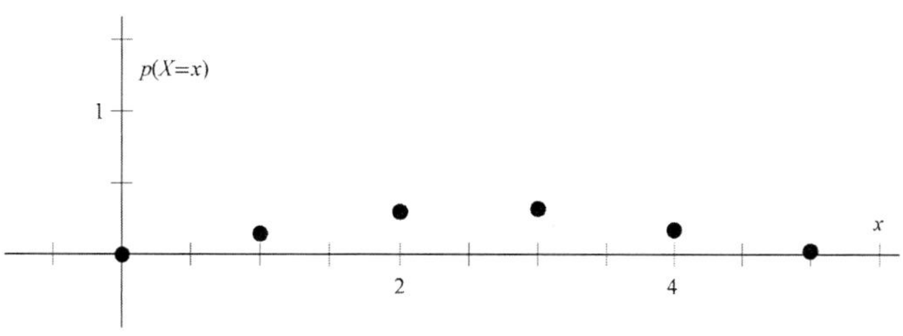

(b)

[그림 5.19] 확률변수 X에 대한 확률분포함수 (a) 표, (b) 그래프

수직선 테스트와 수평선 테스트가 이산적인 함수의 그래프에도 적용될까? 어떤 학생들은 그렇게 생각하지 않을 수도 있다. 함수의 정의역에 대한 이해가 부족한 학생들은 수직선과 수평선 테스트를 사용하는 것을 허용하여 [그림 5.20]에서와 같이 그래프를 "함수가 되도록" 곡선으로 연결해야만 한다고 생각할 수 있다. 흔히 나타나는 이러한 오개념은 학생들이 상위 수준의 수학에 숙달되는데 필요한 함수를 개념적으로 이해하지 못하게 한다. [생각해보기 5.4]는 수직선 테스트로 함수인지의 여부를 결정하여 함수의 그래프와 함수를 동일시하여 함수를 구분하는 학생들을 위한 함축적인 질문을 제기한다.

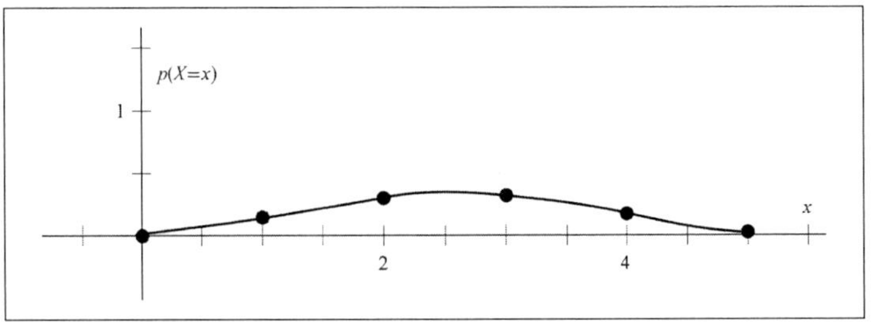

[그림 5.20] 연속 확률변수 X에 대한 확률분포함수

생각해보기 5.4

그래프로 나타낼 수 없는 함수가 있을까?

그래프를 함수에 대한 하나의 표현으로 이해하는 대신에 함수 자체로 생각하는 개념적 어려움 외에도, 함수를 그래프와 수직선 테스트에 지나치게 연관시키는 것에서 추가적인 문제가 발생한다. 함수를 그래프로 표현할 수 없다면 이러한 오개념을 가진 학생이 함수 개념을 어떻게 해석할 수 있을까? 예를 들면, [그림 5.21]에서 삼각형 ABC는 직선 l을 중심으로 삼각형 $A'B'C'$으로 반사된다. 평면(정의역)의 각 점이 평면(공역이자 치역)의 단 하나의 점에 반사되기 때문에 직선 l을 중심으로 전체 평면을 반사하는 것은 함수의 예이다. 또한 이 함수의 역함수는 직선 l에 대한 자신의 반사이다.

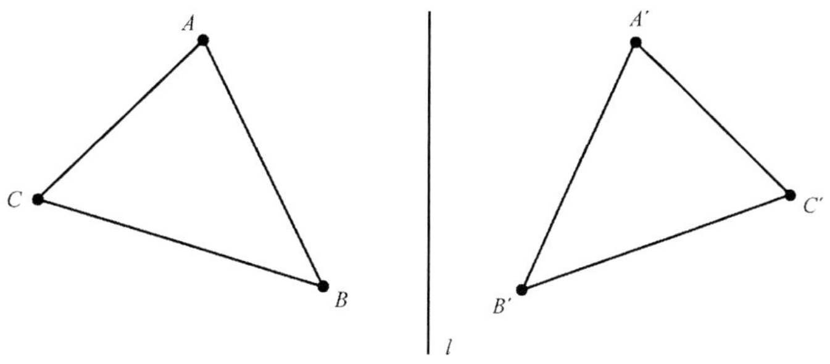

[그림 5.21] 직선 l에 대한 삼각형 ABC의 반사

우리는 평면에서의 반사가 일대일이고 전사이기 때문에 이 함수가 역함수를 갖는다는 것을 알고 있다. 그리고 일대일이고 전사인 함수가 역함수를 갖는다는 것은 명백하다. 그러나 이 함수는 "그래프화" 할 수 없다. 함수에 대한 학생들의 오개념으로 인하여, 반사가 함수인지 아닌지의 여부와 만약 함수라면 역함수를 갖는지를 알기 위해 수직선 테스트와 수평선 테스트를 어떻게 적용할지에 대한 혼란이 학생들에게 야기될 수 있다.

변환은 고등수학에서 광범위하게 학습되며 변환은 함수이므로 다양한 연산을 할 수 있다. 그러나 일부 학생들의 신념과는 달리, 수치함수에 적용했던 법칙은 모든 함수에 적용되지는 않는다. 예를 들면, 중학교 학생들은 보통 $f(x)$ 그래프가 어떻게 $f(x+h)$, $f(x)+h$, $af(x)$(이때, h와 a는 상수)의 그래프와 관련되는지 탐구한다. 그러나 이러한 아이디어는 일반적인 함수-특히 정의역이 수치적인 경우나 변환과 같이 그래프로 표현할 수 없는 경우와 같은-함수에 모두 적용될 수 없다. 또한 두 함수 합성을 통해 두 함수를 하나로 결합하는 것은 보편적으로 적용할 수 있는 연산이며 더 상위의 수학에서 빈번하게 사용되는 연산이다. 등거리사상 (평행이동, 회전, 반사와 미끄럼 반사)은 거리를 보존하는 변환이며 이는 기하학에서 중요한 함수들의 유형이다. 두 등거리사상의 합성은 등거리사상이 된다는 것을 알 수 있다. 예를 들면, σ_r와 σ_s는 직선 r과 s에 대한 반사를 나타내는 함수라 하자. $(\sigma_s \circ \sigma_r)(X) = \sigma_s[\sigma_r(X)]$ 는 점들의 집합 X를 직선 r에 대하여 첫 번째 반사를 시켰을 때 나온 상들인 $\sigma_r(X)$를 직선 s에 대하여 반사시켰을 때 나오는 사상들이다. [그림 5.22]와 같이 삼각형 ABC는 직선 r과 s에 의해 연속적으로 반사되면 삼각형 $A'B'C'$이 된다.

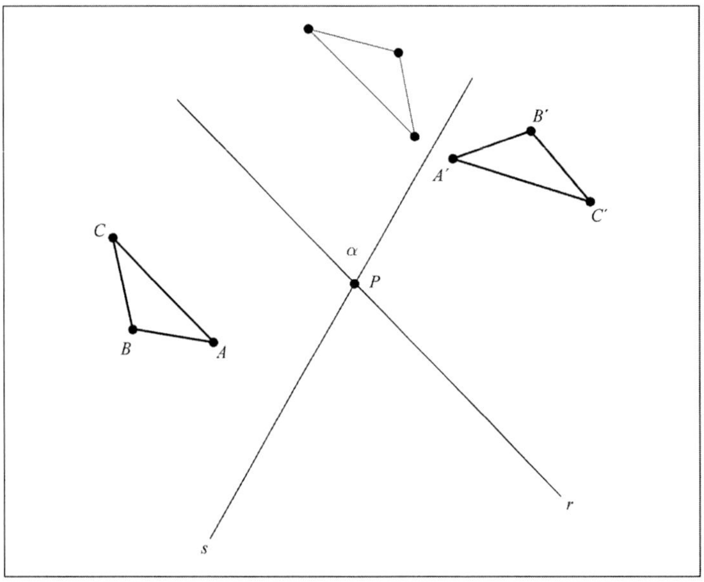

[그림 5.22] 직선 r과 s에 의한 연속적인 반사

또한 변환에 대한 학습에서 중요한 것은 주어진 두 변환의 합성(또는 곱)과 동치인 단일 변환을 결정하는 것이다. 지금의 예에서 [그림 5.23]과 같이 직선 s에 대하여 반사하고 다시 연속적으로 직선 r에 대하여 반사를 한 것은 점 P를 중심으로 2α각도만큼 회전한 것과 같다. 이때, α는 직선 r과 s가 만나서 생기는 각이며 점 P는 두 직선의 교점이다.

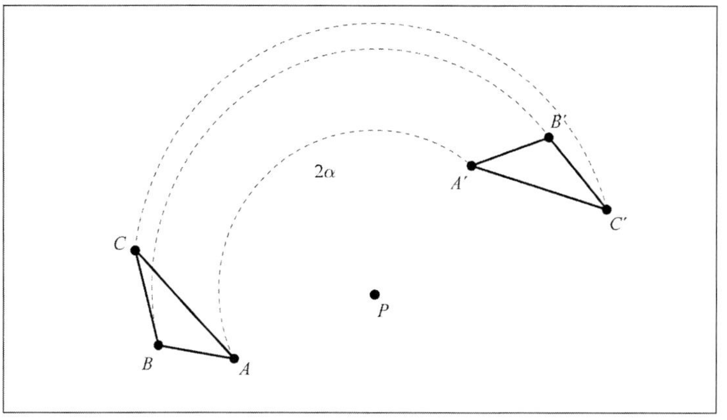

[그림 5.23] 그림 5.22의 반사들의 합성은 점 P에 대한 2α 각도만큼의 회전과 같음.

유사하게, [그림 5.24]와 같이 두 직선 r과 s가 평행하다면 직선 r과 s에 대한 연속적 반사는 평행이동이라는 다른 변환, 즉 [그림 5.25]와 같이 벡터 $\vec{v}$로 나타낼 수 있는 변환과 동치이다. 이 평행이동 $\vec{v}$은 $\overrightarrow{AA'}$, $\overrightarrow{BB'}$, $\overrightarrow{CC'}$ 과 합동이 된다. 그들의 길이는 직선 r과 s 사이 거리의 두 배와 같고 그 방향은 두 직선 r과 s 모두에 수직이다.

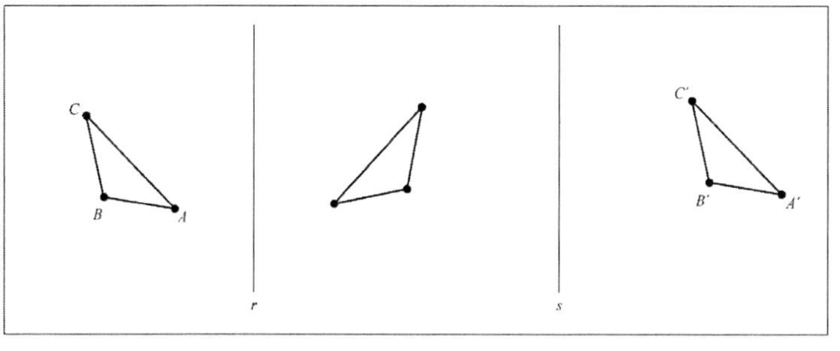

[그림 5.24] 평행하는 직선 r과 s에 대한 연속적인 반사들의 합성

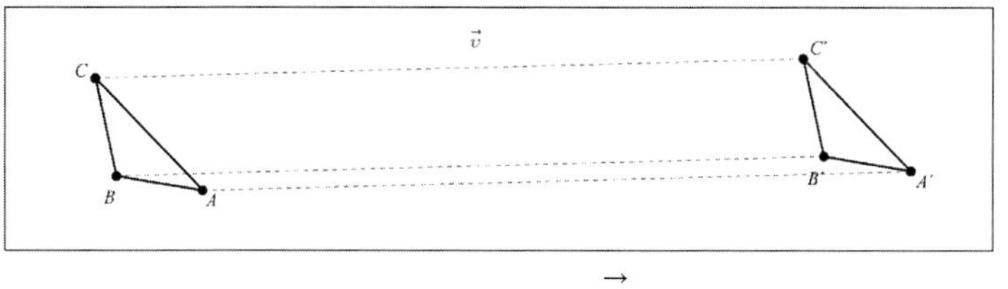

[그림 5.25] [그림 5.24]의 반사들의 합성은 $\vec{v}$에 의한 평행이동과 같음.

상위 수준의 수학에서 변환의 학습에 대한 주요 관심은 합성의 "역"이라고 생각할 수 있는 인수분해와 같은 연산이다. 임의의 등거리사상은 최대 세 개의 등거리사상의 합성의 결과로 나타낼 수 있다고 알려져 있다. 예를 들면, 미끄럼반사는 하나의 반사와 그 반사의 대칭축에 평행한 방향으로의 평행이동과의 합성으로 정의된다. [그림 5.26]에서 설명하는 것과 같이 점 A는 먼저 직선 t에 대해 반사시키고 그 다음 벡터 $\overline{v} = \overrightarrow{QR}$ 로 평행이동하면 점 A'에 사상된다.

그러나 평행이동은 평행하는 직선에 대한 연속적인 반사의 결과로 변환이 나타날 수 있으므로 미끄럼반사는 세 번의 반사를 합성한 결과로 나타날 수 있다. 즉, 미끄럼반사는 직선 t, s , r에 대하여 연속적으로 반사한 것과 동일하며, 이때 r과 s는 서로 평행이고 t에 수직이다. 또한 직선 r과 s사이의 거리는 $\overline{QR}$의 절반이다.

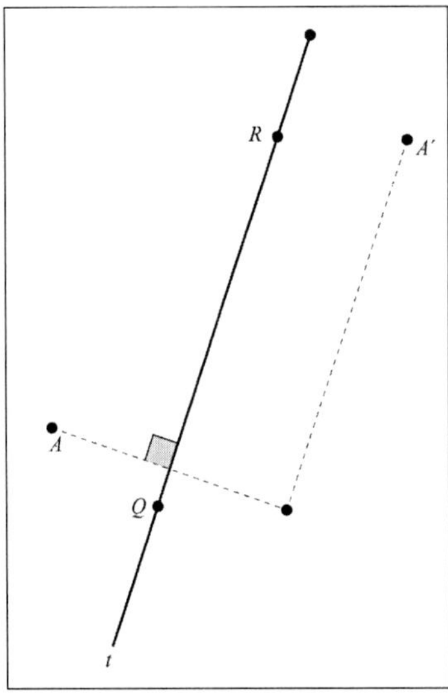

[그림 5.26] 미끄럼반사는 반사와 평행이동의 합성임.

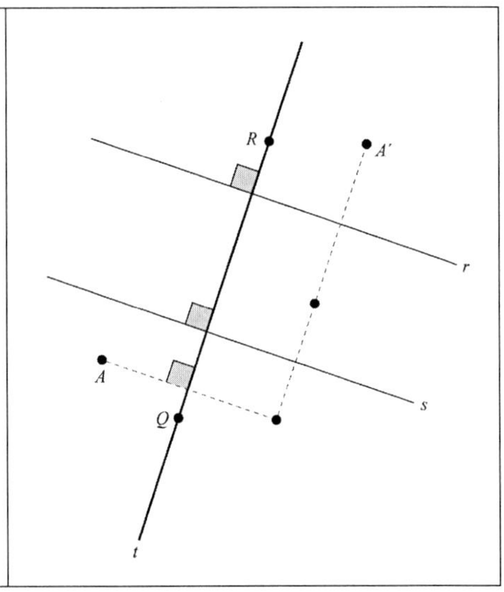

[그림 5.27] 세 개의 반사들의 합성으로서 미끄럼 반사

03 결론

우리는 이 장의 시작 부분에서 Donna가 그녀의 남동생 Sam에게 함수가 무엇인지 설명하려고 노력하는 시나리오를 제시하였다. 보다시피 함수를 완전히 이해하는 것은 방정식에 값을 대입하고 그 결과를 계산하는 것보다 훨씬 복잡하다. 함수의 정의역, 공역, 치역에 대한 지식이 요구되고, 함수의 여러 가지 표현을 이해할 수 있는 기술이 요구되며, 실세계 현상을 함수로 모델링하는 방법의 이해와 함수에서 서로 예측할 수 있는 관계(공변)를 갖는 변수들을 이해하는 것이 필요하다. 교사는 학생들의 수준에 상관없이 학생들 모두 수학 학습에 성공할 수 있도록 깊이 있는 함수의 개념적 지식을 발전시킬 수 있는 양질의 기회를 제공할 책임이 있다.

부록 1
함수의 핵심 아이디어와 필수 이해

이 책은 「**함수의 필수 이해**(조완영, 권나영, 이동흔, 2017; Cooney, Beckmann, and Lloyd, 2010)」에서 선별하고 논의한 필수 이해에 관한 것이다. 독자의 편의를 위해 「**함수의 필수 이해**」에 있는 전체 핵심 아이디어와 필수 이해 목록을 아래에 제시한다. 이 책에서 특별히 조명하고 있는 필수 이해들은 강조된 것이다.

Big idea

핵심 아이디어 1. 함수 개념

함수의 개념은 매우 넓고 유동적이어서 다양한 상황에 적용할 수 있다. 함수는 계속적으로 변하는 수의 실체를 설명하는 "고전적" 함수 외에도 다양한 수학 개념과 연결되어 있다. 예를 들어, 행렬이나 등차수열, 등비수열도 일종의 함수이다.

필수 이해 1a. 함수는 한 집합(함수의 정의역)에서 다른 집합(치역)으로의 일가 대응이다.

필수 이해 1b. 함수는 다양한 상황에 적용된다. 어떤 특별한 식이나 규칙적인 패턴을 설명할 필요는 없다. "연속적인 변화"가 아닌 경우도 함수가 된다. 예를 들어, 수열도 함수이다.

필수 이해 1c. 함수의 정의역과 치역은 반드시 수일 필요는 없다. 예를 들면, 2×2 행렬은 정의역과 치역이 이차원 벡터 공간의 함수로 볼 수 있다.

Big idea

핵심 아이디어 2. 공변과 변화율

함수를 이용하면 관련된 양들이 서로 어떻게 변하는지를 설명할 수 있다. 한 양이 변할 때 다른 양이 변하는 비율을 보고 다양한 관계를 분류·예측하고 그 성질을 밝힐 수 있다.

필수 이해 2a. 실수에서 실수로의 함수에서 어떤 공변의 패턴이나 두 변수가 함께 변하는 패턴은 특정 함수족의 성질을 나타내고 그 함수가 가지는 공식의 유형을 결정한다.

필수 이해 2b. 변화율은 한 변량이 변함에 따라 다른 변량이 어떻게 변하는지 설명한다. 즉, 변화율은 두 변수 사이의 공변을 설명한다.

필수 이해 2c. 함수의 변화율은 그 함수가 어떤 실세계 현상을 모델링할지 결정하는 주요 특징 중 하나이다.

핵심 아이디어 3. 함수족

Big idea

함수는 각기 독특한 특징을 가진 여러 함수족으로 분류할 수 있다. 여러 종류의 함수를 이용하여 실세계의 다양한 현상을 모델링할 수 있다.

필수 이해 3a. 함수족의 원소는 동일한 변화율의 유형을 공유한다. 이런 변화율의 특징은 그 함수가 모델링하는 실세계 현상의 종류를 결정한다.

필수 이해 3b. 일차 함수는 일정한 변화율로 특정지어진다. "기울기 삼각형"의 닮음에 대한 추론은 일차 함수가 일정한 변화율을 가지고, 함수식이 $f(x)=mx+b$(m, b는 상수)라는 것을 추정하게 된다.

필수 이해 3c. 이차 함수는 변화율이 일차이며, 이차 함수의 변화율의 변화율(이계도함수)은 일정하다. 이차 함수의 표준형에 대한 추론으로부터 최댓값 또는 최솟값을 가지며, 해가 실수이면 그 해들은 최댓값 또는 최솟값을 갖는 점의 x좌표에 대하여 대칭임을 유도할 수 있다.

필수 이해 3d. 지수 함수에서 변화율은 함숫값에 비례한다. 입력값이 1씩 증가하면 출력값은 상수만큼 곱해지는 것이 지수 함수의 특성이다. 지수 함수는 식 $a^{b+c}=(a^b)(a^c)$에서와 같이 곱셈이 덧셈과 연결된다.

필수 이해 3e. 삼각 함수는 주기 함수의 자연스럽고 기본적인 예이다. $0°$와 $90°$ 사이의 각에 대하여 삼각 함수는 직각삼각형 변의 길이 사이의 비로 정의된다. 닮은 삼각형에서 변의 길이의 비가 같기 때문에 삼각 함수는 잘 정의되었다. 일반각에 대하여 사인함수와 코사인 함수는 원 위의 점의 x좌표와 y좌표 또는 원 운동을 x축과 y축으로 투사한 것으로 볼 수 있다.

필수 이해 3f. 등차수열은 정의역이 양의 정수인 일차 함수로 볼 수 있다.

필수 이해 3g. 등비수열은 정의역이 양의 정수인 지수 함수로 볼 수 있다.

Big idea

핵심 아이디어 4. 함수의 결합과 변환

사칙연산(합, 차, 곱, 몫)과 합성을 이용하여 함수를 결합할 수 있다. 또한 존재하는 경우 역함수를 구할 수도 있다. 어떤 함수로부터 변환된 것인가라는 관점에서 함수를 분석할 수도 있다.

필수 이해 4a. 같은 정의역에서 실수로의 함수는 서로 더하거나 빼거나 곱하거나 나눌 수 있다(나누는 경우 정의역이 달라질 수도 있다).

필수 이해 4b. 적합한 조건하에서 함수를 합성할 수 있다.

필수 이해 4c. 정의역과 공역이 실수인 함수의 경우, "이동" 또는 "눈금조정"을 통해 합성 함수의 식이 변하고 그래프를 예상할 수 있다.

필수 이해 4d. 적합한 조건에서 함수는 역함수를 갖는다. 로그함수는 지수 함수의 역함수이다. 제곱근 함수는 제곱함수의 역이다.

Big idea

핵심 아이디어 5. 함수의 다양한 표현

함수를 식, 그래프, 언어, 표 등 다양한 방법으로 표현할 수 있다. 이러한 다양한 표현 사이의 연결은 관계와 변화를 탐구할 때 매우 중요하다.

필수 이해 5a. 함수는 대수식, 그래프, 언어, 표 등의 다양한 방법으로 표현할 수 있다.

필수 이해 5b. 함수의 표현에 따라 강조하는 특징이 달라지며 한 가지 함수 표현은 함수의 일부만 보여주지만, 함수를 표현하는 방법(식, 그래프, 표, 언어 등)을 바꾼다고 함수 자체가 달라지는 것은 아니다.

필수 이해 5c. 맥락에 따라 어떤 함수 표현은 다른 표현보다 더 유용하다.

필수 이해 5d. 함수의 대수적 표현과 기하적 표현 사이의 관계는 함수 사이의 관계와 변화를 다룰 때 특히 중요하다.

부록 2

교사를 위한 자료

다음 목록은 9-12학년의 함수를 가르치는 데 유용한 자료를 제공하는 많은 웹사이트 중 일부를 제시한 것이다.

01 공학

■ Core Math Tools

NCTM 웹사이트에서는 Core Math Tools이라고 불리는 교사가 무료로 사용할 수 있는 다양한 공학 소프트웨어를 제공하고 있다. Core Math Tools은 대수와 함수, 기하와 삼각함수, 통계와 확률의 세 가지 소프트웨어가 묶여 구성되어 있다. Core Math Tools은 Christian Hirsch가 주도한 Core-Plus Mathematics Project(CPMP)에서 개발된 것으로 National Science Foundation에서 개발비(DRL-1201917)가 지원되었다. http://www.nctm.org/resources/content.aspx?id=32702

■ GeoGebra

GeoGebra는 하나의 패키지 인에서 모든 학년의 기하, 대수, 표, 그래프그리기, 통계, 미적분과 관련된 교육을 위한 무료의 다중 플랫폼 동적 수학 소프트웨어이다. GeoGebra의 홈페이지는 프로그램뿐만 아니라 스케치나 도움이 되는 네트워크를 포함한 많은 추가 자료를 제공한다. GeoGebra는 http://www.geogebra.org/cms/en에서 다운로드 받을 수 있고, http://

www.geogebratube.org/에서 추가 도움을 받을 수 있다.

02 CCSSM

■ 성취기준을 기반으로 시작하기

CCSSM은 교육과정에 관한 의사결정을 지원하기 위한 중요한 시작점이다. http://www.corestandards.org/Math

■ 성취기준의 의미와 설계에 대한 범위를 확대하기

애리조나 대학의 수학자이자 개발된 CCSSM을 기술하는 팀원을 이끈 Bill McCllum은 성취기준의 의미와 이를 이용하여 수업을 설계하는 방법에 관한 많은 자료들이 포함되어 있는 광범위한 웹사이트를 운영하고 있다.
http://ime.mth.arizona. edu/commoncore

■ 성취기준에 따른 지도안

CCSSM은 하나의 주제가 여러 학년에 걸쳐서 변화하는 방식으로 나타낸 발달 과정이 수립되어 있다. 그리고 아이들의 인지적 발달에 관한 연구와 수학의 논리적 구조에 의해 정보를 제공받는다. 발달 과정에 관한 문서는 모두 온라인에서 이용가능하다.
http://ime.math.arizona.edu/progressions/

■ 학습 경로(Learning Trajectories)에 따라 성취기준 재구성하기

Jere Confrey에 의해 개발된 18개의 학습 경로 중 유아·유치원부터 8학년까지의 CCSSM은 웹사이트에 공개가 되었고, 이는 고등학교 함수 학습을 위한 초등학교 및 중학교의 기초 내용을 이해하는 데 도움이 될 수 있을 것이다. TurnOnCCMath.net은 이러한 경로를 그래프들로 제공하고 있고, 학년군에 걸쳐서 K-G8 성취기준의 연결성에 대해 설명한다. North Carolina 주립 대학의 연구팀인 Generating Increased Science and Math Opportunities (GISMO)는 성취기준 사이의 차이를 구별하였고, 확장하여 이러한 차이를 연결할 수 있는 성취기준 간 연결고리를 개발하였다. http://turnonccmath.net

■ 성취기준에 따른 교수학습 계획 수립하기

수학을 관리하는 국가 위원회의 웹사이트에서는 유아·유치원부터 12학년에 걸친 CCSSM의 실행을 도울 수 있는 자료들을 제공한다. 특히, 이 사이트는 CCSSM과 관련된 교육과정 자료들에 대한 지도 순서를 결정할 때 교사들을 도울 수 있는 도구를 제공한다. The Council of Chief State School Officers와 the Nathional Governors Association에 의해 지원받고, Brokhill Foundation과 Texas Instruments가 자금을 제공하는 Curriculum Analysis Tool과 이에 따르는 전문성 개발 자료가 http://www.mathedleadership.org/ccss/matherials.html 에서 이용가능하다.

03 수학 자료들

■ Illuminations

NCTM Illuminations 프로젝트는 Verizon Thinkfinity 프로그램의 일환으로 수업, 활동, 수많은 웹사이트 링크들을 포함하는 다양한 성취기준 기반 자료들을 제공한다.
http://illuminations.nctm.org/

■ Illustrative Mathematics

Illustrative Mathematics 웹사이트는 학생들이 CCSS(Common Core State Standard)를 충실하게 실행한 것을 경험하도록 하기 위한 수학 공부의 범위와 유형에 관해 설명하기 위해 설계되었다. 또한 웹사이트는 성취기준의 실행을 지원할 수 있는 과제나 다양한 학년 수준의 **정확한** 의미를 보여주는 비디오와 같은 도구들을 제공한다.
http://www.illustrativemathematics.org/

■ Math Forum

Math Forum은 유아·유치원부터 12학년까지의 교사들을 위한 풍부한 무료 자료이다. 이 사이트는 수학 교수·학습을 지원하기 위한 MathTools, 자료에 대한 안내서를 포함하는 수학 자료들로 구성된 디지털 도서관, 토론방을 제공한다.
http://mathforum.org/mathtools/

■ LearnZillion

LearnZillion은 수학과 영어에 관한 비디오 수업, 평가, 발달 기록을 결합한 학습 플랫폼이다. 각 수업은 Common Core Standard(현재 수학 3-9학년)를 중심으로 한다. 교사는 이 웹사이트에서 수업과 자료들을 만든 강사들과 작업한다. 설명이 포함된 파워포인트 슬라이드로 구성된 온라인 수업이 5분 간 이어진다. 각 수업은 특정 성취기준을 중심으로 하고 해당 성취기준에서 기대하는 개념적인 이해에 초점을 맞추고 있다. 수업은 교육과정을 구성하는 것을 의도하지는 않지만 수업이나 수업의 마지막에 유용하게 사용할 수 있는 도입이나 연습 활동을 제공하기도 한다. http://learnzillion.com/lessons

부록 3

과제

이 책은 학생들이 함수에 대한 이해와 오개념에 직면할 수 있도록 하기 위해 교실에서 사용할 수 있는 풍부한 과제들을 살펴보고 있다. 이 과제들 중 대부분을 독자들이 개인적으로 사용하거나 교실에서 사용할 수 있도록 책에 제시된 순서대로 재구성하여 제시하였다.

01 함수 벽

학습목표: 함수의 정의 이해하기

교사를 위한 지침: 뒤쪽 벽에 간격을 두고 A, B, C, D의 네 개의 글자를 꽂는다(각각의 숫자를 크고 두껍게 쓰고, 종이를 떨어트려놓고, 벽이나 칠판에 붙인다.). 학생들에게 서로 다른 특징에 따라 서있어야 할 장소에 대한 지침을 준다. 학생들에게 이 활동을 통해 함수의 정의를 만들어내야 한다는 것을 설명한다.

질문: 어디에 서야할까요?

1. 학교 가는 방법
   A. 오늘 학교까지 걸어왔다면, A 아래에 서세요.
   B. 오늘 학교까지 자신의 자전거를 타고 왔다면, B 아래에 서세요.
   C. 오늘 학교까지 자동차를 타거나 운전해서 왔다면, C 아래에 서세요.

D. 오늘 학교까지 위의 방법 이외의 다른 방법으로 왔다면, D 아래에 서세요.

2. 학교까지 가는 시간

A. 학교까지 오는데 0분에서 10분이 걸린다면, A 아래에 서세요.
B. 학교까지 오는데 10분에서 30분이 걸린다면, B 아래에 서세요.
C. 학교까지 오는데 30분에서 1시간이 걸린다면, C 아래에 서세요.
D. 학교까지 오는데 1시간 넘게 걸린다면, D 아래에 서세요.

3. 학년

A. 7학년이면, A 아래에 서세요.
B. 8학년이면, B 아래에 서세요.
C. 9학년이면, C 아래에 서세요.
D. 위의 학년과 다른 학년이면, D 아래에 서세요.

4. 옷입기

A. 파란색을 입었다면, A 아래에 서세요.
B. 빨강색을 입었다면, B 아래에 서세요.
C. 검정색을 입었다면, C 아래에 서세요.
D. 흰색을 입었다면, D 아래에 서세요.

5. 생일

A. 1월에 태어났으면, A 아래에 서세요.
B. 2월에 태어났으면, B 아래에 서세요.
C. 3월에 태어났으면, C 아래에 서세요.
D. 4월에 태어났으면, D 아래에 서세요.

6. 키

A. 키가 5피트보다 작다면, A 아래에 서세요.

B. 키가 5피트에서 6피트 사이라면, B 아래에 서세요.

C. 키가 6피트에서 7피트 사이라면, C 아래에 서세요.

D. 키가 7피트보다 크다면, D 아래에 서세요.

02 함수 탐색기

학습목표: 함수의 정의 이해하기

질문: 다음 관계들 중 함수인 것은?

아래에 제시한 관계들에 대해 각각 함수인지 아닌지를 결정해보자. 만약 함수가 아니라면 각 집합에서 "만족"하지 않는 원소들을 제시하여 함수의 정의를 만족시키지 못한 이유를 보여준다. 만약 함수라면 왜 그런지를 설명하고, 마찬가지로 각 집합에 해당하는 여러 가지 원소들을 제시한다.

페이스북 사용자	비밀번호

학생	머리 색깔

우리 반 학생	학생이 살고 있는 행성

주	주 이름에 포함된 글자 수

월	월의 일 수

월의 일 수	월

날짜	외부 온도

비밀번호	페이스북 사용자

정수	정수의 두 배인 수

03 호수의 수위

공원 관리인이 호수의 수위를 같은 장소에서 몇 주에 걸쳐 측정하여 그 결과를 다음과 같이 표에 기록하였다.

날짜 변화	날짜	깊이	수위 변화
	7	15.29	
7	14	15.43	0.14
14	28	15.57	0.14
7	35	15.71	0.14
7	42	15.85	0.14

[그림 1] 관리인의 수위 자료 표

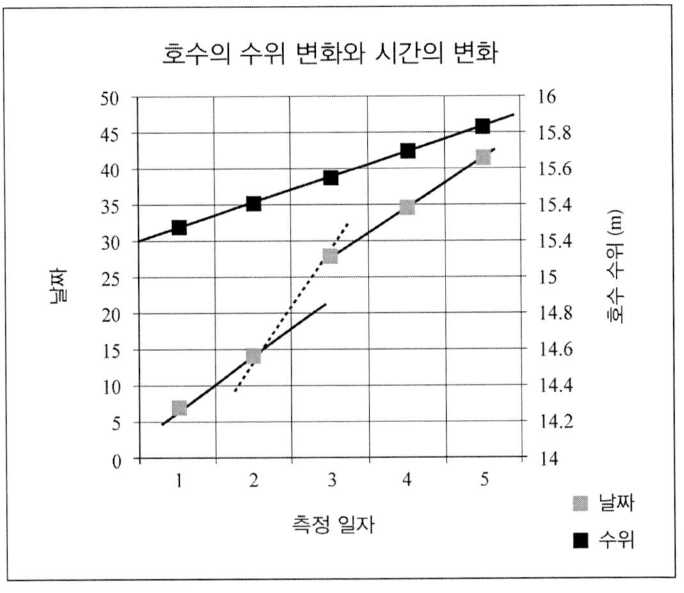

[그림 2] 표에 대한 관리인의 수위 그래프

1. 호수의 수위 예제의 자료 표([그림 1])에서, 날짜 차이는 측정 과정에 대해 무엇을 의미하는가?(국소적)
2. [그림 2]의 그래프에서, 각 직선의 변화율은 무엇인가?(국소적)
3. 이러한 측정의 차이를 고려하여, 호수의 수위 자료의 일

관된 수위 측정값은 무엇을 설명할 수 있는가?(즉, 호수에서 어떤 일이 발생했는가?)(전반적)

4. 호수 수위 자료 표에서, 날짜의 차이는 날짜와 호수 수위 사이의 공변에 어떠한 영향을 주는가?(전반적)
5. 그래프의 점선의 의미를 설명하여라.(전반적)
6. 호수의 수위의 전체적인 평균 변화율은 이 관계에 대해 무엇을 말해 주는가? 그리고 무엇을 놓칠 수 있는가?(전반적)
7. 시간이 지남에 따라 호수의 수위의 변화를 어떻게 설명할 수 있는가?(전반적)
8. 만약 호수의 수위의 변화율이 변함없이 유지된다면(날짜에 따라 수위가 증가한다), 공원관리인이 세 번째로 측정한 수위는 어떻게 되는가? 4번째, 5번째는?(국소적이고 전반적)

예상 답안

1. 호수의 수위의 변화율은 일정하지 않다. 학생들은 **수위의 변화**와 **수위의 변화율** 사이 차이를 신중히 알아야 한다. 비록 가장 오른쪽 세로열의 값(0.14)이 모두 동일하지만, 학생들은 변화율이 일정하다고 추론할 수 없다. 7일과 14일 사이 수위의 변화율은 하루에 0.02m이지만, 14일과 28일 사이의 수위 변화율은 하루에 0.01m이다.
2. 세 개의 굵은 선의 변화율은 0.14m마다 측정, 7일마다 측정한 것이다.
3. 7일 동안 수위는 15.29m에서 15.42m으로 0.14m증가한다. 그런 다음 14일 동안 수위는 15.43m에서 15.57m로 추가적으로 0.14m 증가한다. 수위의 더 적은 증가비율은 아마도 호수에 댐을 통해 물의 감소, 수위에 증가 비율이 낮아지는 시간동안 비가 내린 것은 거의 반영되지 않았다.
4. 공변은 일정한 비율이 아니다. 비록 수위의 변화가 5번 측

정값이 일정하지만, 하루에 대응하는 변화는 그렇지 않다.

5. 점선의 기울기는 14일 동안 측정한 것이고 이는 두 번째와 세 번째 측정 사이의 14일이라는 차이가 난다는 것이다.
6. 평균변화율은 하루당 0.016m이다. 이것은 만약 전반적으로 수위 0.56m 변화는 관리인이 측정한 35일 이상 고르게 분포한다면, 하루당 0.016m 변화를 관찰할 수 있다는 것이다. 그러나 전반적인 평균 변화는 우리에게 하루하루 변화에 대해 알려주지는 않는다. 평균변화율은 여전히 하루당 0.016m일 것이다. 비록 수위가 처음 41일 지나 일정하게 유지된다면, 42일은 수위가 0.56m 오를 것이다.
7. 호수 수위에서 변화는 일반적으로 35일 측정을 지나 증가한다. 수위는 측정한 하루 사이에 폭넓게 변동할 수 있다; 그러나 변화율은 상대적으로 일주일동안 일정하고, 다음 두 주동안 감소한다(일정함을 유지하지만). 그런 다음 마지막 주는 원래 비율로 증가한다.
8. 만약 변화율이 하루당 0.016m로 평균변화율로 일정하게 유지한다면, 관리인이 3번째(28일), 4번째(35일), 5번째(42일) 측정한 수위는 각각 거의 $15.29+21\times(0.016)=15.62m$, $15.29+28\times(0.016)=15.74m$, $15.29+35\times(0.016)=15.85m$이다.

04 주차 요금

많은 공항의 주차 요금은 단기 주차, 장기 주차에 따라 다른 주차 요금을 받는다. 하지만 지방 공항은 다른 주차 요금 체계를 가질 수 있고, 주차한 시간에 따라 주차요금을 자동적으로 조정할 수 있다. 처음 12시간 동안 주차 요금은 시간당 \$1이지만, 12시간 지난 이후 주차요금은 하루당 \$10이다.

문제:

a. 이 지방 공항의 주차요금을 설명할 수 있는 구간 함수를 구하시오.

b. 위 구간 함수의 그래프를 그리시오.

질문:

1. 그래프에서 짧은 선분은 더 긴 선분과 어떻게 다른가?(전반적)
2. 그래프에서 4시간일 때 요금이 나타내는 것은 무엇인가?(국소적)
3. 12시간일 때 그래프가 겹쳐져 보이는 것을 주목하라. 그럼 주차 정산소에서 무슨 일이 발생하는가?(전반적) 10시간일 때 어떤 일이 발생하는가?(전반적이고 국소적)
4. 12시간에서 24시간 사이에서 어떤 일이 발생하는가? 12시간까지의 선분 길이와 24시간 이후 선분이 길이가 왜 다른가? 이 선분은 주차 요금에 대해 무엇을 설명하는가?(전반적이고 국소적)
5. 주차하는 시간이 늘어남에 따라 주차 요금은 어떻게 변화하는가?(전반적)
6. x시간 이후 요금은 얼마인가?(전반적이고 국소적)
7. 만약 3일 동안 주차한다면 요금은 얼마인가? 10일이라면?(국소적)

예상 답안:

a. 구간 함수는 $f(t)=\begin{cases} \lceil t \rceil & 0 \le t \le 12 \\ \lceil \dfrac{10t}{24} \rceil & t > 12 \end{cases}$ 이고, t는 시간(h)로 측정된다.

b. 구간 함수의 그래프는 [그림 1]과 같다.

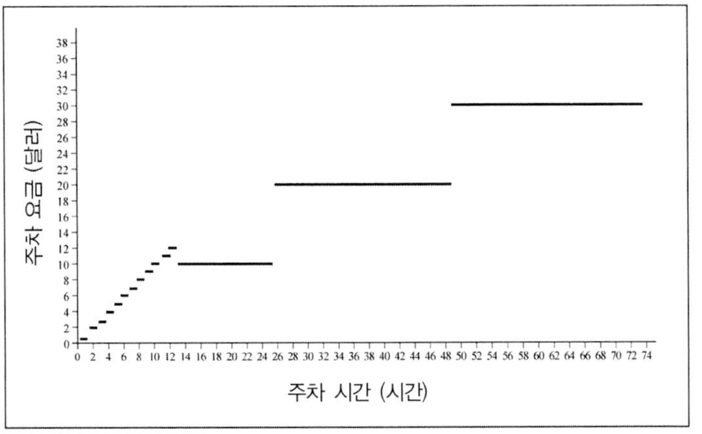

[그림 1] 주차 요금 문제를 나타낸 구간이 있는 함수의 그래프

1. 짧은 선분은 시간당 주차요금에 대응하지만 긴 선분은 일당 주차요금에 대응한다.
2. 그래프는 4시간일 때 주차요금이 \$4임을 나타낸다.
3. 12시간일 때, 주차요금이 시간당 비율(rate)에서 일당 비율로 변한다. 그래서 만약 t시간 동안 주차한다면, $11 < t \leq 12$이면 \$12을 지불해야 할 것이다; 만약 12시간 1분을 주차한다면, \$10을 지불해야 할 것이다. 만약 10시간을 주차한다면, 지불 금액이 \$10이다. 만약 1분만 더 지나면 지불 금액은 \$11이다. 10시간일 때(실제로, 바로 그 후에), 일당 비율이 시간당 비율보다 더 싸게 된다.
4. 24시간 후, 주차 요금은 \$10(하루)에서 \$20(이틀)로 변한다. 만약 12시간에서 24시간 사이로 주차한 경우 소비자들이 일당 \$10을 지불해야 하기 때문에 이 선분은 다음 선분($\frac{1}{2}$이 더 길다)보다 더 짧다. 24시간 후 일당 비율이 24시간 지난 이후 변함이 없다.
5. 주차요금은 시간에 대한 계단함수(step-wise function)이다. 처음 12시간동안 시간당 \$1가 증가하고, 12시간이 지난후 \$10로 감소하고, 그 이후 일당 \$10비율로 증가한다.

6. 주차요금은 주어진 x값에 대하여 $f(t)=\begin{cases} \lceil t \rceil & 0 \le t \le 12 \\ \lceil \frac{10t}{24} \rceil & t > 12 \end{cases}$ 로 평가하는 것으로 결정한다.
7. 3일 동안은 \$30, 10일 동안은 \$100을 지불해야 한다.

05 배 대여하기

작은 호수를 끼고 있는 동네 공원이 있다. 공원 방문객은 패들보드를 2시간까지 15분당 \$1에 빌릴 수 있다. 2시간 이후는 대여 비용이 30분당 \$3로 올라간다.

문제: 이 상황을 나타낼 수 있는 구간 함수를 구하고, 이 함수의 그래프를 그리시오.

질문:

1. 15분일 때 대여 비용은 얼마인가? 16분일 때? 45분일 때?(국소적)
2. 만약 \$15만을 지니고 있다면 배를 얼마동안 빌릴 수 있는가?(국소적)
3. 그래프에서 두 직선은 어떻게 같은가? 그리고 두 직선이 어떻게 다른가?(전반적)
4. 만약 시간일 때 대여 비용이 발생한다면 그래프는 어떻게 변화하는가?(국소적)
5. 15분 동안 비용이 \$2이라면 그래프는 어떻게 변화하는가?(국소적)
6. 3시간일 때 대여 비용은 얼마인가?(국소적)

예상 답안:

학생들은 이 문제를 한 가지 방법 이상으로 해석할 수 있다는 것을 주의하자. 배는 단지 15분 간격(2시간까지)과 30분 간격(2시간 이후)으로 빌릴 수 있다고 가정한다면 학생들은 [그림 1]의 표와 같이 나타낼 수 있는 이산 함수와 같은 함수를 해석할 수 있다.

시간(분)	비용(달러)
15	1
30	2
45	3
60	4
75	5
90	6
105	7
120	8
150	11
180	14
210	17
240	20
270	23
300	26

[그림 1] 배 대여하기 문제의 표

그러나 만약 그래프에 이러한 점들을 그린 후, 학생들은 추세선(trend line)을 추가할 수 있다면, 학생들은 분당 측정한 시간 t로 나타낸 다음과 같은 추세선이 표현하는 함수를 해석할 수 있다. [그림 2]는 이 함수의 그래프이다.

$$f(t)=\begin{cases}\dfrac{t}{15} & 0\le t\le 120\\ \dfrac{t}{10}-4 & t>120\end{cases}$$

게다가 학생들은 단계 함수로서 함수를 해석할 수 있고 보트를 사용하는 시간의 양을 가장 가까운 15분(만약 시간이 120분보다 작거나 같으면)이나 30분(만약 시간이 120분 보다 크거나 같으면)으로 반올림한다면, 분당 측정한 시간 t로 나타낸 함수는 다음과 같다.

$$f(t)=\begin{cases}\lceil \frac{t}{15} \rceil & 0 \le t \le 120 \\ \lceil \frac{t}{10} \rceil -4 & t > 120\end{cases}$$

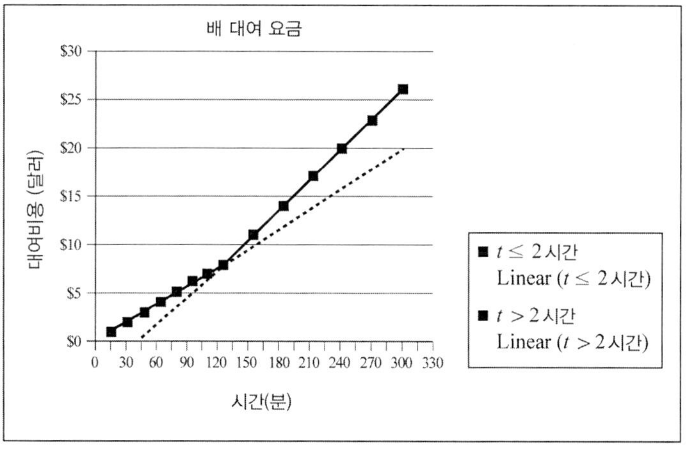

[그림 2] 배 대여하기 비용 그래프

다음은 질문에 대한 반응이다:

1. 15분 동안 대여 비용은 $1이고, 16분일 때 $2, 45분일 때 $3이다.
2. $15만 있다면 180분 동안 배를 대여할 수 있다.
3. 두 추세선은 일정한 비율로 증가한다. 그러나 첫 번째 직선 기울기는 $\frac{1}{15}$(15분당 $1)이고 두 번째 직선 기울기는 $\frac{3}{30}=\frac{1}{10}$이다.
4. 두 번째 추세선은 단위를 60분으로 왼쪽으로 이동할 수 있다.
5. 첫 번째 직선 기울기가 $\frac{1}{15}$에서 $\frac{2}{15}$로 두 배가 될 수 있다.
6. 3시간일 때 대여 비용은 첫 두 시간 동안 $8이고 다음 한 시간 동안 $6이므로 총 $14이다. 비용은 그래프에서

$t = 180$에 대응하는 점을 찾을 수 있고 $14이다.

06 낙하하는 물체

한 물체가 400피트 높이에서 떨어지기 시작한다. [그림 1]의 그래프는 함수를 나타낸다.

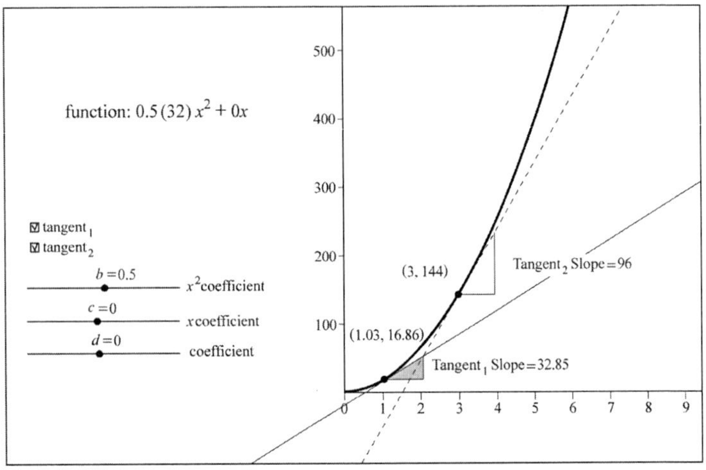

[그림 1] 낙하하는 물체의 그래프

1. 이 함수의 정의역과 공역에 대한 적정한 값은 무엇인가? 왜 그러한가?
2. 함수식에서 주어진 32이라는 값은 무엇을 나타내는가?
3. 물체의 방향은 어떠한가? 방향은 그래프에서 어떻게 나타나는가?
4. 물체가 1초 떨어지면 거리는 어떻게 되는가? 2초는?
5. 물체가 땅에 떨어지는데 얼마나 걸리는가? 그래프에서 어떻게 나타나는가?
6. 그래프 모양이 떨어지는 비율에 대해 어떻게 나타나는가?
7. 2초일 때 기울기는 무엇을 의미하는가? 3초일 때? 5초일 때는 어떻게 되는가?

8. 시간에 관한 함수일 때 떨어진 거리 그래프([그림 1])에서 순간 기울기와 시간에 대한 패턴을 찾을 수 있는가?
9. 이 상황에서 기울기 0은 무엇을 의미하는가?
10. 최대 변화율은 무엇인가?
11. 기울기는 이야기 관점에서 무엇을 의미하는가?
12. 만약 물체가 500피트에서 떨어진다면, 그래프는 어떻게 변하는가?

예상 답안:

1. 물체가 지면에 도달하는데 5초가 걸리기 때문에 정의역은 0과 5사이의 실수로 구성한다. 400피트 높이에서 물체가 떨어지기 시작하므로 공역은 0과 400사이의 실수로 구성한다.
2. 주어진 32이라는 값은 중력에 기인한 물체의 가속도를 나타낸다: 속도의 변화율로서 32피트($32ft/\sec^2$)
3. 물체는 지구를 향해 떨어진다. 그래프는 낙하하는 물체에 대한 그림이나 다른 종류의 이미지가 아니라, 물체가 떨어진 거리를 보여준다. 물체의 낙하거리는 시간에 따라 증가하기 때문에 우리는 물체가 지구를 향해 떨어진다는 것을 알 수있다.
4. 물체는 처음 1초에 16피트 낙하하고 다음 2초 이후 64피트 떨어졌다.
5. 물체가 지면에 도달하는 시간은 공역인 400에 대응하는 정의역 값인 5초이다.
6. 그래프 모양은 낙하하는 물체는 시간에 따라 증가하는 비율을 나타낸다.
7. 시간이 2초일 때와 3초일 때 그래프의 기울기(대응하는 접선의 기울기)는 물체가 시간에 떨어지는 비율과 대응된다. 물체는 5초일 때 지면에 도달한다.
8. t초일 때 그래프 기울기는 $32t$이다. 이것은 시간당 32피트 비율로 낙하하는 물체와 관련된다.

9. 기울기 0은 순간변화율 0에서 물체 낙하와 관련된다.
10. 물체 낙하 비율이 항상 증가하기 때문에, 지면에 도달했을 때 최대 변화율은 5초이거나 160ft/s이다.
11. 기울기는 주어진 시간일 때 물체가 낙하하는 비율과 대응한다.
12. 그래프는 변화하지 않는다. 그러나 정의역과 공역의 상한은 대략적으로 각각 5.6초와 500피트로 변한다.

07 미끌어지는 사다리

18피트의 사다리는 집 벽면에 기울어져있고, 사다리 바닥이 미끌어지기 시작한다. 시간이 지남에 따라 사다리의 바닥이 집 벽면에서 12피트 떨어져 있었고, 사다리의 바닥이 5ft/s 비율로 움직이고 있다. 사다리의 꼭대기가 집의 벽면에서 얼마나 빠르게 미끌어지는가?

[그림 1]은 미끌어지는 사다리의 처음과 그 다음 두 위치를 표현한 그리기를 보여준다.

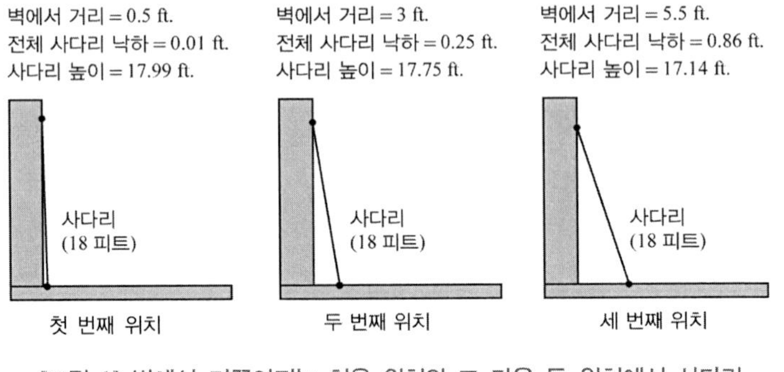

[그림 1] 벽에서 미끌어지는 처음 위치와 그 다음 두 위치에서 사다리

질문:

1. 사다리의 바닥이나 사다리의 꼭대기가 더 빠르게 이동하는가?
2. 사다리의 바닥과 사다리의 꼭대기는 같은 비율로 이동하는가? 언제?
3. 만약 사다리의 바닥이 1피트 이동한다면 사다리의 꼭대기는 벽에서 얼마만큼 미끌어지는가?
4. 사다리의 바닥은 사다리의 꼭대기보다 항상 더 빠르게 이동하는가?
5. 사다리의 바닥의 이동 변화와 사다리의 꼭대기 이동 변화를 어떻게 비교할 수 있는가?

예상 답안:

학생들은 상호작용 소프트웨어로 상황을 시뮬레이션하는 것이 유용하고 [그림 2]와 같은 표를 만들 수 있다. 이 표는 지오지브라에서 이용할 수 있는 도구로 만들었다. 지오지브라를 이용하여 학생들은 [그림 1]처럼 한 번에 사다리의 바닥이 1피트 움직일 수 있고 사다리의 꼭대기 이동을 기록할 수 있다.

표에서

- 바닥: 벽에서 사다리 바닥의 수평 거리(피트)
- 낙하: 사다리가 낙하하는 수직 거리(피트)
- 높이: 낙하할 때 지면으로부터 사다리 꼭대기의 수직 거리(피트)

질문에 관하여 이러한 표는 학생들에게 도움을 준다.

바닥	낙하	높이
1	0.03	17.97
2	0.11	17.89
3	0.25	17.75
4	0.45	17.55
5	0.71	17.29
6	1.03	16.97
7	1.42	16.58
8	1.88	16.12
9	2.41	15.59
10	3.03	14.97
11	3.75	14.25
12	4.58	13.42
13	5.55	12.45
14	6.69	11.31
15	8.05	9.95
16	9.75	8.25
17	12.08	5.92
17.99	17.40	0.60

[그림 2] 미끌어지는 사다리 문제의 표

1. 시작할 때, 사다리의 바닥이 더 빠르게 이동한다.
2. 12단계에서 13단계가 사다리의 바닥과 사다리의 꼭대기 변화가 같다(모두 0.97피트).
3. 사다리의 꼭대기가 어떻게 낙하하는지는 다양하다. 1단계에서 2단계는 0.08피트 떨어지고, 10단계에서 11단계는 0.72피트 떨어진고 15단계에서 16단계는 1.7피트 떨어진다.
4. 아니오. 사다리의 바닥은 사다리의 꼭대기보다 항상 빠르게 이동하는 것은 아니다. 예를 들어, 1단계에서 2단계는 꼭대기가 0.08피트를 이동했지만 15단계에서 16단계는 1.7피트 이동했다.
5. 사다리의 꼭대기가 낙하하는 비율은 시간이 지남에 따라 증가하고 사실상 사다리의 꼭대기 낙하는 사다리의 바닥보다 다소 빠르다.

08 수조에서 물의 높이

밑면의 너비가 10이고, 높이가 10인 수조가 있다([그림 1]을 보라). 수조 뒤쪽은 직각이고 앞쪽의 각은 135도이다. 물은 일정한 속도로 채워지고 있다. 물의 높이가 4인치가 되었을 때, 수면의 너비는 14인치였다.

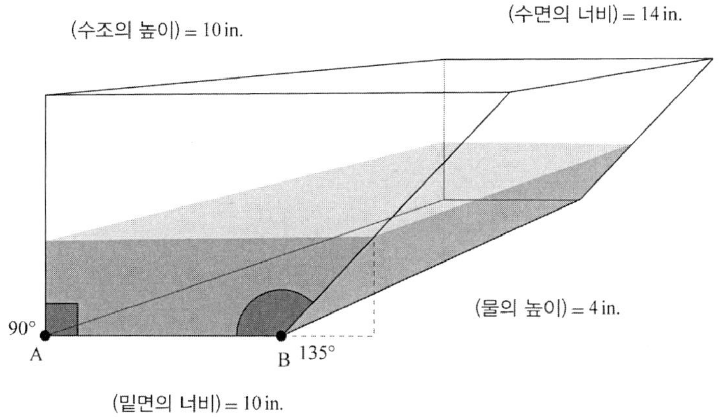

[그림 1] 단면이 직각사다리꼴인 수조

문제:

a. 그림에서 주어진 것과 같이 높이가 10인치이고 밑면이 너비가 10인치인 수조에서, 수면의 너비를 나타내는 함수는 무엇인가? 수조 밑면의 너비가 5인치일 때, 함수는 어떻게 되는가? 15인치일 때는? 20인치일 때는? w_0인치일 때는?

b. 수조 밑면의 너비가 5, 10, 15, 20인치일 때, 이 함수의 그래프를 그리시오.

c. 수조의 높이가 주어졌을 때, 수면의 너비의 변화율을 나타내는 함수는 무엇인가?

질문:

1. 수조 밑면의 너비가 5, 10, 15, 20인치일 때를 나타내는 각

각의 함수에서, 네 함수는 서로 무엇을 나타내는가? 수조 밑면의 너비가 변할 때, 함수는 어떻게 변하는가?

2. 네 함수를 나타내는 직선은 왜 서로 평행한가? 물이 증가하는 측면에서 유사한 점을 설명하시오.
3. $h = 0$일 때 어떠한 일이 일어나는가?
4. 함수에서 무엇이 변하는가? 같은 것은 무엇인가? 수조의 물과 그래프 측면에서 변하는 것과 그대로 유지되는 것에 대해 설명하시오.
5. 밑면이 0이면 함수는 어떻게 변하는가?
6. 수조의 두 변이 이루는 각이 135도일 때(그림 3.19를 보라) 함수는 어떻게 변하는가? 90도일 때는?
7. 함수의 정의역과 치역의 범위는 무엇인가?

예상 답안

a. $f_2(h) = h + 10; f_1(h) = h + 5;\ f_3(h) = h + 15; f_4(h) = h + 20$ (아래 [b]에서 그래프에 명명한 이름대로 제시);
$f(h) = h + w_0$

b. [그림 2]는 수조 밑면의 너비가 5, 10, 15, 20일 때 함수의 그래프를 나타낸 것이다.

c. 높이가 주어졌을 때 수면의 너비의 변화율을 나타내는 함수에 대해서는, 질문 7의 예상 답안을 아래에 제시한다.

1. 네 함수의 그래프는 수조 밑면의 너비의 변화가 수조에서 물의 높이-수면의 너비 함수에 영향을 미치는 예측 가능한 방법을 보여준다. 수조 밑면의 너비를 상수 w_0라 할 때, 함수는 $f(h) = h + w_0$이다.
2. 직선의 기울기는 수조에서 물의 높이에 따라 수면의 너비가 변하는 비율을 나타낸다. 이 비율은 수조 밑면이 주어졌을 때 상수이므로, 직선의 기울기는 모두 같고, 직선들은 서로 평행하다.

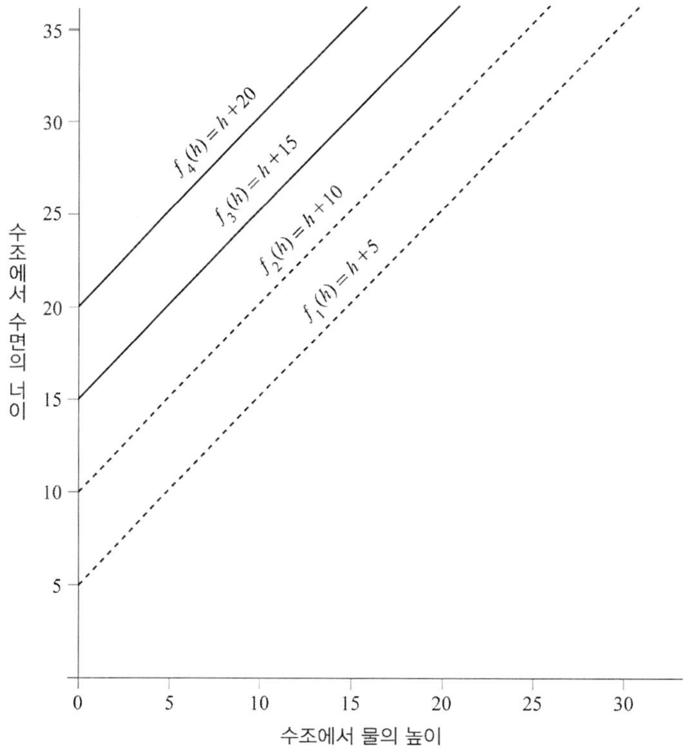

[그림 2] 수조 밑면의 너비가 5, 10, 15, 20인치일 때 함수의 그래프

3. $h=0$일 때, 수조 안에 물이 없기 때문에, 수면의 너비는 수조 밑면의 너비와 같다.
4. 수면의 너비를 나타내는 주어진 함수 $f(h)$는 물의 높이 h에 따라 변한다. 물의 높이에 대한 수면의 너비의 비율은(직선의 기울기로 나타난 것처럼) 변하지 않는다. 덧붙여, 하나의 함수에서 다른 함수로 바뀔 때, 수조 밑면의 너비도 바뀐다(그래프에서 y절편으로 나타난 것처럼).
5. 수조 밑면의 너비가 0일 때, 수조의 단면도는 직각이등변 삼각형으로 수면의 너비와 물의 높이는 같고 ($f(h)=h$), 일반적인 방정식이 $f(h)=h+w_0$에서 $w_0=0$인 경우이다.
6. 수조의 양 옆면과 이루는 각이 135도일 때, 일반적인

함수는 $f(h)=2h+w_0$이다. 수조의 양 옆면과 이루는 각이 90도일 때, 수조 밑면의 너비는 상수가 되어 일반적인 함수는 $f(h)=w_0$이다.

7. 원래 문제에서, 정의역은 0부터 10까지 실수의 집합이고, 치역은 10부터 20까지 실수의 집합이다.

(c)에서 제기된 질문은 "높이가 주어졌을 때 수면의 너비의 변화율을 나타내는 함수는 무엇인가?"이다. 물의 높이가 1피트 증가할 때 수면의 너비가 1피트씩 증가하므로, 구하는 함수는 $g(x)=1$이다.

09 수조에서 수면의 넓이

밑면의 너비가 10이고, 높이가 10인 수조가 있다([그림 1]을 보라). 수조 뒤쪽은 직각이고 앞쪽의 각은 135도이다. 물은 일정한 속도로 채워지고 있다. 물의 높이가 4인치가 되었을 때, 수면의 너비는 18인치였다.

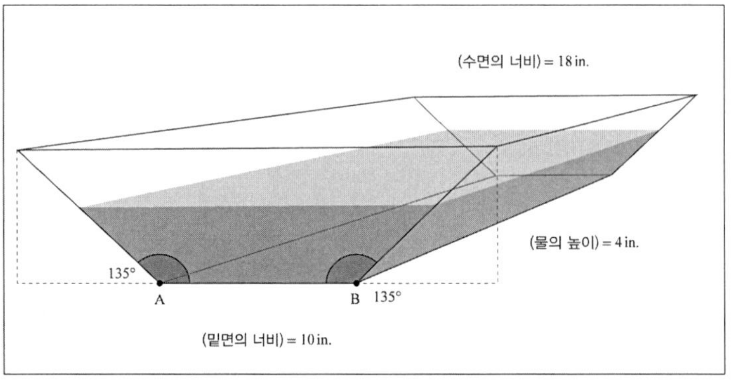

[그림 1] 단면이 등변사다리꼴인 수조

문제:

a. [그림 1]과 같이 높이가 10인치이고 밑면의 너비가 10인치인 수조에서, 수면의 넓이를 나타내는 함수는 무엇인가?

b. 수조의 높이가 10인치로 주어지고 수조 밑면의 너비는 6인치일 때, 수조에서 수면의 넓이를 나타내는 함수는 무엇인가? 수조 밑면의 너비가 0인치일 때는?
c. (a)와 (b)에서 구한 세 함수의 그래프를 그리시오.
d. 수조에서 물의 높이에 따라, 수면의 넓이는 어떻게 변하는가?

질문:

1. (a)와 (b)에서 구한 세 함수는 무엇을 나타내고 있는가?
2. 수조 밑면의 너비의 변화는 함수를 어떻게 변화시키는가?
3. $h=0$일 때 어떠한 일이 일어나는가?
4. $h=1$일 때, 각 함수의 함숫값은 무엇인가? 수조에 담긴 물의 측면에서 이것이 의미하는 바는 무엇인가?
5. 함수에서 무엇이 변하고 있는가? 그대로 유지되는 것은 무엇인가? 수조에 담긴 물의 측면에서 그리고 그래프의 측면에서 변하는 것과 그대로 유지되는 것에 대해 설명하시오.
6. 수조의 옆면이 변하면 함수는 어떻게 변하는가?
7. 이들 함수의 정의역과 치역의 범위는 무엇인가?

예상 답안:

a. 수조에서 물의 높이를 h라 할 때 수면의 너비가 $2h+10$이면, 사다리꼴인 수면의 넓이를 나타내는 함수의 식은 $a_1(h)=h^2+10h$이다.
b. 함수는 일반적으로 $a(h)=h^2+hb$, $b=$(수조 밑면의 너비)로 나타낼 수 있다. 그러면 수조 밑면의 너비가 6인치인 경우를 나타내는 함수는 $a_2(h)=h^2+6h$, 수조 밑면의 너비가 0인 경우에는 $a_3(h)=h^2$이 된다.
c. [그림 2]는 수조 밑면의 너비가 0, 6, 10일 때 함수의 그래프를 나타낸 것이다.

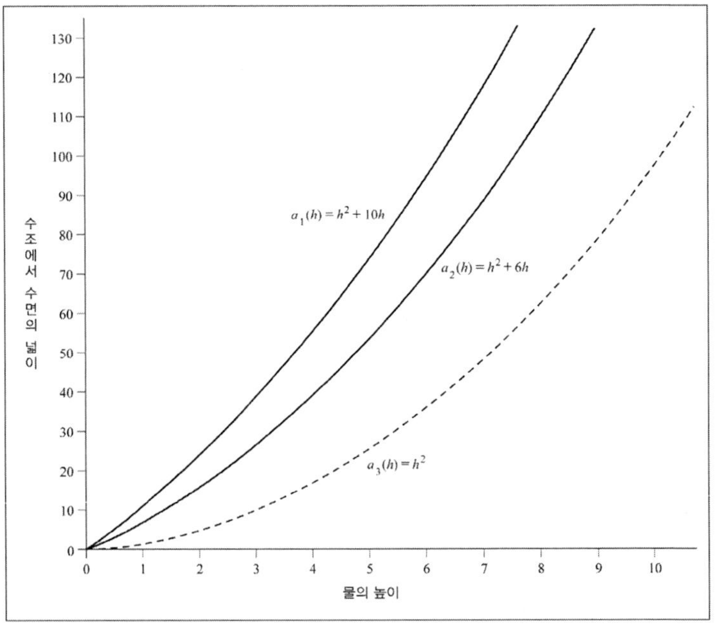

[그림 2] 수조 밑면의 너비가 0, 6, 10인치일 때 함수의 그래프

d. 수조에서 수면의 넓이가 물의 높이의 변화에 따라 어떻게 변하는지에 대해서는, 질문 7의 예상 답안을 아래에 제시한다.

1. 세 함수의 그래프는 수조 밑면의 너비에 대한 변화가 물의 높이-수면의 넓이 함수(물의 높이-수면의 넓이 함수가 균등함수가 아니어도)에 미치는 예측 가능한 영향을 보여준다.
2. 수조 밑면의 너비 b가 상수일 때, 함수 $a(h) = h^2 + hb$이다.
3. $h = 0$일 때, 수조 안에 물이 없기 때문에, 수면의 넓이는 0 평방인치이다.
4. $h = 1$일 때, 물의 깊이는 1인치이다. 이 때 수면의 넓이는 $a_1(1) = 11$ 평방인치, $a_2(1) = 7$ 평방인치, $a_3(1) = 1$ 평방인치이다.

5. 주어진 함수에서 수조에서 물의 높이 h, 수면의 너비 $2h+b$, 수면의 넓이 $a(h)$는 모두 변한다. 수면의 너비를 나타내는 b가 상수일 때, 식 $a(h)=h^2+bh$의 구조는 동일하다. 물의 높이의 변화는 서로 다른 두 가지 측면에서-이차 방정식과 일차 방정식- 수면의 넓이의 변화에 영향을 미친다. 물의 높이는 수면의 넓이가 증가하는 변화율과 같은 비율로 변화한다.
6. 수조의 옆면이 새로운 수조의 형태에 따라 변화할 때, 함수는 어떻게 변하는가? 수조의 단면의 모양 변화에 따라, 수면의 넓이를 계산하는 식이 변한다. 수조의 넓이의 변화율은 수조의 모양에 따라 달라진다.
7. 이 함수들의 정의역은 0부터 10까지 실수의 집합이고, 치역은 0부터 200까지 실수의 집합이다.

(d)에서 제기된 질문은 "수조에서 수면의 넓이가 물의 높이의 변화에 따라 어떻게 변하는가?"이다. 물의 높이가 증가할 때, 수면의 넓이는 같은 비율로 증가한다. 사실, 이 비율은 $2h+b$(b는 수조 밑면의 너비)임을 알 수 있다. 물의 높이가 Δh만큼 매우 조금 증가할 때, 매우 얇은 가상의 직사각형의 넓이 $\Delta h(2h+b)$가 수면의 넓이에 더해지므로, 이 비율은 타당해 보인다.

10 자동차 속도

질문:

1. 그래프 상의 두 직선은 무엇을 의미하는가? 기울어진 선분의 속도와 수평인 선분의 속도를 비교하여라. (전반적)
2. 사람들은 그래프 상의 직선의 의미에 대하여 잘못 이해하기도 한다. 직선이란 변화가 없다는 것을 의미하는가? 기울어진 선분과 수평인 선분은 의미가 어떻게 다른가? 그

래프 상의 이런 직선들이 좀 더 "물결치듯이" 그려지기 위하여 자동차는 어떻게 움직여야 하는가? (전반적)

3. $t=0$일 때와 $t=3$일 때 자동차의 움직임을 어떻게 비교할 수 있는가? 그래프가 시속 10마일로 시작되는 것은 무엇을 의미하는가? 자동차는 $t=0$일 때 시간당 10마일로 갈 수 있는가? $t=6$일 때 자동차의 속도는 얼마인가? (국소적)
4. $t=2$일 때 어떤 일이 발생하는가? 자동차가 멈추는가? $t=0$일 때 어떤 변화가 있는가? 자동차가 멈추는가? 이 그래프가 나타내는 자동차에 타고 있다면 어떨지 (단 몇 줄이라도) 짧은 글을 써 보아라(국소적, 전반적).

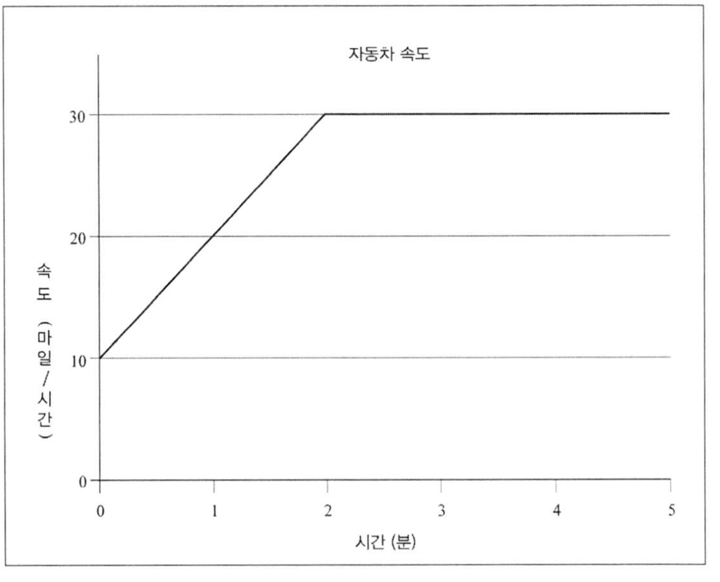

[그림 1] 자동차 속도(Monk, 2003, p.251 수정)

예상 답안:

1. 두 직선은 자동차가 시간에 따라 움직인 속도를 나타낸다. 0~2분 사이의 기울어진 선분은 자동차가 분당 시간당 10마일이라는 일정한 비율로 시간당 10마일부터 시간당 30마일까지 속도가 빨라지고 있음을 의미한다. 수평인

선분은 자동차가 마지막 3분 동안 시간당 30마일이라는 일정한 속도로 움직이고 있음을 의미한다.

2. 직선이 물결치듯이 그려지기 위해서 자동차는 속도를 올렸다 내렸다 하는 것을 교대로 해야 한다.
3. 자동차의 속도를 처음 쟀을 때 시간당 10마일로 달리고 있었다. (자동차는 미리 출발했어야 한다.) $t=6$일 때 자동차의 속도는 모른다.
4. 자동차에 타고 있다면, 자동차가 2분 동안은 속도가 조금씩 빨라지고 이후 3분 동안은 같은 속도로 달린다고 느낄 것이다.

11 거리가 주어졌을 때, 두 자동차를 비교하기

[그림 1]에서 그래프는 어떤 위치에서 출발한 A자동차와 B자동차가 같은 도로 위에서 같은 방향으로 움직인 거리를 나타낸다.

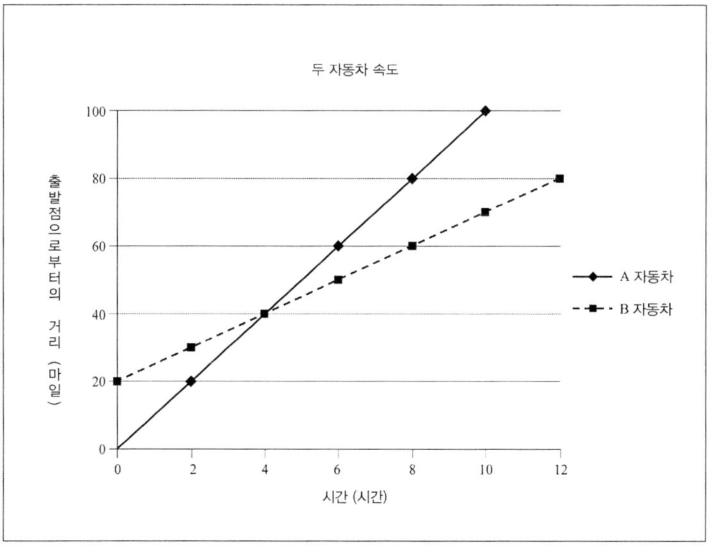

[그림 1] 두 대의 자동차가 이동한 거리

1. $t=2$일 때 어떤 일이 발생할지 설명하여라. 어떤 자동차가 더 빠른가? 그것을 어떻게 설명할 수 있는가? 어떤 자동차가 더 멀리 갔는가? 두 대의 자동차는 얼마나 멀리 떨어져있는가?
2. 자동차들은 같은 속도로 움직이는가? 언제 같은 속도인가? 그래프가 이런 상황을 어떻게 나타내고 있는지 설명하여라.
3. $t=0$일 때 자동차들의 위치를 설명하여라. 이 순간에 자동차의 속도를 어떻게 설명할 수 있는가?
4. 한 자동차가 다른 자동차를 추월하는가? 언제 추월하는가?
5. 두 자동차가 같은 거리를 운행한 순간이 있는가? 그때는 언제인가?

예상 답안:

1. $t=2$일 때, A자동차는 B자동차보다 더 빠른 속도로 움직이고 있다. A자동차의 속도를 나타내는 직선의 기울기가 B자동차의 속도를 나타내는 직선의 기울기보다 가파르기 때문이다. B자동차는 10마일을 움직였고 출발점으로부터 30마일 떨어져 있다. A자동차는 출발점에서부터 20마일 움직였다. 따라서 B자동차는 A자동차보다 10마일 앞서 있다.
2. 두 자동차에 대한 그래프의 기울기가 같은 순간이 없으므로 두 자동차의 속도가 같은 순간은 없다.
3. B자동차는 A자동차와 출발점이 같지 않다. B자동차는 20마일 앞에서 출발한다. A자동차의 속도는 일정하다.
4. $t=4$일 때 두 대의 자동차는 모두 출발점에서 40마일 떨어져 있다. 그 순간에 A자동차는 B자동차를 추월한다.
5. 그래프 상에서 자동차들이 같은 거리를 움직인 시각은 $t=0$일 때 뿐이다.

12 속도가 주어졌을 때, 두 자동차를 비교하기

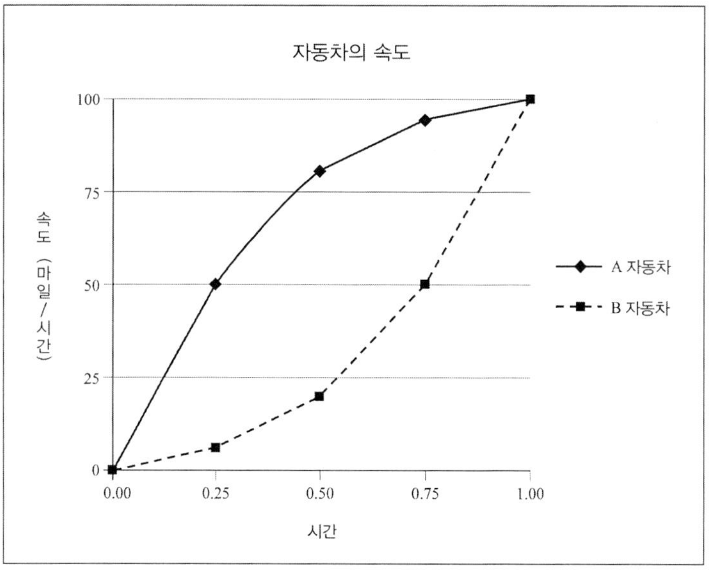

[그림 1] 두 자동차의 속도 그래프

질문:

1. $t=0.75$일 때, 어떤 자동차가 더 빨리 달리는가?
2. $t=1$일 때의 상황을 설명하여라.
3. $t=0.25(\frac{1}{4})$일 때 자동차들 사이의 관계를 설명하여라.
4. 어떤 자동차가 더 멀리 갔는가?
5. 자동차들이 서로 가장 가까워졌을 때는 언제인가?

예상 답안:

1. $t=0.75$일 때, A자동차의 속도를 나타내는 직선은 B자동차의 속도를 나타내는 직선보다 위에 있으므로 A자동차는 B자동차보다 더 빨리 달린다.
2. $t=1$일 때, 두 자동차는 같은 속도로 달린다.

3. 그래프에 따르면 $t = 0.25$일 때 A자동차는 시간당 50마일을 달리고 B자동차는 시간당 6마일을 달린다. 따라서 A자동차는 B자동차 보다 8배 빠른 속도로 달리고 있고 B자동차 보다 앞에 있다(마지막을 제외한 모든 순간에 A자동차가 더 멀리 가 있다). A자동차의 속도는 0.25시간까지는 일정한 비율로 증가하고, 그 이후에는 증가하기는 하지만 증가율은 감소한다는 것을 학생들은 이해할 수 있어야 한다. 반면에 B자동차의 속도는 약 0.25시간까지 일정한 비율로 증가하고, 그 시점부터 증가율이 증가하기 시작한다.
4. A자동차의 속도를 나타내는 직선은 언제나 B자동차의 속도를 나타내는 직선보다 위에 있으므로(마지막을 제외하고), A자동차는 B자동차보다 더 멀리 갔다.
5. 두 자동차가 함께 있는 유일한 시간은 시작할 때, $t = 0$뿐이다.

13 두 명의 보행자

나란히 서있던 Amanda와 Joe가 동시에 평행선을 따라 걷기 시작한다. Amanda는 큰 보폭으로 걷기 시작하여 걸을 때마다 보폭이 작아진다. Joe는 작은 보폭으로 걷기 시작하여 걸을 때마다 보폭이 커진다.

[그림 1]의 표는 Amanda와 Joe의 걸음 수와 보폭의 크기이다. Amanda와 Joe의 여행에 대하여 설명하여라.

질문:

1. Amanda와 Joe의 여행은 어떤 것 같은가?
2. 다섯 번째 걸음인 $s = 5$일 때 무슨 일이 생기는가?
3. $s = 1$일 때 Joe에게 무슨 일이 생기는가?
4. 누가 더 멀리 갔는가?

5. $s=7$일 때 누가 더 앞에 가고 있는가?
6. Amanda와 Joe의 걸은 거리가 같아지는 때는 언제인가?
   Joe는 Amanda를 따라 잡을 수 있는가?

걸음 수	보폭의 크기(ft)	
	Amanda	Joe
1	3.00	0.0
2	2.75	0.5
3	2.50	1.0
4	2.25	1.5
5	2.00	2.0
6	1.75	2.5
7	1.50	3.0
8	1.25	3.5
9	1.00	4.0
10	0.75	4.5

[그림 1] Amanda와 Joe의 걸음 수와 보폭의 크기(Monk, 2003, p.253)

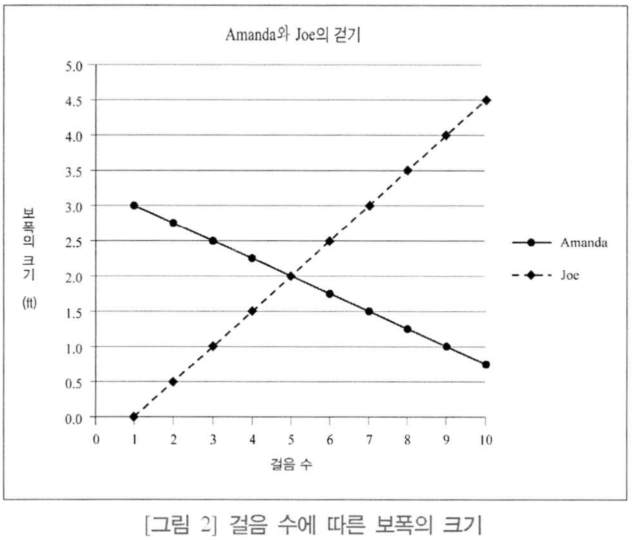

[그림 2] 걸음 수에 따른 보폭의 크기

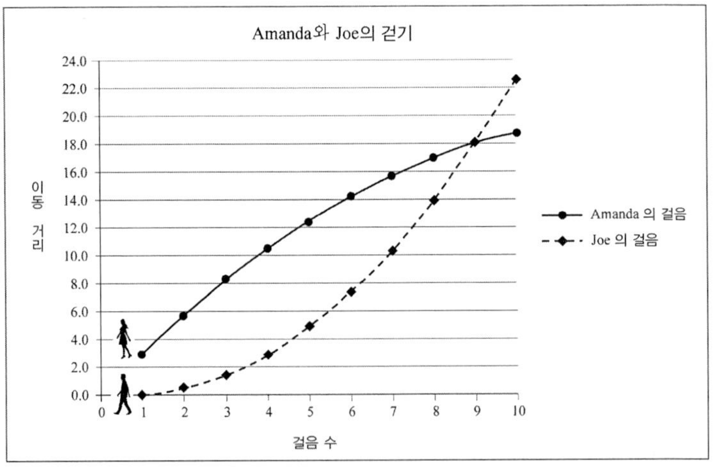

[그림 3] 걸음 수에 따른 이동 거리

예상 답안:

1. [그림 2]와 [그림 3]은 학생들이 그린 그래프들이다.
2. $s=5$일 때, Amanda와 Joe의 보폭의 크기는 같다(2피트). 그러나 이때 Amanda는 12.5피트를 걸었고, Joe는 5피트를 걸었다.
3. Amanda와 Joe는 $s=0$일 때 같은 위치에 있다. $s=1$일 때, Joe는 0피트 걸었다-즉, 그는 움직이지 않음. Amanda는 3피트 보폭으로 한 걸음 걸었으므로 3피트 앞에서 출발하는 셈이다.
4. Joe가 더 멀리 갔다. Joe는 총 22.5피트를 Amanda는 총 18.75피트를 걸었다.
5. $s=7$일 때, Amanda는 앞서 있다. Amanda는 15.75피트를 걸었고 Joe는 10.5피트를 걸었다. 그러나 Joe는 계속 따라 잡고 있었다. $s=8$일 때 Amanda는 17피트를 걸었고 Joe는 14피트를 걸었다. 거리 차이가 5.25피트에서 3피트로 줄어들었다.
6. Amanda와 Joe는 $s=9$일 때 같은 거리(18피트)를 걸었다.

참고문헌

Akgün, Levent, and M. Emin Özdemir. "Students' Understanding of the Variable as General Number and Unknown: A Case Study." *The Teaching of Mathematics* 9 (March 2006): 45–51.

Bayazit, Ibrahim. "Selection and Resolution of Function Problems and Their Effects on Student Learning." *Educational Research and Reviews* 6 (November 2011): 906–18.

Borba, Marcelo C., and Jere Confrey. "A Student's Construction of Transformations of Functions in a Multiple Representational Environment." *Educational Studies in Mathematics* 31 (October 1996): 319–37.

Carlson, Marilyn, Sally Jacobs, Edward Coe, Sean Larsen, and Eric Hsu. "Applying Covariational Reasoning While Modeling Dynamic Events: A Framework and a Study." *Journal for Research in Mathematics Education* 33 (November 2002): 352–78.

Clement, John. "The Concept of Variation and Misconceptions in Cartesian Graphing." *Focus on Learning Problems in Mathematics* 11 (Winter/Spring 1989): 77–87.

Clement, Lisa L. "What Do Students Really Know about Functions?" *Mathematics Teacher* 94 (December 2001): 745–48.

Common Core State Standards Writing Team. Draft Progressions on High School Algebra and Functions. Tools for the Common Core, 2012. http://commoncoretools.me/2012/12/04/draft-progressions-on-high-school-algebra-and-functions/.

Cooney, Thomas J., Sybilla Beckmann, and Gwendolyn M. Lloyd. *Developing Essential Understanding of Functions for Teaching Mathematics in Grades 9–12*. Essential Understanding Series. Reston, Va.: National Council of Teachers of Mathematics, 2010.

De Bock, Dirk, Wim Van Dooren, Dirk Janssens, and Lieven Verschaffel. "Improper Use of Linear Reasoning: An In-Depth Study of the Nature and the Irresistibility of Secondary School Students' Errors." *Educational Studies in Mathematics* 50 (August 2002): 311–34.

Dotson, Geraldine Ting. "Collegiate Mathematics Students' Misconceptions of Domain and Zeros of Rational Functions." PhD diss., University of Kansas, 2009.

Dougherty, Barbara J. "Access to Algebra: A Process Approach." In *The Future of the Teaching and Learning of Algebra*, edited by Helen Chick, Kaye Stacey, Jill Vincent, and John Vincent, pp. 207–13. Victoria, Australia: University of Melbourne, 2001.

Even, Ruhama. "Subject-Matter Knowledge and Pedagogical Content Knowledge: Prospective Secondary Teachers and the Function Concept." *Journal for Research in Mathematics Education* 24 (March 1993): 94–116.

Grossman, Pamela. *The Making of a Teacher*. New York: Teachers College Press, 1990.

Gür, Hulya, and Baflak Barak. "The Erroneous Derivative Examples of Eleventh Grade Students." *Educational Sciences: Theory and Practice* 7 (January 2007): 473–80.

Hayakawa, S. I. *Language in Thought and Action*. London: G. Allen and Unwin, 1952.

Hill, Heather C., Brian Rowan, and Deborah Loewenberg Ball. "Effects of Teachers' Mathematical Knowledge for Teaching on Student Achievement." *American Educational Research Journal* 42 (Summer 2005): 371–406.

Kaput, James J. "Linking Representations in the Symbolic Systems of Algebra." In *Research Agenda for Mathematics Education: Research Issues in the Learning and Teaching of Algebra*, edited by Sigrid Wagner and Carolyn Kieran, 167–94. Reston, Va.: National Council of Teachers of Mathematics, 1989.

Kuchemann, Dietmar. "Children's Understanding of Numerical Variables." *Mathematics in School* 7 (September 1978): 23–26.

Leinhardt, Gaea, Orit Zaslavsky, and Mary Kay Stein. "Functions, Graphs, and Graphing: Tasks, Learning, and Teaching." *Review of Educational Research* 60 (Spring 1990): 1–64.

Magnusson, Shirley, Joseph Krajcik, and Hilda Borko. "Nature, Sources, and Development of Pedagogical Content Knowledge for Science Teaching." In *Examining Pedagogical Content Knowledge*, edited by Julie Gess-Newsome and Norman G. Lederman, pp. 95–132. Dordrecht, The Netherlands: Kluwer Academic, 1999.

McDermott, Lillian, Mark L. Rosenquist, and Emily H. van Zee. "Student Difficulties in Connecting Graphs and Physics: Example from Kinematics." *American Journal of Physics* 55, no. 6 (1987): 503–13.

McKenzie, Danny L., and Michael J. Padilla. "The Construction and Validation of the Test of Graphing in Science (TOGS)." *Journal of Research in Science Teaching* 23 (October 1986): 571–79.

Monk, Stephen. "Students' Understanding of a Function Given by a Physical Model." In *The Concept of Function: Aspects of Epistemology and Pedagogy*, edited by Guershon Harel and Ed Dubinsky, pp. 175–94. MAA Notes Series, no. 25. Washington, D.C.: Mathematical Association of America, 1992.

———. "Students' Understanding of Functions in Calculus Courses." *Humanistic Mathematics Network Journal* 9 (February 1994): 21–27.

———. "Representation in School Mathematics: Learning to Graph and Graphing to Learn." In *A Research Companion to Principles and Standards for School Mathematics*, edited by Jeremy Kilpatrick, W. Gary Martin, and Deborah Schifter, pp. 250–62. Reston, Va.: NCTM, 2003.

National Council of Teachers of Mathematics (NCTM). *Principles and Standards for School Mathematics*. Reston, Va.: NCTM, 2000.

National Governors Association Center for Best Practices and Council of Chief State School Officers (NGA Center and CCSSO). *Common Core State Standards for Mathematics. Common Core State Standards (College- and Career-Readiness Standards and K-12 Standards in English Language Arts and Math)*. Washington, D.C.: NGA Center and CCSSO, 2010. http://www.corestandards.org.

Philipp, Randolph A. "The Many Uses of Algebraic Variables." *Mathematics Teacher* 85 (October 1992): 557–61.

Popham, W. James. "Defining and Enhancing Formative Assessment." Paper presented at the CCSSO State Collaborative on Assessment and Student Standards FAST meeting, Austin, Tex., October 10–13, 2006.

Russell, Michael, Laura O'Dwyer, and Helena Miranda. "Diagnosing Students' Misconceptions in Algebra: Results from an Experimental Pilot Study." *Behavior Research Methods* 41 (May 2009): 414–24.

Schoenfeld, Alan H., and Abraham Arcavi. "On the Meaning of Variable." *Mathematics Teacher* 81 (September 1988): 420–27.

Shulman, Lee S. "Those Who Understand: Knowledge Growth in Teaching." *Educational Researcher* 15, no. 2 (1986): 4–14.

———. "Knowledge and Teaching." *Harvard Educational Review* 57, no. 1 (1987): 1–22.

Vinner, Shlomo. "Concept Definition, Concept Image and the Notion of Function." *International Journal of Mathematical Education in Science and Technology* 14, no. 3 (1983): 293–305. http://dx.doi.org/10.1080/0020739830140305.

Vinner, Shlomo, and Tommy Dreyfus. "Images and Definitions for the Concept of Function." *Journal for Research in Mathematics Education* 20 (July 1989): 356–66.

Wiliam, Dylan. "Keeping Learning on Track: Classroom Assessment and the Regulation of Learning." In *Second Handbook of Research on Mathematics Teaching and Learning*, edited by Frank K. Lester, Jr., pp. 1053–98. Charlotte, N.C.: Information Age; Reston, Va.: National Council of Teachers of Mathematics, 2007.

Yinger, Robert J. "The Conversation of Teaching: Patterns of Explanation in Mathematics Lessons." Paper presented at the meeting of the International Study Association on Teacher Thinking, Nottingham, England, May 1998.

수학교사를 위한 지침서 08
함수의 필수 이해 적용하기: 9-12학년

초판발행 2019년 5월 15일
초판2쇄발행 2022년 11월 25일

지은이 Robert N. Ronau, Dan Meyer, Terry Crites, Barbara J. Dougherty
옮긴이 최승현 · 박지현 · 조성민 · 최인선 · 김윤민 · 이민희
펴낸이 오판근
펴낸곳 (주) 교우
주 소 서울시 동대문구 약령시로 8 교우빌딩 2층 (주)교우
전 화 02-925-2861 / **팩 스** 02-925-2860. **편집부** 02-925-2825
홈페이지&북스토어 www.kyowoo.co.kr / 이메일 kyowoo@kyowoo.co.kr

등 록 1994년 3월 24일 제1994-000013호
ISBN 979-11-251-0288-5 (94410)

(주) 교우는 보다 혁신적이고 참신한 도서를 다양하게 기획하고 있습니다.
책으로 펴내고자 하는 아이디어나 원고는 메일로 보내주세요.
(주) 교우는 전과정을 책임지고 최선을 다하겠습니다.

값 13,000원

교우미디어는 (주) 교우의 Imprint 사입니다.
수학정원·과학정원은 (주) 교우의 새로운 브랜드명입니다.

잘못된 책은 구입하신 서점에서 교환해 드립니다.